U0499399

国家社会科学基金项目"乡村振兴战略下现代农业服务供应链协同机制研究"（18BGL017）结项成果
"重庆工商大学管理科学与工程重点学科建设"丛书

乡村振兴战略下
现代农业服务供应链
协同机制研究

张德海　邱晗光　等 ◎著

中国财经出版传媒集团

经济科学出版社
Economic Science Press

·北京·

图书在版编目（CIP）数据

乡村振兴战略下现代农业服务供应链协同机制研究/
张德海等著 . -- 北京：经济科学出版社，2024.2
（"重庆工商大学管理科学与工程重点学科建设"丛书）
ISBN 978 - 7 - 5218 - 5645 - 3

Ⅰ. ①乡… Ⅱ. ①张… Ⅲ. ①农业经济 – 服务业 – 供
应链管理 – 研究 – 中国 Ⅳ. ①F326.6

中国国家版本馆 CIP 数据核字（2024）第 049996 号

责任编辑：李　雪
责任校对：王肖楠
责任印制：邱　天

乡村振兴战略下现代农业服务供应链协同机制研究
张德海　邱晗光　等著
经济科学出版社出版、发行　新华书店经销
社址：北京市海淀区阜成路甲 28 号　邮编：100142
总编部电话：010 - 88191217　发行部电话：010 - 88191522
网址：www.esp.com.cn
电子邮箱：esp@ esp.com.cn
天猫网店：经济科学出版社旗舰店
网址：http://jjkxcbs.tmall.com
固安华明印业有限公司印装
710 × 1000　16 开　19 印张　218000 字
2024 年 2 月第 1 版　2024 年 2 月第 1 次印刷
ISBN 978 - 7 - 5218 - 5645 - 3　定价：96.00 元
（图书出现印装问题，本社负责调换。电话：010 - 88191545）
（版权所有　侵权必究　打击盗版　举报热线：010 - 88191661
QQ：2242791300　营销中心电话：010 - 88191537
电子邮箱：dbts@ esp.com.cn）

　　本书是国家社会科学基金项目"乡村振兴战略下现代农业服务供应链协同机制研究"（18BGL017）的结项成果。同时，本书的出版得到"重庆工商大学管理科学与工程重点学科建设"丛书资助。在此一并表示感谢！

丛书编委会

总　主　编：黄钟仪

编委会成员：（按姓氏笔画排序）

文　悦　白　云　代春艳　邢文婷

杨家权　李红霞　张德海　詹　川

序　言

21世纪的管理科学与工程学科在推动创新、优化管理、提高效率、降低风险、推动可持续发展等多方面起着重要的预测、决策、指导与干预作用。重庆工商大学管理科学与工程学科于2011年获评一级学科硕士学位授权点，是重庆市高等学校"十二五""十三五""十四五"重点学科，主要关注现代产业发展与创新的有关问题，聚焦数字经济与智能商务管理、现代物流与供应链管理、信息管理与大数据分析、战略与创新创业管理、投资与项目管理等特色方向。首批丛书包含我们最新的部分研究成果。

现代物流与供应链管理方向，本系列丛书探讨了不同领域的供应链协同与竞合机制。《乡村振兴战略下现代农业服务供应链协同机制研究》聚焦我国乡村振兴战略中的现代农业服务供应链，《基于竞合博弈的供应链入侵策略研究》从竞合博弈视角分析制造商和零售商的角色与关系。现代农业服务供应链和供应链竞合策略为企业在乡村振兴和供应链管理方面提供了重要指导。

战略方向的三本书探讨了我国天然气发展、双碳发展以及技术创新发展中的有关问题。《我国天然气进口风险防范机制设计与政策创新研究》全面系统地研究了天然气战略中的进口风险评价与防范机制，提出了创新性的评价指标体系和风险扩散动力学演化模型，为我国天然气进口风险防范提供了理论指导和实践参考。《碳达峰与碳中和目标下典型工业城市低碳发展研究》基于工业城市碳排放发展问题，以重庆为例，探索了实现可持续碳达峰、碳中和目标的低碳发展模式、路径与关键举措，总结提炼了科技支撑典型工业城市的低碳发展模式和政策建议。《商业模式对高新技术服务企业创新绩效的影响研究》以我国高新技术服务企业为对象，探讨了技术创新和技术体制对创新绩效的影响，为技术创新、技术体制、商业模式与创新绩效等理论提供了深入分析和实践支持。

本系列丛书是本学科的部分成果，后续将推出涵盖数字经济与智能商务管理、信息管理与大数据分析等研究方向最新研究成果。希望这些研究能为相关领域的学者、政策制定者和实务工作者提供有价值的理论参考和实践启示。

感谢学校同意本学科对本丛书的出版支持计划，感谢出版策划、作者、编者的共同努力，希望本学科的研究后续能够继续得到相关出版支持。小荷已露尖尖角，愿有蜻蜓立上头。希望本系列丛书能够得到学术界和实践界的关注和指导。

丛书策划编委会

2024 年 1 月

前言

现代农业服务对乡村振兴战略起到基础性、先导性的作用。党的十九大报告首次提出乡村振兴战略，指出要"健全农业社会化服务体系"；党的二十大报告进一步强调要"发展新型农业经营主体和社会化服务"。乡村振兴战略要求"产业兴旺、生态宜居、乡风文明、治理有效、生活富裕"，基础在产业，关键靠服务。现代农业服务供应链（modern agricultural service supply chain，MASSC）是整合"农产品＋服务"的新型服务组织联盟模式，在全面推动乡村振兴战略进程中发挥着越来越重要的作用。因此，新发展阶段新发展格局背景下现代农业服务组织模式以及多主体协同机制值得学界同仁高度关注。

本书围绕网络型现代农业服务供应链（network based modern agricultural service supply chain，N–MASSC）的协同机制展开了系列研究。具体而言，在全面推进乡村振兴战略背景下，以服务供应链理论为起点，详细述评了相关理论文献和政策文件；深入把握代表性地区现代农业服务现状和固有特质，整合现代农业经营主体和服务主体，构建了 N–MASSC 的协同体系架构；采用单/双案例研究方法，从区域产业和龙头企业两个视角系统探索了 N–MASSC 的价值共创过程的理论"黑箱"；基于经济博弈分

1

析，设计了 N－MASSC 公用品牌协同治理模式；结合新制度经济学理论，从制度变迁视角重点阐释了 N－MASSC 产品服务协同供给制度优化建议。

本书对全面推进乡村振兴战略、切实促进农业农村现代化具有较强的理论意义及现实意义。一方面，将相关理论嵌入到现代农业产业链这一研究领域，迭代升级了 N－MASSC 的新结构新机制，可以拓展丰富服务供应链运营决策的理论内容，明晰 N－MASSC 的内在机理，在学理上丰富供应链管理的理论体系，补充完善乡村振兴战略的思考角度和研究范式。另一方面，得到具有应用性和可操作性的研究结果和对策建议，能够充分发挥 N－MASSC 的价值共创共享优势，提高现代农业服务规模经营内在质量，切实促进农业稳产增产、农民稳步增收和农村稳定安宁，为党和国家相关部门提供决策支持及参考，从而探寻新时代实现乡村产业振兴以及农业农村现代化的新视角新思路。

本书的读者对象主要为农业生产性服务管理领域的科研人员、企业决策者、农业主管部门、研究生和高年级本科生，也可作为相关研究领域的参考书目。

作者

2023 年 10 月

目录

CONTENTS

第一章 绪论 ·· 1

第一节 问题的提出 ··· 1

第二节 研究意义 ··· 5

第三节 相关概念与范畴的界定 ······················ 6

第四节 研究内容和思路 ································· 13

第五节 研究特色和创新点 ···························· 23

第二章 现代农业服务供应链的理论基础 ············ 26

第一节 乡村振兴战略理论研究现状 ············· 26

第二节 现代农业服务理论研究现状 ············· 38

第三节 服务供应链理论研究现状 ················· 49

第四节 国内外研究简要评论 ························· 63

第三章 N–MASSC 的协同体系构建 ················· 65

第一节 引言 ··· 65

第二节 相关理论缘起 ··································· 67

第三节 N–MASSC 的协同体系架构 ············· 73

第四节　N‐MASSC 的五地实践个案 …………………… 80

第五节　N‐MASSC 的五地实践个案总结与讨论 ……… 89

第四章　区域产业视角下 N‐MASSC 价值共创机制设计 ………………………………… 95

第一节　引言 ………………………………………… 95

第二节　理论背景与研究视角 …………………… 98

第三节　研究设计与案例描述 …………………… 102

第四节　案例发现与理论模型 …………………… 112

第五节　研究结论与政策启示 …………………… 123

第五章　龙头企业主导下 N‐MASSC 价值共创机制设计 …………………………………… 126

第一节　引言 ………………………………………… 126

第二节　理论背景与研究视角 …………………… 129

第三节　研究设计 ………………………………… 135

第四节　案例内分析及发现 ……………………… 144

第五节　跨案例讨论及命题提出 ………………… 160

第六节　研究结论与政策启示 …………………… 168

第六章　N‐MASSC 公用品牌协同治理模式构建 …… 172

第一节　引言 ………………………………………… 172

第二节　问题提出：公用品牌共建共享的多重困境 …… 175

第三节　理论分析框架：协同治理模式的引入 ………… 181

第四节　案例研究：假说检验与分析 …………… 191

第五节　研究结论与政策启示 ………………… 201

第七章　N-MASSC 产品服务协同供给制度创新 …… 203

第一节　制度及制度创新相关理论 …………… 203

第二节　N-MASSC 产品服务协同供给制度

创新分析 ………………………… 206

第三节　现代农业服务供给现状及存在问题 ……… 209

第四节　N-MASSC 产品服务协同供给制度

优化建议 ………………………… 221

第八章　研究结论与展望 ………………… 227

第一节　主要研究结论 ………………… 227

第二节　未来研究展望 ………………… 231

附录一　乡村振兴战略有关现代农业及相关服务的

政策论述 ………………………… 234

附录二　N-MASSC 协同运行情况调查表 …………… 238

附录三　N-MASSC 半结构化访谈提纲 …………… 240

附录四　区域产业视角下 N-MASSC 价值共创案例

初始编码 ………………………… 242

参考文献 ……………………………… 248

后记 ………………………………… 290

第一章

绪　　论

现代农业服务供应链（MASSC）是由农产品的生产种植、流通加工、品牌营销以及配套经营服务彼此嵌套、相互融合而成的"产品＋服务"型供应链，通过控制整个链条的产品流、服务流和信息流来实现现代农业的增值，具有智能化、规模化、现代化、集成化等特征。本章是全书的开局篇和布局篇，提出了本书所要解决的研究问题，论述了本书的理论与实践两重意义，界定了本书的关键概念和相关范畴，呈现了本书的主要研究内容、方法和技术路线，提炼了本书的研究特色和创新点。

第一节　问题的提出

现代农业服务由专门的服务组织联盟提供，通过分工合作形成规模经济和范围经济，既是实施乡村振兴战略的服务支撑，又是实现农业农村现代化的核心内容，已在促进农业产业链供应链融合发展中发挥着越来越重要的作用。

一、乡村振兴已成为农业现代化的抓手

党的十九大首次提出乡村振兴战略，强调乡村振兴的总要求是产业兴旺、生态宜居、乡风文明、治理有效、生活富裕，坚持农业农村优先发展，加快发展现代服务业，促进农村一二三产业融合（下文简称"农村产业融合"）发展，健全农业社会化服务体系，实现小农户和现代农业发展有机衔接。在后续的十九届历次全会、中央经济工作会议以及中央农村工作会议也都对乡村振兴做出了全面指导和总体战略部署；同时，自党的十九大首次提出实施乡村振兴战略以来，从中央到地方、从顶层到基层，围绕乡村振兴先后出台了一系列的政策与措施。有关现代农业及相关服务的政策文件及论述如附录一所示。

在全国顺利完成脱贫攻坚任务后，乡村振兴战略进入全面推进阶段，现代农业产业体系、生产体系和经营体系建设也进入提质升级阶段。党中央始终坚持把解决好农业农村农民（下文简称"三农"）问题作为全党工作的重中之重，明确提出产业兴旺是推进乡村振兴的重点，强调构建现代乡村产业体系，大力发展县域富民产业，确保农业稳产增产、农民稳步增收、农村稳定安宁，打造各具特色的农业全产业链，发展壮大乡村产业，拓宽农民增收渠道；同步地，国务院和农业农村部等相关部门针对乡村振兴战略相继出台了指导意见和实施规划，指出产业振兴是乡村振兴的重中之重，强调产业兴旺是乡村振兴的重要基础、农民增收的重要手段，对推动乡村产业融合发展、促进农民持续增收和

逐步实现共同富裕具有重大意义和积极作用。

二、现代农业服务供应链助推乡村振兴

乡村振兴的基础在产业，乡村产业振兴的关键靠服务。现代农业服务来自乡村产业振兴的需求，反过来又推动乡村产业的发展。一方面，乡村振兴战略离不开现代农业服务业的支撑。乡村振兴总要求是"产业兴旺、生态宜居、乡风文明、治理有效、生活富裕"，其中产业兴旺是乡村振兴的重要根基、农民增收的重要手段。要实现乡村产业兴旺，亟须专门针对现代农业服务业补短板、强弱项，建立主体多元、手段先进的现代农业服务体系，保持乡村产业及配套服务业的同步振兴。另一方面，现代农业服务业有力地推动乡村产业兴旺。乡村生产生活性服务业是乡村产业的重要组成部分，发展现代农业服务业是振兴乡村产业的重要途径，能够支撑现代农业供应链顺畅运行，为新型经营主体提供配套增值服务，提高农民可持续性增收能力，有助于形成乡村产业新业态新模式，推动乡村振兴战略的全面实施。

国际经验表明，服务规模化和专业化是农业农村现代化的重要标志。市场上只有供应链而没有企业，真正的竞争不是企业与企业之间的竞争，而是供应链和供应链之间的竞争。因此，基于网络型现代农业服务供应链（N‐MASSC）协同的视角，促进现代农业与服务业融合发展，高质量推进乡村振兴是一个重大的时代课题，顺应这一新时代要求的理论和应用研究显得尤为迫切。

三、现代农业服务供应链亟待协同共建

MASSC 处于动态开放的产业环境中，涉及的行动主体、资源要素以及产品服务众多，具有有别于一般供应链的差异性。MASSC 包含政府、社会组织、龙头企业、服务组织、合作组织、加工企业、家庭农场、农户和消费者等参与主体，这些主体拥有共商而成的价值主张，遵循共同的标准、规范和制度，通过战略联盟形成一个无缝衔接的运作整体。同时，MASSC 资源要素体现为土地、劳动力、技术、设施、设备、人才、知识等，以主体内部整合、上下游整合和全链整合等方式，匹配或变革市场需求，转化为独特的供应链竞争能力。进而，MASSC 以"有形产品＋无形服务"的组合方式，不断满足各方参与主体的价值诉求，譬如，助力各级政府全面推进乡村振兴战略，推动企业农产品销售利润增加，实现乡村农户持续增收致富，增强市场消费者的高品质体验感。

MASSC 的差异性决定了多元主体、多个环节之间必然要加强协同运营，共同实现"1＋1＞2"的协同效果。在主体之间协同运营时，需要遵循运营规则规范，保证产品服务时序的协调性，保质保量交付产品和传递服务，形成长期稳定的战略合作伙伴关系。在多环节协同运营时，需要加强信息沟通、技术共享，按需拉动供应链运营步伐，抛弃机会主义行为，彼此协同计划、组织、实施、控制和反馈，为农业服务需求方提供高质量的产品服务。基于此，围绕乡村振兴战略的"产业兴旺"这一首要目标，

以现代农业服务组织架构优化以及运营方式整合为农业供给侧结构性改革重点，走 MASSC 协同共建之路显得尤为重要。

综上所述，乡村振兴战略涉及人员广、范围大、内容多，振兴方式极其复杂丰富，而现代农业服务既是振兴内容又是内在动力。在理论研究与实践应用中，更需要采用供应链联盟合作模式，摸清 MASSC 协同运营的内在规律。为此，本书从协同体系架构、价值共创机制、协同治理模式以及协同供给制度等方面对 N – MASSC 展开研究，进而提出 N – MASSC 产品服务协同供给制度的优化建议，从而助推农业农村经济结构优化升级，引领带动乡村产业振兴，加快实现农村农民共同富裕。

第二节　研究意义

本书立足于乡村产业经济、供应链管理、服务管理、信息经济学、新制度经济学、品牌经济学等基础理论，采用文献研究、访谈调查、逻辑研究、案例研究、制度分析等方法工具，创新 N – MASSC 协同机制，对全面推进乡村振兴战略、切实促进农业农村现代化具有较强的理论价值及现实意义。

一、研究的理论价值

本书充分把握新时代乡村振兴战略下现代农业服务的新特质新规律，综合运用经济管理理论，建立 N – MASSC 协同体系架构，迭代升级 N – MASSC 的新结构新机制，可以将相关理论嵌入到现代农业产业链这一研究领域，丰富现代农业产品服务供应链协同机制的研究方法。一是对农产品供应链理论的有效补充和实践，进一步明晰 N – MASSC 的内在机理；二是横向拓展农村产业融合的研究范畴，为农业农村现代化探索一个长效稳定的产业兴旺模式，最终在学理上丰富供应链管理的理论体系，完善乡村振兴战略的思考角度和研究范式。

二、研究的现实意义

本书紧扣乡村振兴战略，通过理论分析和调查研究，实现乡村产业中"产品 + 服务"的深度融合，得到具有应用性和可操作性的研究结果和对策建议，对我国 MASSC 协同以及乡村振兴具有重要的实践价值。一是能够发挥 N – MASSC 的价值共创优势，降低农业生产服务成本，增强行动主体的协同意愿和努力水平，实现农户稳定增收和农业服务主体规模化经营；二是推动城乡融合和农村产业融合，加快集成产业、文化、生态和大健康的县域供应链建设，从供给侧为乡村产业振兴提供各类产业服务，以便创造良好的经济、社会和生态效益。

第三节　相关概念与范畴的界定

为了聚焦本书的研究对象，同时充分体现专业特色和研究目标，本书首先对研究中涉及的乡村产业、乡村新型服务业、社会化服务、现代农业服务、服务供应链等相关概念进行整理描述。

一、现代农业服务的相关界定

（一）乡村产业与乡村新型服务业

乡村产业体系是立足乡村资源禀赋而构建的，根植于县域，以农业农村资源为依托，以农民为主体，以农村产业融合发展为路径，地域特色鲜明、创新创业活跃、业态类型丰富、利益联结紧密，是提升农业、繁荣农村、富裕农民的产业，主要包括现代种养业、乡土特色产业、农产品加工流通业、乡村休闲旅游业、乡村新型服务业、乡村信息产业等①。其中，乡村新型服务业是为了适应农村生产生活方式变化应运而生的产业，属于新兴的乡村产业，主要的业态类型包括：一是农业生产性服务，如农技推广、土地托管、代耕代种、烘干收储、市场信息、农资供应、农业废弃物资源化利用、农机作业及维修、农产品营销等服务；二是乡村生活服务业，如餐饮住宿、商超零售、美容美发、洗浴、照相、电器维修、再生资源回收、养老护幼、卫生保洁、文化演出、体育健身、法律咨询、信息中介、典礼司仪等乡村服务业；三是在"互联网＋"情境下，引导各类电子商务主体到乡村布局，构建农村购物网络平台，促进工业品和农资下乡，拓展农产

---

① 主要摘自国务院 2019 年 6 月印发的《关于促进乡村产业振兴的指导意见》。

品、特色食品和民俗制品等产品进城，从而转型升级农业生产性服务和乡村生活服务业，形成农村电子商务新业态①。

（二）农业社会化服务与农业生产性服务业

农业社会化服务是包括专业经济技术部门、乡村合作经济组织和社会其他方面为农、林、牧、副、渔各业发展所提供的服务（农业部政策体改法规司"农业社会化服务组织制度建设研究"课题组，1992）；农业社会化服务体系是指在家庭承包经营的基础上，为农业产前、产中、产后各个环节提供服务的各类机构和个人所形成的网络与组织系统，包括物资供应、生产服务、技术服务、信息服务、金融服务、保险服务以及农产品的包装、运输、加工、贮藏、销售等内容（孔祥智等，2009）。同时，新型农业社会化服务体系就是以公共服务机构为依托、合作经济组织为基础、龙头企业为骨干、其他社会力量为补充的服务组织体系，能为各类农业生产经营主体提供覆盖农业生产经营全程、便捷高效、综合配套的农业服务（黎家远，2013），具体来讲，新型农业社会化服务体系主要包括农技推广、农经管理、农机服务、农资供应、农产品流通等公益性或经营性服务。此外，农业生产性服务业是指农业生产的产前、产中和产后环节，为农户、合作社、家庭农场以及以农户为中心的生产性经济合作组织提供服务的中间行业或独立行业，侧重于农业技术服务、农业信息、

———————

① 主要摘自农业农村部 2020 年 11 月印发的《全国乡村产业发展规划（2020—2025年）》。

农产品流通服务、农产品质量检测监管服务等，具体包括农资供应、农业新技术推广和应用服务、农业金融服务、农业咨询服务、农业物流销售服务、农业保险服务等（刘楠，2016）。

（三）现代农业与现代农业服务

舒尔茨（1964）认为，传统农业是完全以农民世代使用的各种生产要素为基础的农业，而农业现代化是从传统农业向现代农业的转化过程，完成了这一转化过程的农业就称之为现代农业。2007 年中央 1 号文件对现代农业做出了科学的表述和概括：现代农业即"用现代物质条件装备农业，用现代科学技术改造农业，用现代产业体系提升农业，用现代经营形式推进农业，用现代发展理念引领农业，用培养新型农民发展农业"；也有国内学者指出，现代农业是指以提高农业劳动生产率、资源产出率和农产品商品率为主要目标，以现代科学技术、现代工业装备、现代管理方法、现代经营理念为支撑，在市场机制与政府调控的综合作用下，以市场为导向、以效益为中心、以产业化为纽带、实行产供销一体化、贸工农相结合的多功能农业产业体系（尹成杰，2008）。同时，现代农业服务业属于现代农业的范畴，是为现代农业提供全程化、规模化、智能化服务的产业，相较于新型社会化服务业，在市场层面提供的服务内容更广、服务手段更新；在农村产业融合方面不仅局限于社会化服务环节，还增加了乡村旅游、休闲农业、观光农业等现代服务业。因此，本书界定现代农业服务是一个动态发展的概念，将在现代农业各个环节发挥更加重要的作用，与农产品形成"产品＋服务"的价值组合，相关的服务主体更加多元化、多样化和规模化，相应的运营方式更加智能化、现代化和集成化。

二、服务供应链的相关界定

（一）供应链及其协同

供应链是围绕核心企业，通过对信息流、物流、资金流的控制，从采购原材料开始，制成中间产品以及最终产品，最后由销售网络把产品送到消费者手中的将供应商、制造商、分销商，直到最终用户连成一个整体的功能网链结构（马士华等，2010）。同时，供应链协同（supply chain collaboration）的概念于 20 世纪 90 年代中期由咨询界和学术界正式提出，是指两个或两个以上的企业为了实现某种战略目的，通过公司协议或联合组织等方式而结成的一种网络式联合体（程国平，2004）；目前已经成为供应链管理的核心和协同研究的子类，包括管理、技术和人机 3 个方面的协同研究，其中管理协同是基础，技术协同是支撑，人机协同是关键（蔡淑琴等，2007）。此外，供应链协同管理就是针对供应链上各节点企业的合作所进行的管理，需要全链无缝集成合作伙伴和客户，加强彼此协调和相互努力，共同分享业务数据，联合进行预测计划和管理决策，整合设计与管理价值增加过程，从而实现整条供应链的利益共享和风险共担，以满足最终客户的需求，主要涉及战略协同、信息协同、信任协同、业务协同、分配协同、标准协同、文化协同、供应协同、物流协同、销售协同、服务协同 11 个方面（张翠华等，2005；王宁，2006）。

（二）农产品供应链及其协同

农产品供应链是包含了农产品从生产资料供给到生产、加工、物流、配送各环节的供应体系（何明珂等，2018）；或者说，完整的农产品供应链可以被描述为农产品沿着农户、加工企业、配送中心、批发商、零售商以及消费者运动的一个网状链条，包括产地原材料种植养殖环节、产成品加工制造环节以及面向终端消费者的销售环节等过程，该过程由农产品信息流、物流、资金流、商流串联，最终目的是在满足消费者需求的同时获得供应链的整体利益（谭涛，2004）。同时，农产品供应链协同是指农产品供应链中的各个资源主体以先进的技术为支撑，在农产品流通交易过程中通过信息共享、高度的协作配合来降低和简化产品交易成本和流程，让供应链创造可观经济效益的过程（韦英琴，2022）。

（三）服务供应链及其协同

服务供应链是以服务中的核心企业为主导，借助网络信息技术，通过控制能力流、信息流、资金流及物流以实现用户需求与服务增值的过程，表现为"功能型服务供应商→服务集成商→顾客（如制造、零售企业等）"的供应链结构模型（刘伟华等，2009；宋华等，2012）；或者说，服务供应链是指从接受顾客需求开始，通过需求分析和协同运作，服务集成商以服务解决方案的形式将自身及服务供应商的服务传递给顾客，最终满足顾客需求，是由顾客、服务集成商和服务供应商组成的环式功能结构（付秋芳等，2010a）。同时，服务供应链协同是指服务供应链中各个节点服务企业为了提高供应链的整体竞争力而进行的彼此协调和相互努力。以涵盖服务集成商的供应商、服务集成商和顾客在内的整条服务供应链为对象，服务集成商依靠信息平台对自身以及服务供应商的服务资源、服务能力和服务技术进行整合，借助服务供应商为顾客提供全面的、集成的服务供应链解决方案，从而满足顾客的服务需求（付秋芳等，2010b）。

三、现代农业服务供应链的概念析出

综合乡村产业、乡村新型服务业、农业社会化服务、现代农业服务、服务供应链等相关概念，立足于现代农业产业链供应链的角度，致力于全面推进我国乡村振兴战略，本书专门提出了现代农业服务供应链的概念：利用现代信息技术，围绕现代农业所需要的服务种类与内容，由政府部门、各类农户、龙头企业、新型经营主体、新型服务主体、供销社、配套企业、电商平台、市场消费者等众多行动主体共同参与的功能网链结构，通过控制整个链条的产品流、服务流和信息流等流体来实现现代农业的增值，体现为智能化、规模化、现代化、集成化等多种特征。

第四节 研究内容和思路

一、研究内容

随着我国全面推进乡村振兴战略的步伐加快，产业兴旺成为基本的目标和要求。现代农业服务或乡村服务业对乡村产业起到基础性、先导性的作用，成为带农惠农富农的重要引擎，研究MASSC协同机制已经迫在眉睫且水到渠成。本书的具体专题与内容设置如下。

第一章为绪论。本章将论述现代农业服务对推动乡村振兴战略的重要作用，提出本书的主要研究问题；阐明本书研究的理论和应用价值；厘清乡村产业、现代农业服务和服务供应链等概念的内涵，进而析出现代农业服务供应链的概念；详细展现本书的研究内容、方法和技术路线；说明本书的研究特色和主要创新之处。

第二章为现代农业服务供应链的理论基础。本章综述了乡村振兴战略、现代农业服务和服务供应链等理论文献，为后续研究奠定了理论基础；并对综述文献进行了评论，指出现有研究存在的不足，提出了本书进一步研究的核心问题。

第三章为 N – MASSC 的协同体系构建。本章结合实地调研的典型区域情况，从产品服务供应链视角，探寻了 N – MASSC 协同体系架构，分析了该协同体系架构的行动主体构成、外生情境变换、三大流体支撑、制度结构创新和产品服务价值等构件，并以五地的实践个案进行了佐证。

第四章为区域产业视角下 N – MASSC 价值共创机制设计。本章结合社会动员和资源编排理论，选取新会陈皮服务供应链的成长案例，观察并分析了区域产业视角下 N – MASSC 价值共创的过程机制。研究发现，通过双向社会动员驱动和"聚集→聚变→聚焦" 3 个阶段资源编排，可以为 N – MASSC 共同创造多元价值；进而建议地方政府结合本地特色、历史文化等先天优势，打好"行政＋组织"双向动员的组合拳，合理编排自然、人力、社会和经济等资源。

第五章为龙头企业主导下 N – MASSC 价值共创机制设计。本章利用赋能理论和价值共创理论，以两家本土龙头企业为研究对象，采用纵向探索性双案例研究方法，全面呈现了本土龙头企业在不同发展阶段的价值共创行为，并系统探索了龙头企业主导下 N – MASSC 价值共创的过程机制。研究发现，本土龙头企业为突破不同发展阶段面临的资源瓶颈，遵循"对象性赋能—操作性赋能—组合性赋能"的动态路径，采用"拼凑→编排→协奏"的资源行动路径，提升原料供给、品牌辐射、精深加工和跨界融合等核心能力，形成双向赋能格局，从而实现 N – MASSC 价值共创；进而建议政府应继续加大对本土龙头企业的政策赋能，加强特色农产品技术研发支持，大力推动农村产业融合发展。

第六章为 N – MASSC 公用品牌协同治理模式构建。本章认为农产品区域公用品牌应由 N – MASSC 共建共享，通过博弈分析后发现，在共建共享过程中存在多种机会主义行为，导致搭便车、公地悲剧和弱信任等多重困境；构建了嵌套"奖惩、声誉和信息"3种子机制的 N－MASSC 公用品牌协同治理模式。永川秀芽 N－MASSC 公用品牌协同治理案例的分析结果显示，整合赋能主体对供给主体的奖惩机制、供需主体之间的声誉机制和多主体联动的信息机制，可以共同消除 N－MASSC 公用品牌面临的多重困境，使品牌溢价得以顺利实现；进而建议政府应继续加大 N－MASSC 公用品牌创建的奖补强度，健全多元行动主体参与的自组织运行架构，瞄准市场受众提升品牌宣传力度。

第七章为 N－MASSC 产品服务协同供给制度创新。本章以新制度经济学的制度及制度创新（变迁）理论为基础，以理性选择制度主义的制度变迁为分析范式，具体分析了 N－MASSC 产品服务协同供给制度创新的动因和过程，进而围绕政策顶层设计、财政税收政策、金融保险政策、基础设施建设、服务要素配置、各类人才储备6个方面，重点阐释了 N－MASSC 产品服务协同供给制度的优化建议。

第八章为研究结论与展望。本章总结了本书所得到的主要研究结论，提出了未来需要进一步研究的问题。

二、研究框架

本书以功能型服务商、服务集成商、客户构成的 MASSC 为研究对象，切换"产品主导逻辑"为"服务主导逻辑"，以价值共创共享视角为基点，深入剖析 MASSC 的协同体系、协同运营、协同治理以及协同供给政策等问题。具体来讲，首先从"农产品＋

服务"角度整合现代农业经营主体和服务主体，建立现代农业服务供应链协同体系；在此基础上，从多角度探索 MASSC 的价值共创过程机理，解释协同运营的理论黑箱；进一步地，针对 MASSC 协同问题，从奖惩、声誉和信息融合视角设计品牌价值协同治理模式，促使 MASSC 品牌溢价得以顺利共建共享；最后，以理性选择制度主义的制度变迁为分析范式，结合制度创新的动因和过程分析，提出 N - MASSC 产品服务协同供给制度的优化建议，具体的研究框架如图 1 - 1 所示。

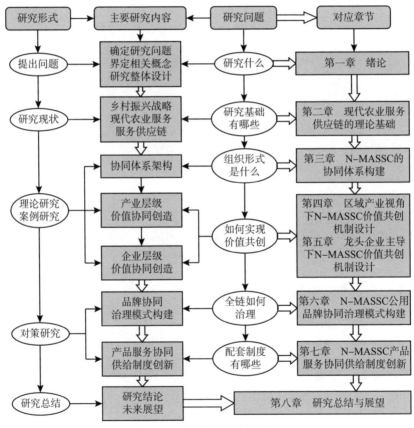

图 1 - 1　本书研究内容框架

三、研究方法

本书基于乡村产业经济学、供应链管理、服务管理、信息经济学、新制度经济学、品牌经济学等基础理论,结合定性研究与定量研究、规范研究与实证研究,综合运用演绎和归纳等管理决策方法,对 N – MASSC 的协同体系架构、价值共创机制、协同治理模式以及协同供给制度等问题展开了研究。针对本书的研究内容,使用的主要研究方法包括以下几种。

(一)文献研究法

文献研究法又称"资料分析法"或"室内研究法",属于非接触性的研究方法,它是根据一定的研究目的或课题需要,主要通过搜集、鉴别、整理和研究文献,从而全面、正确地了解掌握所要研究的问题,形成对研究对象科学认识的一种研究方法(王新利,2018)。该方法是开展研究工作的前提和基础,能够获得比口头调查更准确、更可靠的信息,有助于了解研究领域的历史和现状,比较鉴别拟研究问题的创新性,凝练未来需要研究的方向。

本书通过文献检索查阅和内部学术研讨,提炼国内外知名学者和学派的观点和洞见,着重分析乡村产业振兴的经验和教训,总结归纳 N – MASSC 协同机制的基础理论。具体来讲,研究团队紧盯国内外高水平期刊,搜集了乡村振兴战略、现代农业服务、服务供应链、价值共创、社会动员、资源编排、赋能、区域公用品牌、协同治理、制度变迁等理论文献 600 余篇（本书的参考文献部分罗列了高度相关的 365 篇），全面把握这些文献的研究现状及贡献，通过文献述评获得了大量有益的启发和借鉴，提出了当前本领域研究中存在的一些问题以及未来需要进一步研究的方向。

（二）访谈调查法

访谈调查法又称访问法或谈话法，属于适应范围最广泛的一种调查方法，是指通过访谈者与受访对象的直接交谈收集所需资料的一种调查研究方法，也就是两个人或多人之间一种有目的的谈话，其中由访谈者一方通过询问来引导受访对象回答，以此了解到相关信息，最终达到调查目的（万崇华等，2016）。该方法能够深入受访对象的任务场景，通过重复提问和控制谈话过程等来影响和鼓励受访对象的回答，可以收集到历史的、动态的时序数据，同时结合二手资料获得回溯性数据，成为实证研究中重要的数据采集方法。

本书综合使用了结构化调查问卷和半结构化访谈两种调研方式，获得了多方面的"三角形"实证数据。具体来讲，研究团队预先通过网络媒体收集受访对象的相关资料，掌握工作场景和人物梗概，有助于事先拟定调查问卷和访谈问题。在进入企业场域时，一是利用结构化调查问卷（具体的调查表见附录二），随机抽取政府部门、涉农企业和农户进行交流和问卷填写，认真听取有关 N－MASSC 协同的建议，获得充足的回收问卷，从而把握供应链整体概况；二是采用半结构化访谈方式，结合粗线条的访谈提纲（具体的访谈提纲见附录三），重点对政府部门或行业协会负责人、龙头企业和合作社等受访对象进行现场面对面访谈或焦点小组访谈，获得大量真实的、详细的一手资料。

（三）逻辑研究法

逻辑研究法综合了归纳法与演绎法，前者是从观察世界出发，趋向于更为抽象的经验通则或理论推进；后者是从一个抽象的合乎逻辑的概念关系或理论出发，趋向具体的实证证据推进（李毅，2020）。其中，归纳法是对观察、实验和调查所获得的个别事实，概括出一般原理的一种思维方式和推理形式，优点在于判明因果联系，然后以因果规律作为逻辑推理的客观依据，并且以观察、试验和调查为手段，所得结论一般是可靠的；演绎法是从既有的普遍性结论或一般性事理，推导出个别性结论的一种方法，优点是由定义根本规律等出发一步步递推，逻辑严密结论可靠，且能体现事物的特性。

本书结合博弈论、服务主导逻辑、社会动员、资源行动以及赋能等理论，从归纳法视角归纳分析了案例对象数据，升华了 N-MASSC 价值共创理论模型，从演绎法视角为 N-MASSC 协同机制预先建立了构念体系。在演绎分析方面，研究团队利用社会动员和资源编排理论构建了区域产业视角下 N-MASSC 价值共创过程机制的初始构念；利用赋能理论、资源能力理论构建了龙头企业主导下 N-MASSC 价值共创过程机制的初始构念；针对 N-MASSC 的信息不对称性，进行了经济博弈建模，演绎分析后发现区域公用品牌的机会主义行为，进而构建了 N-MASSC 公用品牌协同治理模式。

（四）案例研究法

案例研究法是对某一处于现实环境中的现象进行考察的一种经验性的研究方法，它研究现实生活背景中的暂时现象，在这样一种研究情境中，现象本身与其背景之间的界限不明显，研究者只能大量运用事例证据来展开研究（Yin，2014）；案例研究可以对某些现象、事物进行描述和探索，也可以解释并总结案例背后的意义以建立新的理论，或者对现存的理论进行检验、发展和修改（胡国栋，2017）。该方法研究现实社会经济现象中的各事例证据之间的相互关系，其意义在于回答"为什么"和"怎么样"的问题，有助于研究者把握事件的来龙去脉和本质，使人们能建立新的理论，或者对现存的理论进行检验、发展或修改。

本书利用实践个案，对构建的协同体系架构和协同治理模式进行了验证；应用了单案例和双案例研究方法，聚焦于 N – MASSC 价值共创的过程机制。具体来讲，研究团队严格遵循"研究问题提出→理论视角选取→案例研究设计→案例数据收集→分析案例数据→展示案例结果"的研究过程，深度访谈 N – MASSC 所涉及的政府主管部门、行业协会、龙头企业、合作社和农户，注重对一、二手数据进行编码归类和文本分析，采用"三角验证法"保证研究方法的信度和效度，按照案例内描述和跨案例比较的分析步骤，深入揭示 N – MASSC 协同机制的理论"黑箱"。

（五）制度分析法

制度分析法是将制度作为分析的对象或变量，研究制度的性质、结构、作用、运作机制、变迁模式、供给与需求、交易费用及其测度、设计与配置等内容的一种研究方法（魏建国等，2016）；在中国发展的背景下，着眼于治道变革，探索具体的公共管理、公共服务以及公共政策问题，具有动态化、具体化、"非纯粹经济分析"、方法论的集体主义等特征（袁中华，2013）。该方法既考虑经济因素，也注重例如法律、政治、社会意识形态等非经济因素的影响，同时，将制度创新视为集体行动的结果或集体行动对个人选择的控制与约束而非个人和单个企业行为的结果。

本书充分吸收新制度经济学的科学成分，以制度及制度创新（变迁）理论为基础，探索现代农业服务与制度创新的联动规律，分析了 N – MASSC 产品服务协同供给制度创新的动因和过程，提出了 N – MASSC 产品服务协同供给制度优化建议。具体来讲，研究团队应用理性制度主义制度变迁分析，从顶层设计、财税政策、基础设施、金融资本、要素配置、人才储备等角度，提出了具有可操作性的保障措施和政策建议。

四、技术路线

供应链是一个复杂巨系统，因而 N – MASSC 的协同机制研究也必然是一个跨学科的综合性课题。在本书的研究过程中，始终围绕国家乡村振兴战略，立足于系统全局最优的思想，以现代经济管理理论为起点，以协同机制构建为主线，借鉴和采用了不同领域的成果、知识、方法和技巧，大体遵循"理论→现状→演绎＋实证→对策"的基本思路，从协同体系架构、价值共创机制、协同治理模式以及协同供给制度等角度展开研究，具体技术路线如图 1－2 所示。

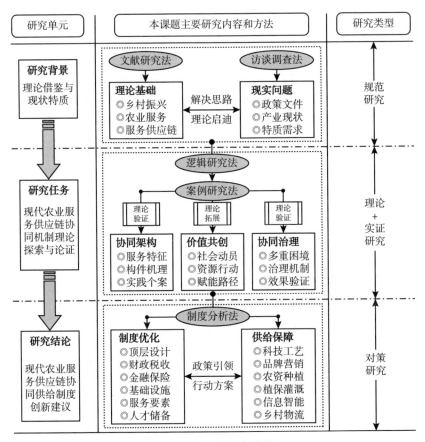

图 1－2　本书技术路线

第五节　研究特色和创新点

本书围绕全面推进乡村振兴战略的现实需求，力争突破现代农业服务"低端、零碎、散乱"的现实困局，弥补农业农村现代化进程中有关配套服务的短板弱项。基于此，结合乡村产业经济、供应链管理、服务管理、信息经济学、新制度经济学、品牌经济学等经济管理理论，主要采用逻辑研究、案例研究、制度分析等研究方法，构建了集"农产品＋服务"于一体的 N－MASSC 协同体系架构，从价值共创机制、协同治理模式和协同供给制度创新等视角对 N－MASSC 协同机制展开研究，通过服务资源整合、价值共创共享等管理手段，切实找到现代农业高质量发展的实现路径，归纳总结更有针对性的对策建议，助推乡村振兴战略顺利实施。总的来讲，本书根据现代农业"生产、市场、服务"等多级结构，跳出传统产品供应链的视野局限，综合应用定性定量研究方法探索 N－MASSC 协同机制，更加符合新时代乡村产业振兴的新特征新要求，在学术思想、学术观点、研究方法等方面具有鲜明的研究特色，主要创新点包括以下几个方面。

其一，构建了 N－MASSC 协同体系架构。在分析现代农业服务专门化特征的基础上，综合行动主体构成、外生情境变换、三大流体支撑、制度结构创新、产品服务价值等构件机理，构建了 N－MASSC 协同体系架构，并采用实践个案验证了该协同体系架构的适用性和有效性。该协同体系架构重视外生环境的变换，重点引入了价值和制度构件，所涉及的服务更加现代化，所涉猎的范畴更加集成化。

其二，从区域产业层面，观察并透析了 N‒MASSC 实现价值共创的过程机制。结合社会动员和资源编排理论，选取新会陈皮 N‒MASSC 的成长案例，打开了区域产业视角下 N‒MASSC 价值共创过程的理论"黑箱"，即采用"行政动员＋组织动员"的双向社会动员方式，吸纳各个行动主体贡献各种资源，通过嵌套"聚集资源、聚变能力、聚焦需求"的资源编排路径，为整条供应链共同创造多元价值。该区域产业层面的价值共创过程机制强调了动员和资源的重要性，更适合 N‒MASSC 的实际情境，有效指引行动主体在服务资源方面互联互通，从而为现代农业发展提供了新思路新路径。

其三，从龙头企业切入，观察并揭示了 N‒MASSC 实现价值共创的过程机制。以赋能作为理论视角，以两家本土龙头企业为研究对象，系统呈现了多元行动主体动态赋能本土龙头企业的全过程，即在生命周期的不同阶段，本土龙头企业面临不同的资源瓶颈，将遵循不同合作行动主体给予的"对象性赋能—操作性赋能—组合性赋能"动态路径，相应地采用"拼凑→编排→协奏"的资源行动路径，提升原料供给、品牌辐射、精深加工和跨界融合等核心能力，推出"产品＋服务"组合对接市场需求，进而实现龙头企业主导下 N‒MASSC 共创价值的多元统一。该龙头企业层面的价值共创过程机制更能增强龙头企业联农带农惠农效应，高质量发展县域经济，推动乡村振兴尤其是乡村产业兴旺。

其四，从品牌价值视角，构建了 N－MASSC 公用品牌协同治理模式。认为农产品区域公用品牌应由 N－MASSC 共建共享，通过博弈分析后发现，在共建共享过程中存在多种机会主义行为，导致搭便车、公地悲剧和弱信任等多重困境，进而构建了"嵌套奖惩、声誉和信息"3 种子机制的 N－MASSC 公用品牌协同治理模式，高度认同信息机制能够充分发挥奖惩机制和声誉机制的联动效应，并用永川秀芽 N－MASSC 公用品牌案例进行了验证。该协同治理模式能够更加有效地消除品牌共建共享过程中面临的多重困境，从而增强品牌形象，提升产品竞争优势，使品牌溢价得以顺利实现。

其五，针对 N－MASSC 协同体系，提出了产品服务协同供给制度创新建议。在乡村振兴战略背景下，从制度及制度创新（变迁）视角，强调应汲取脱贫攻坚形成的经验智慧进行持续创新，分析了 N－MASSC 产品服务协同制度创新的动因、过程及结果，围绕政策顶层设计、财政税收政策、金融保险政策、基础设施建设、服务要素配置、各类人才储备 6 个方面，重点阐释了 N－MASSC 产品服务协同供给制度的优化建议。该协同供给制度更能提升供应链协同效率效益，更能顺应新时代乡村产业的变化，具有更强的可操作性和时代特色。

第二章

现代农业服务供应链的理论基础

本书提出的 N – MASSC 协同机制研究问题，既具有鲜明的乡村振兴时代特色，又融合了现代农业服务管理和服务供应链管理的理论内涵。本章将重点对乡村振兴战略、现代农业服务管理、服务供应链管理等理论进行文献综述和简要评论，并提出本书将要研究的具体问题。

第一节　乡村振兴战略理论研究现状

党的十九大报告中首次提出乡村振兴战略，并指出"三农"问题是关系国计民生的根本性问题，必须始终把解决好"三农"问题作为全党工作的重中之重，全面实施乡村振兴战略。随后乡村振兴战略理论及实践成为政界和学界的热点研究问题，逐步形成了系统化的理论研究框架，主要涉及乡村振兴的科学内涵、国内外实践、推进路径以及保障措施等研究领域。

一、乡村振兴战略的科学内涵

（一）乡村振兴战略思想内涵

乡村振兴战略思想具有深刻的理论渊源，所蕴含的内容在不断深化和拓展。刘等（Liu et al.，2017）指出乡村衰退是全世界面临的共同挑战，应该改变过去重城轻乡的政策和做法，让乡村振兴同全球减贫、气候变化一样得到广泛关注；涂等（Tu et al.，2017）认为乡村振兴既是响应农村发展核心系统和外部系统要素的变化，又是重塑农村地区社会经济形态和空间格局的过程，旨在通过系统优化提升农村地域系统的结构，实现城乡地域系统的协调发展和功能互补。国内研究中，魏后凯（2018）界定乡村振兴战略就是大力发展，使乡村逐步兴盛和繁荣起来，是一个内涵丰富、领域广泛的综合性大战略，既包括乡村经济、社会、文化的振兴，也包括乡村治理体系创新和生态文明进步；黄祖辉（2018）认为要准确把握中国乡村振兴战略的科学内涵，既要准确把握乡村振兴战略与城市化战略的关系，又要准确把握中国乡村形态及其变化趋势；张海鹏等（2018）指出乡村振兴战略思想是中国乡村建设百年探索的历史延续，充分吸收了马克思主义关于农村发展和城乡融合发展的思想，继承了历代中国共产党人的农村发展思想；许伟（2020）基于中国国情特色，总结了中国特色社会主义乡村振兴道路具有立足于中国国情实际、关照中国乡村现实、珍视中国文化传统 3 个根本特点；任常青（2018）强调产业兴旺是乡村振兴的重点，也是农业农村现代化的客观要求，建议在确保农业发展的基础上促进农村产业融合，深化农村土地制度改革，强化农村制度性供给创新，处理好政府与市场的关系；纪志耿（2022）认为习近平总书记关于乡村振兴的重要论述是马克思主义"三农"理论中国化新的飞跃，对城乡关系的认识进入了新阶段，对生态文明的认识达到了新高度，对农耕文化的认识取得了新提升，对乡村治理的认识实现了新突破，对生活富裕的认识打开了新局面；魏后凯等（2022）从"坚持底线思维"视角出发，指出全面推进乡村振兴需坚守安全底线、目标底线、制度底线与利益底线。

（二）乡村振兴战略目标任务

乡村振兴战略的目标任务不断细化和具象，成为农业农村现代化的抓手，助推全面建成小康社会和社会主义现代化国家。党的十九大报告提出了乡村振兴的"二十字"方针和总目标，即"产业兴旺、生态宜居、乡风文明、治理有效、生活富裕"，成为乡村振兴战略的总要求；2017 年中央农村工作会议对实施乡村振兴战略分"三步走"：到 2020 年，乡村振兴取得重要进展，制度框架和政策体系基本形成；到 2035 年，乡村振兴取得决定性进展，农业农村现代化基本实现；到 2050 年，乡村全面振兴，农业强、农村美、农民富全面实现。龚等（Gong et al. ，2022）提出建立的区域发展计划，是乡村振兴战略取得成功的保障，可有效解决地区经济发展不平衡问题。国内研究中，魏后凯（2018）、黄延信（2020）都主张乡村振兴战略实际上就是新农村建设的升级版，内涵更加丰富，领域更为广泛，充分体现了中国特色社会主义的新时代特征和全面建成小康社会的基本要求；叶兴庆（2018）综合比较后认为，相较于新农村建设，乡村振兴的"五句话、二十字"总要求在内涵上进行了深化，是其升级版；姜长云（2018）结合中央政策文件和会议精神，提出了推进乡村振兴的战略导向，包括坚持高质量发展、坚持农业农村优先发展、坚持城乡融合发展 3 个方面；黄祖辉（2018）指出"三步走"是乡村振兴战略的总目标，而具体的建设目标和任务体现为"二十字"方针，并且"二十字"方针所蕴含的五大目标任务具有内在逻辑性和相互关联性；刘彦随（2018）强调新时代乡村振兴就是要破解乡村发展面临的主要社会矛盾和突出问题，激活乡村人口、土地、产业等要素活力和内生动力，推进乡村转型、重塑城乡关系、实现城乡融合，科学推进乡村经济、社会、文化、教育、生态、技术系统协调与可持续发展；陈学云（2018）分析了农村产业融合必然性、可行性和应然性，研究发现，由于规模经济和范围经济作用，加法效应和乘法效应能促成农村三产的"工序性融合"和"结构性融合"，从而实现利益再分配和乡村产业振兴；叶兴庆（2022）认为促进农民农村共同富裕需要提高乡村振兴的包容性，缩小城乡之间、农村不同群体之间、不同地区农村之间差距，让工业化城镇化的增长效应更公平地扩散到广大农村，让小农户以更大比例分享高效农业发展的红利，让农民农村在再分配中以更大比例获益，注重发挥第三次分配在提高乡村振兴的包容性、促进农民农村共同富裕方面的重要作用；赵星宇等（2022）认为发挥互联网数据平台在乡村治理中的功能与作用，构建城乡融合发展的共建共享新格局，是基于数字乡村助推乡村振兴的关键所在；罗必良（2023）指出，确保中国人的饭碗牢牢端在自己手中是中国农业现代化的核心理念，是全面推进乡村振兴的必由之路；吴亚玲等（2023）指出优化农业生产要素配置效率是实施乡村振兴战略的重要环节，形成生产要素向先进生产力聚集的体制机制是乡村振兴战略的应有之义；温涛等（2023）认为破解乡村振兴战略的融资困境，需要强化现代农业金融支撑，提高信贷服务能力，充分发挥资本、保险、担保等市场所具有的扩大投资和风险管理等功能。

二、乡村振兴战略的推进路径

（一）乡村振兴战略实施经验借鉴

从国内外实践视角总结推进乡村振兴战略的实施情况及成功经验，用以指导后续推进进程，主要涉及政策支持、法律法规、文化认同、社区建设等。一是欧美实践经验。雷（Ray，2010）探讨了地方文化认同在欧洲农村发展的作用，发现无论是政策驱动的还是农民"自下而上"自发产生的地方文化认同，都会对地方农村经济和社会带来一定的影响；康普莱恩（Kumpulainen，2016）研究了在全国农村政策与地方农村政策存在矛盾时，芬兰农村的乡村协会如何通过对话来维持农村社区的发展，发现农村社区的建设和发展服从于当地人民对乡村的承诺以及热爱程度；康普莱恩（2019）进一步调查研究了芬兰村庄的乡村社区如何影响农村社区的发展，发现社区实践对农村地区的影响包括创业文化加强、网络制度化增加、社区治理融入、当地非政府组织等重要因素。国内研究中，芦千文等（2018）总结出欧盟农业农村政策框架和发展趋势，具体为竞争导向的农村多元经济发展政策、魅力导向的农村社区发展政策、创新导向的农村组织培育政策、兼容导向的自然环境保护政策，启示中国乡村振兴战略要注重建立城乡平等合作、框定农业农村发展重点、激发各方参与积极性、增强政策间互补性和政策执行的灵活性策略性；胡月等（2019）将美国农村发展分为政策导入、政策立法完善和政策体系成熟3个阶段，并且具有4个演变特征，具体为财政支持起主要作用、政策目标及时调整、加大乡村基建和政府支持手段多元化，启示中国乡村振兴战略要坚持政府导向、城乡一体化、完善立法、加强城乡融合。二是亚洲国家实践经验。陈志钢等（2020）发现泰国在加强地方能力建设和发展营养敏感性农业等方面积累了比较成功的经验，如将决策权下放到地方，加强地方政府、社会组织和个人的能力建设，从而促进农业农村可持续发展；王鹏等（2020）研究发现，日本的乡村振兴运动从照搬照套西方国家的模式，后来逐渐探索适合本国的模式，呈现出产业化与城镇化并进、国民教育水平提高、制定相关法规促进农村发展等特点，并存在财政负担大、规模化农业发展被限制、生态环境难以保护、劳动力缺失等问题；郭笑然等（2020）分析了日本乡村振兴法案的演变轨迹，发现日本乡村振兴经历了农业规模化生产起步、基础设施提升、多元融合提升3个阶段；顾鸿雁（2020）梳理了日本"地域循环共生圈"乡村振兴转型新模式的具体表现，启发中国乡村振兴战略应该建立多元合作机制，坚持低碳、循环和生态理念，将乡村资源整合增值所产生的收益更多留在当地，实现生产、生活、生态良性循环；田毅鹏（2021）总结出日本乡村振兴政策演变存在 2 条线索，具体为赋予乡村政策以社会性、建设 1.5 次产业和第六次产业。这两条线索相互关联、互相促进，共同推动乡村产业振兴和整个乡村发展；张季风（2023）分析了日本城乡融合的成功经验，提出了加强城乡融合发展立法和顶层设计、完善以本地居民为主体的基层治理机制、推动工农互促城乡互补机制创新、完善城乡要素融合发展机制 4 条建议。三是中国实践经验。付等（Fu et al.，2020）以吉林省长春市农安县为调查对象，发现农村基层治理中存在宗族势力干预、外资野蛮生长、群众参与不够等诸多挑战，建议从党组织领导核心出发，完善相关法律，充分发挥村民自治的主体作用，从而优化农村基层治理体系；袁（Yuan，2021）认为在"三治合一"的农村治理模式建设完善过程中，村民自治标准存在一定的疏忽，村民自治组织结构有待完善，建议要深化和完善新时期的村民自治实践，发挥基层党组织在村民自治实践中的引领作用，构建有效运行的村民自治体制，尊重村民自治的开拓精神；沈等（Shen et al.，2022）总结了茶叶旅游振兴古村落的成功经验，认为乡土情结、关键领导与地方人才是塑造农村文化产业特色的关键。国内研究中，周立（2018）指出破解新时代的新矛盾，亟待补齐农业农村发展滞后这块短板，以城乡融合、产业振兴和四化同步解决农村发展的不平衡、不充分和不同步状态，走出中国特色的乡村振兴之路；王国峰（2020）分析了全球典型国家产业富民路径和国际经验，总结了人力资本提升型、生态效率提升型和组织效率提升型 3 种富民模式与运行机制，建议我国乡村振兴产业富民需要循序渐进，遵循"从数据、知识库和节点提取→关键制约因子识别→投入－产出绩效评价"的步骤；郭金金（2021）建议多领域协同推进乡村振兴战略，注重科技兴农与教育兴农，创新乡村治理模式，实现"自治、法治、德治"三治融合，打造中国特色乡村振兴之路；杜姣（2022）指出以留守经济精英、留守妇女精英与留守"五老"精英为代表的乡村留守精英是乡村治理的主体，通过行政吸纳、党建统合与社会组织动员等方式可将分散的精英合理化聚集以形成乡村正向治理力量；李丹阳等（2022）强调在乡村产业振兴过程中，第一书记需以制度、资源、关系等要素"差序嵌入"乡村不规则社会，运用法律、技术、话语对多元主体进行"协同赋权"。

（二）乡村产业链延伸拓展与交叉融合

从产业链延伸和农村产业融合视角探索实施乡村振兴战略的推进路径，尤其强调乡村文化旅游、科技教育、电商物流等产业的推动作用。一是对乡村产业的整体认知。张等（Zhang et al.，2020）总结了乡村振兴发展模式，发现主要有工业模式、生态模式和文化模式，这 3 种模式需要结合乡村当地的工业基础、生态环境、文化底蕴才能实现发展；徐等（Xu et al.，2021）从系统代谢理论和能值核算方法出发，分析了乡村振兴前后车河村的代谢结构、效率和农村发展因素，发现新的管理模式降低了农村系统的能值可持续性指数，通过变外生力量为内生力量，满足了农村可持续性发展的要求；杨等（Yang et al.，2021）利用多源数据研究了农村社区的形态和社会演变以及驱动因素，发现旅游业已成为这些社区的主导产业，证明了乡村振兴战略有利于发展当地经济以及增加就业，促进非城市社区在中国的经济发展和增长；岑等（Cen et al.，2022）认为产业升级在数字经济与乡村振兴之间发挥中介作用。国内研究中，黄祖辉（2022）结合中央政策文件和会议精神以及研究探索，从乡村振兴的发展引领、实践运行和改革深化3个层面，梳理和提炼了全面推进乡村振兴的十大重点；王博等（2022）认为解决农村经济社会发展问题和促进共同富裕需要将治理重心下沉至县域单元，进而分析了以县域为基本单元推进乡村振兴实现共同富裕的内在逻辑、驱动机制，从做大县域财富和分好县域财富两个方面提出了具体举措；雷明等（2022）认为乡村产业振兴必须坚持以农民为主体，以农村产业融合发展为路径，以合理配置资源转变生产经营方式为目标，遵循"示范—扶持—改善"的产业振兴内在规律；程国强等（2022）强调休闲农业、乡村旅游与农村电商是连接乡村产业链与消费帮扶的关键。二是文化旅游推动路径。米切尔（Mitchell，2018）以纽芬兰为研究对象，从演化经济地理学的视角考察了乡村遗产旅游，探究利用乡村旅游资源来促进经济多样化的过程，评估对当地就业的影响。国内研究中，孔凯等（2020）分析了民族地区的乡村文旅融合现状及存在问题，对民族地区乡村文旅融合模式提出了相关建议和实现路径；屈学书等（2020）发现乡村旅游发展不平衡不充分、结构性矛盾明显，建议应该基于市场导向与创新推动旅游产品升级，利用集群发展和政府支持推动旅游要素升级，加强产业融合助力旅游产业链升级；耿松涛等（2021）强调应以差异化特色化的乡村文化旅游发展模式为目标，提出了文化产业发展与多主体合作模式以及文旅需求转型下的乡村旅游产品升级路径；朱明等（2023）采用 IPA 分析法和服务质量差距模型，从供给侧明确旅游供需错配的表现以及治理方向，提出了乡村旅游供需匹配的治理策略；张祝平（2021）分析了文旅融合理念下乡村旅游发展现状以及困境，从文化驱动、重构乡村文化记忆、乡村智慧文旅等方面提出了乡村旅游高质量发展的路径选择；戴其文（2022）发现中国乡村民宿已向规范化、精品化与多元化方向发展，乡村民宿逐渐成为带动地方经济增长、保护传承乡土文化、推进乡村振兴战略的重要抓手；唐健雄（2023）认为旅游城镇化是实现乡村振兴的新发展模式，"经济—社会—环境"协同发展是该模式创造良好经济效应的前提。三是科技教育推动路径。智等（Zhi et al.，2020）分析了贫困人口与脱贫人口的收入结构以及职业教育培训需求，肯定了职业教育的扶贫长期效果，提出了以农村职业教育为导向的对策建议；陈（Chen，2020）针对职业农民的培育和发展问题，建议采取相应的改进措施，具体为政府要推广先进技术和培养正确的职业价值观，提高农民的社会地位，以合理的教学结构主动对不同层次的人才展开针对性培养，统筹农业发展规划形成区域特色农业；余（Yu，2021）调研分析了浙江省杭州市余杭区青山村，发现青山村的成功源于独特的自然条件和高效的运营团队，是其他村落难以复制的，但为乡村提供资金、发展乡村教育、培养乡村人才，从而助力乡村振兴的经验值得学习。国内研究中，宋保胜等（2020）结合乡村振兴战略实际实施情况，提出只有增强科技创新供给能力，完善科技创新供给结构，提高科技创新供给质量，实现科技创新的供需动态平衡，才能有助于实现乡村全面振兴；柴国生（2021）认为科技精准供给驱动乡村振兴是实践必然，也是乡村振兴的时代基础，更是乡村振兴的实现路径以及机制保障；张辉蓉等（2022）强调了教育在乡村振兴中传播知识、传承文化与人才培养的作用，提醒教育赋能乡村振兴需要关注专业度与适配度；范建华等（2023）指出文化价值为数字科技注入了乡土人文伦理关怀，让数字科技成为乡村振兴中情怀与效率并存的推动力量。四是电商物流推动路径。单（Shan，2021）结合乡村振兴战略，以乡村物流发展理念为指导，分析了物流产业在乡村发展的重要机制，提出了农村物流中遇到的问题以及解决方案。国内研究中，许应楠（2019）构建了农村电子商务区域品牌形成及演进机制理论分析框架，揭示了区域品牌萌芽、形成和发展 3 个时期的演进特征及关键影响因素，为服务乡村振兴提供参考；唐红涛等（2020）认为电子商务在乡村振兴不同阶段都能显著影响乡村振兴的转移效应，发现电子商务分别从人力资本、社会资本和物质资本 3 条路径影响转移效果；杜念宇（2021）指出供应链金融是推动乡村振兴战略实施的重要动力，建议采用准确定位、技术应用、合作共赢、资源配置、政策创新等措施，发挥供应链金融支持"三农"发展的作用。

（三）乡村振兴战略相关政策赋能

从政策赋能视角推进实施乡村振兴战略，尤其强调顶层设计、财政补贴、基础建设等制度安排的推动作用。郭等（Guo et al.，

2021）认为中国农村长期忽视土地的资产和资本属性，进而提出通过土地制度促进扶贫开发和乡村振兴的政策启示，如深化土地所有制改革、农村生产关系优化、土地要素激活、土地从资源到资产的转化；殷等（Yin et al.，2022）提出了旨在振兴农村的创新体系，包括技术输入、制度管理与社区网络；张等（Zhang et al.，2022）认为政府共享发展机会是城乡平等地位的前提，政策规划必须建立在充分了解农村地区独特的内在价值的基础上。国内研究中，李周（2017）提出了实施乡村振兴战略的 8 个策略，即因地制宜、规划引导、统筹协同、市场主导、质量提升、增量共享、全域服务、对外开放；张军（2018）建议，为了保障乡村振兴的实施，在国家层面上制定"乡村振兴法"，编制乡村振兴规划，设置乡村振兴机构，采取主要领导负责制；在制度层面上以市场经济为基础，以彻底破除城乡二元结构为突破口，创新乡村振兴体制机制；黄祖辉（2018）主张实施乡村振兴战略可以通过"三条路径"协调推进，具体为"五个激活"驱动、"五位一体"协同和"五对关系"把控；张海鹏等（2018）通过分析后指出，乡村振兴战略的实现路径包括坚持新发展理念、深化农村改革、建立城乡统一的要素市场、创新振兴乡村产业和建立健全城乡统一的公共服务体系 5 个方面；黄季焜（2020）总结了亚洲国家和 40 年中国农村转型和结构转型及制度安排、政策支持和投资重点概况，建议在乡村振兴过程中，要转变政府职能，通过制度创新、政策创新和投资创新，加快农村转型和结构转型，促进乡村振兴战略的顺利实施；宋才发等（2020）强调了土地制度、三权分置和乡村治理对于乡村振兴战略的重要性，发现乡村振兴制度建设的基本路径，如为乡村振兴建设提供规划安排、为乡村振兴用地提供制度支撑、为乡村振兴资金提供政府投入保障、为乡村振兴社会稳定提供安全秩序；蒋和平等（2020）基于我国整体农业产业的发展现状，指出仍然存在农村产业融合度不高、农业现代化不足、农产品品牌化效应不好、农业基础建设滞后、农业金融服务机制不健全等问题，进而提出了我国农村产业发展的新思路以及政策建议；魏后凯等（2020）总结了乡村振兴规划战略中的实施短板，提出了促进乡村振兴的主要政策措施，如强化粮食安全保障、创新乡村产业用地、完善乡村人才振兴、创新农业支持保护、完善现代乡村产业、完善农民利益联结、完善乡村生态宜居；徐亚东（2021）发现农村"三变"改革①制度能够实现个体和乡村层面的科学目标，作为有效衔接脱贫攻坚与乡村振兴的重要举措，是当前乡村尤其是薄弱地区发展的可选方案之一；孙蕾（2022）认为共同富裕价值导向下乡村振兴必须解决好如何激发农村内生发展动力、如何完善农业政策体系、如何处理政策与市场关系3个问题。

第二节　现代农业服务理论研究现状

一、现代农业服务的内涵界定

现代农业服务嵌入到农业产业各个环节，包括良种农资、植

---

① "三变"改革是指农民变股东、资源变资产、资金变股金。

保灌溉、农机农技、数据信息、流通物流、品牌营销、金融保险等多种服务，在内容上与农业社会化服务、农业生产性服务、乡村新型服务等存在交叉重叠。坎普克等（Kampker et al.，2019）认为农业机械制造商和农业服务公司需要更好地理解智能服务和建立一个彼此融合的体系框架，并定义一种与智能服务相匹配的商业模式，缺乏该框架模式就很难成功开发新的农业服务；王（Wang，2020）基于农业资源的信息共享视角，提出组建"农业大数据中心"，完善互联网环境下的农业信息服务体系，构建智慧农业云平台，集成农业业务系统和共享数据资源，实现数据共享、业务协同、应用集成和多维分析等功能一体化，更好地发挥智慧农业在实践应用中的作用。国内研究中，姜长云（2016）指出农业生产性服务业与农业社会化服务体系所包含的内容大致等同且存在一定差异，应该科学处理公益性服务与经营性服务、专业服务和综合服务、阶段性服务和全程性服务、支持农业生产性服务主体与支持其服务体系建设之间的关系；彭凌凤（2017）在总结各地近年探索实践的基础上，将高等涉农院校新农村发展研究院农业科技推广分为试验示范基地、校地共建综合服务体系、校企专项合作以及直接服务经营主体4种模式；芦千文等（2017）将农业生产性服务业归纳为农业生产单一环节服务、农业产业服务链、农业产业服务平台或集成服务商、农业生产经营区域服务体系4种模式，发现其具有显著的阈值效应、范围经济、规模经济、空间协同、垄断竞争等特征；李瑾等（2018）强调农业服务业比较依托"互联网＋"环境下的各类信息技术，并将信息、科技、资金、人才等要素引入现代农业，建议变革创新传统农业服务业的观念、技术、流程、产品、方式、市场、专业化程度等，形成共享经济、专业化服务、平台化服务、产业融合服务、服务主体升级等典型服务模式；曹峥林等（2018）指出农业服务外包具备分工内涵要义和合约变革本质，并遵循立足产权分割与技术可分的分工深化、基于技术进步与要素流动的资源配置2个演进逻辑，朝着服务外包内容将覆盖全产业链、服务外包组织将走向一体化、服务外包模式趋向平台化等可能方向演进；芦千文（2019）将农业生产性服务定义为农业全产业链提供的中间投入服务，即常说的农业产前、产中、产后服务，既可理解为服务于农业的生产性服务业，也可以理解为从事农业生产性服务经营活动的集合，如农资配送、农机农技、育种植保、市场流通、金融保险等服务；李运美等（2023）认为农业社会化服务具体是指以农业生产托管为中心，通过机械制造与科技手段将生产过程标准化、程序化、集中化的生产经营服务模式。

二、现代农业服务的组织模式

（一）新型规模经营主体

现代农业服务组织规模化需要土地规模化推动，形成各类新型规模经营主体。汉纳希等（Hannachi et al.，2020）发现合作社作为供应链中不同利益相关者之间的关系纽带，能够捆绑、协调和影响所有的利益相关者，形成更大规模的"集体主义"联盟，反过来又进一步增强合作社的议价能力，促成多方利益相关者的对话和区域农业经济组织的生成；莫里等（Morri et al.，2022）强调了农民在农业生产服务中的经济作用，提出了农业服务应与"从农场到餐桌"战略相协调，以优化粮食生产和环境保护；蔡等（Cai et al.，2022）探究了农业社会化服务对小农户经营行为的影响，研究表明农业社会化服务的进步可促使小农户进行农田标准化管理。国内研究中，孔祥智等（2018）指出中国要在小农户的基础上实现农业现代化，走以土地租赁为主的土地流转型规模经营的道路是行不通的，而是需要把农民组织起来，进一步健全农业社会化服务体系，才能找到中国发展现代农业的可行出路；胡凌啸（2018）认为，"土地规模经营"和"服务规模经营"都是基于某一核心要素以实现农业规模经营的方式，二者相互依存、相互促进，"土地＋服务"的二元规模化构成了中国农业规模经营的现实图谱，应该形成适宜各村庄自身条件的规模经营形式；陈靖等（2018）强调服务规模化能够提高农业适度规模经营程度，在职工家庭"办不好和不好办"的公共生产环节发挥作用，而国有农场的统筹经营功能为服务规模化提供了落实机制，从而促进职工家庭经营与社会化服务体系的有效对接；武舜臣等（2021）研究发现，小农户在土地规模经营中主要承担农地供给者的角色，而在服务规模经营中更多作为基本经营单位，服务规模经营满足了小农户农地经营的需求，并提供了分享现代农业成果的机会。也有学者认为服务规模化受土地分散的影响，蔡键等（2020）利用我国稻农微观调查数据检验了耕地规模、服务规模与保险购买意愿之间的关系，研究发现，扩大耕地规模集中了传统农业风险，扩大服务规模则可能滋生机会主义行为从而增大农业传统风险，二者都会刺激农户的农业保险购买意愿；周娟（2017）论证了农业社会化服务供需结构的双重分化将会导致服务体系以大户为中心进行重构，建议进一步建设更多扶持支持小农的社会化服务体系，通过组织化使小农的社会化服务需求和供给实现规模化，从而克服大户规模化效应的抑制作用。但在农业规模化经营的背景下，现代农业服务也存在一定的风险，郑阳阳等（2020）指出农业共营制的土地股份合作社、职业经理人和农业社会化服务具有化解规模化经营潜在风险的内在功能，与规模化经营的主体风险和社会风险能够进行很好的匹配；曹铁毅等（2021）研究了规模化经营与农机农户服务之间的关系，建议推进农地规模经营应与农业社会化服务体系建设密切结合，关注家庭农场的服务供给功能，鼓励家庭农场兼职化提供服务，做好政策扶持工作以提升家庭农场的服务自给与供给能力。

（二）农业供应链联盟模式

在农业规模化经营趋势下，越来越多的现代农业服务由合作网络共同供给，出现了服务体系、服务平台和服务生态系统等供应链联盟模式。一是在现代农业服务体系、服务平台构建方面，宋洪远（2010）指出目前我国农业社会化服务体系不健全、市场监管力度不够、供需矛盾突出、组织分工不明晰、功能定位不清楚，必须选择与国情相适应的建设模式，形成多元化的现代农业服务体系；程莹莹等（2015）发现，农业科技有限公司以构建农业全产业链为切入点，形成"以龙头企业为主体和平台、以专业合作社为单元和基础、以政府公共部门为支撑和补充"的多层次农业社会化服务体系，能够为农业发展提供从产前、产中到产后的系列化、社会化服务；冯小（2018）指出农业服务的组织化和社会化模式可以通过农民的组织化、服务的规模化以及服务的社会化分工实现，如此既可以实现普通小农经营的专业化和现代化，也可以构建一种新型农业经营主体与普通小农利益共享的均衡发展模式；董欢（2018）对农机服务模式的发展历程进行了梳理、评价和比较，并探讨了服务体系的优化问题，研究发现，各类农机服务模式之间并非完全竞争替代，还表现出一定的服务功能互补，同时农业转型和经营主体进一步分化都引发了农机服务需求总量和结构的深刻变化；穆娜娜等（2019）指出农业社会化服务供需双方通过选择紧密程度较高的垂直协作模式，可以降低服务外包的交易成本，最终在提高服务质量、降低服务成本的基础上提高土地生产率；芦千文等（2019）分析了农业生产性服务联结机制的形成原因、演变脉络，将其分为人际关系纽带、利益机制、组织机制、服务方式、产业方式 5 种联结模式；沈费伟（2019）总结了国外农业科技推广服务的共性发展经验，进而提出当前我国需要构建农业科技推广服务多元协同模式，具体包括"研发—管理—推广"3 种体制、政府为主导的多元主体协同、"法律—资金—人才"资源保障以及产学研一体化机制；郭海红（2019）结合案例提出了服务主体创新、共享经济平台化服务、专业化精准服务、跨界融合服务 4 种典型的"互联网＋"农业生产性服务创新模式；穆娜娜等（2020）发现涉农企业通过在组织结构中综合运用联邦分权制原则和平台化优势，能够在创新农业社会化服务模式的基础上，显著提升企业社会化服务业务的经营绩效，促进小农户增收。二是在现代农业服务生态系统构建方面，班纳吉等（Banerjee et al.，2020）应用可持续设计中的农业环境、产品、服务系统 3 个相关理论，结合来自农业和产品设计领域的专门知识，开发了一个可持续性为导向的设计方法，用以设计可持续的农业机械及其服务生态系统；臧等（Zang et al.，2022）探讨了以现代农业服务系统解决中国农村地区集体行动困境的问题，研究发现在小农户共享农业社会化服务的过程中，家庭特征、地理条件、家族属性、使用规则是农业服务生态系统构建的重要影响因素。国内研究中，张妲（2018）以创意农业品牌服务为研究对象，挖掘创意农业品牌服务的一般需求和"互联网＋"时代背景下的新服务需求，提出了"互联网＋"创意农业品牌服务生态系统的建构策略；罗建强等（2021）分析了农机社会化服务组织提供服务时高交易成本产生的原因，引入服务主导逻辑及生态系统理论，提出了农机社会化服务生态系统以及制度环境与制度安排的双重改进措施，设计了该服务生态系统的实现机制。

三、现代农业服务的运营管理

（一）小农户采纳现代农业服务

目前政界和学界高度关注小农户有效衔接现代农业，小农户通过外包现代农业服务是一条融入产业体系的可行途径。胡苏等（Houssou et al.，2017）通过对加纳和萨凡纳 8 个农业地区进行数据调查，探讨了资本服务市场在小农户增加机械技术使用中的作用，描述了从小农农业向中大型商业农业的转变过程，提出了农业机械所有制模式和农业机械化需求外包模式；延比赫等（Yanbykh et al.，2019）分析了俄罗斯的农业合作社的演变历程，发现农业合作社对小农业生产者的服务需求具有正向影响；吴等（Wu et al.，2021）建立了一个三部门一般均衡模型，用以评估部门投资和政府补贴对农村职业技术培训产生的效果，研究表明，投资和补贴对传统部门的影响大于对现代部门的影响，能提高两种部门的产出，但对现代农业部门来讲是有条件的；钱等（Qian et al.，2022）探究了农业机械化对农民土地租赁行为的影响，研究表明农业机械化水平提高使得农户倾向转入土地，同时可帮助农户扩大养殖规模。国内研究中，孙新华（2017）研究指出，土地托管和联耕联种可以解决小农家庭经营与农业现代化的主要矛盾，2 种模式共同的运作机制在于，村社组织将农户分散经营的关键生产活动整合起来形成规模，再作为中介对接外部的农业服务主体，从而实现农业服务的规模化；赵晓峰等（2018）认为，农民家庭经营与新型农业经营主体社会化服务相结合的发展模式，符合当前我国城市化和工业化发展阶段的客观实际，能够在尊重小农户自由选择进城与返乡权利的基础上平衡城乡劳动力，有序推进中国特色农业现代化；王洪煜等（2021）基于猕猴桃农户调研数据，分析了农户参与价值链活动的生产绩效，建议应从消除农户参与高价值链活动的制度障碍与人为因素入手，全面提高农户价值链参与度。

（二）资源要素支撑现代农业服务

现代农业服务运营需要多样化的资源要素，集中体现为土地、人力、技术和品牌等资源品类。陈等（Chen et al.，2021）认为具有海量、来源多样、结构复杂等特征的大数据将会在农业领域中得到广泛而精准的运用，因而精准农业已成为农业信息化的一个新兴发展方向，并提出了一个包含数据源、数据集成和数据分析等部件的精准农业大数据应用框架；西利托（Sillitoe，2021）从零售商的角度研究分析了垂直农业对销售的正向影响，发现越来越多的销售渠道与农业垂直化结合紧密；黄等（Huang et al.，2021）研究发现，技术感知和政府支持对合作社电商销售行为有显著的正向影响，其中技术感知对电子商务销售行为的影响大于政府支持，而感知有效性的影响最为显著，同时验证了政府支持对技术感知与农民合作社电子商务销售行为的关系有调节作用；库马里等（Kumari et al.，2021）指出附加值低、价值链体系薄弱和市场联系薄弱是导致印度农业盈利能力偏低的重要因素，通过案例研究后发现，集体行动可以帮助农民加强农业价值创造，领导力在帮助农民生产者组织的成功方面发挥了重要作用；陈等（Chen et al.，2022）分析了生产效率与农业服务可得性的相关性，研究发现科学技术服务使得土地生产力得到明显提高，从而提高了生产效率。国内研究中，张凌杰等（2009）强调，在多层面需求诱导和政府推动的共同作用下，乡镇畜牧兽医协会推广服务模式创新和丰富了基层农业科技推广服务体系，建议通过权衡交易费用和明晰产权，创新农业经济组织形式；张亦弛等（2018）认为基础设施投资作为资本要素，可以改善经济发展所需的基础条件，通过乘数效应拉动经济增长和提高经济运行效果，同时发现农村水利、信息、卫生环境和滞后两期时的交通运输基础设施对农业经济增长有显著的正效应；芦千文（2018）研究认为，涉农平台的专职交易服务有效整合了资源，强化了市场机制，激发了小微农业主体活力，由涉农平台主导形成的农业产业生态圈，为现代要素进入农业和普通农户衔接现代农业提供载体，进而建议发展涉农平台经济要注重甄选适宜主体、瞄准带动力强的平台业务、重视经营策略和商业模式创新等；许秀川等（2019）研究发现，借贷能力不足是新型经营主体经营无效率的主导因素，正规金融机构和民间借贷均对新型经营主体的经营效率有显著影响，新型经营主体的负责人能力、盈利能力、组织化程度等与经营效率呈正相关关系；胡瑞法等（2019）指出农业社会化服务体系给农户提供了大量技术培训且存在分工，自身经验是农户的首要技术来源，农资经销店与企业超过政府农技部门成为农户施肥和病虫害防治技术的重要来源，而生产大户、农民合作组织以及网络新媒体等在农技推广方面的作用仍然十分有限；胡新艳等（2020）从分工理论的视角出发，发现农业服务外包与农户生产性投资行为之间存在显著的替代效应，该替代关系会随着种植规模的增大而减弱，建议充分发挥农业服务外包市场的迂回投资功能，以外部投资替代农户的直接投资行为，从而将小农融入现代农业发展；张月莉等（2022）通过典型品牌的案例研究，识别出品牌与利益相关者的互动界面，明确了农业集群品牌价值共创的关键维度，建立了反映"集群社会资本—农业集群品牌价值共创—品牌价值"变量间因果关系的研究框架，进而建议当地政府应提升农业产业集群社会资本，指导农业集群品牌运营者关注集群网络中的互动性价值共创活动；黄秋怡等（2023）发现交通基础设施可有效抑制劳动力、土地以及机械要素的错配，耕地坡度可显著调节各要素错配。

（三）数字经济提升现代农业服务

随着新一代信息技术的迅猛发展，现代农业服务的数字化智能化运营可以降低成本、提高效率。楚等（Chu et al.，2020）研究了互联网对中国农业经济增长的作用和影响，提倡更好地推动互联网农业经济的发展，建议在农业经济中加强农旅融合、加大互联网和物联网在农业经济中的应用、培育互联网农业人才和制定互联网农业标准；亚达夫等（Yadav et al.，2021）提出了基于物联网的农业供应链绩效评价框架，阐述了物联网在农业数据收集和通信中的作用，并确定了各项关键指标，以保证农业供应链绩效评估的可持续性；斯马尼亚等（Smania et al.，2022）探究了农机制造商的数字化能力和生态系统能力之间的关系，指出了制造商可以基于初级数字技术建立知识体系并与知识开发人员协作创新。国内研究中，唐润等（2018）构建了"互联网＋农业"产业链协同平台，分析设计了该平台的建设需求和功能，针对农业产业链不同环节的服务内容，将平台功能划分为土地流转、农资交易、农机协调、农业课堂、农产品交易、休闲农业与农业金融7大模块；杨路明等（2019）发现农产品物流与电商实现协同的稳定平衡条件取决于正向贡献效应和负向影响效应的大小，二者所构成复合系统的宏观序参量包括政策法规、经济发展水平、行业竞争、信息技术发展水平和市场需求，间接影响着系统的演化过程，而微观序量包括物流与电商的合作忠诚度、信息共享程度以及物流瓶颈，成为系统自组织演变的关键因素；王瑞峰（2020）认为需要从推动农业经济发展与农民增收、扩大农民在供需两侧的参与度、借助区域优势大力发展平台经济 3 个方面入手，重新定位涉农电商平台在农业经济发展中的功能和作用，重点关注涉农电商平台对农业发展新模式新动能新业态的培育、对农业经济发展的引导、对相关产业基础设施的配套等方面；闫贝贝等（2021）构建了信息素养对农户参与电商的理论分析框架，研究发现，信息素养通过提高农户对农产品电商的感知有用性和感知易用性促进农户参与电商，政府推广在信息素养影响农户参与电商关系中具有显著正向调节作用，推广内容的全面性、易于理解程度和推广频率会增强信息素养在农户参与电商中的促进作用；王艳玲等（2021）分析指出，技术接受中感知易用性和感知有用性正向影响农户电商创业态度与创业意愿，建议将短期针对性和长期战略性相结合，强化基础设施建设，不断优化农村电商支持与监管，推进人才培养及品牌建设；申云等（2023）认为数字普惠金融可提高农业生产社会化服务水平，从而推动农业绿色低碳发展。

第三节　服务供应链理论研究现状

从关注服务供应链的牛鞭效应（Edward et al.，2000），开启了服务供应链的系统研究。随后学者们从服务业角度指出服务供应链包括服务从供应商到顾客过程中的信息、能力、流程、服务绩效和现金流等管理（Ellram et al.，2004），又从产品制造角度认为服务供应链是产品在售后服务所涉及的物料计划、移动和维修等过程（Dirkde et al.，2004）；而国内部分学者也较早关注了服务供应链研究，田宇（2003）介绍了物流服务供应链，认为存在以集成物流服务为主导的物流服务供应链模式，其上的主导企业包括集成物流服务供应商的供应商、集成物流服务供应商、制造和零售企业等，并指出第三方物流企业是充当集成物流服务供应商的角色，可以集成分散的传统功能型服务企业；宋华等（2008）将服务供应链界定为，以服务核心企业为主导，通过控制能力流、信息流、资金流及物流，实现用户需求与服务增值，表现为服务分包商、服务集成商、制造、零售企业形成的服务功能网链结构；刘伟华等（2009）认为服务供应链是以服务中的核心企业为主导，通过网络信息技术，对服务供应链上的能力流、信息流、资金流及物流等进行控制以实现用户需求与服务增值的过程，以"功能型服务提供商→服务集成商→顾客"形成的服务结构模型，其中提供商即是服务链上提供服务的企业，集成商是指对服务进行集成的企业。

一、服务供应链的结构构建

（一）国外关注服务供应链结构及流程

国外学者比较关注服务供应链的结构特征，对服务供应链的结构及相关流程展开了研究。埃拉姆等（Ellram et al.，2004）较早给出了服务供应链的定义，比较了 3 种基于产品制造的模型，即全球供应链论坛模型、供应链运作参考模型和惠普供应链管理模型，提出了一个适用于服务供应链的供应链协同经营模型，该模型包括 7 个关键的服务流程，即"信息流、产能管理、需求管理、客户关系管理、供应商关系管理、服务交付管理和现金流管理"；巴塔西奥卢等（Baltacioglu et al.，2007）在相关模型的基础上，提出了一个面向医疗行业的伊兹密尔经济大学服务供应链模型，该模型强调了 7 个关键的服务管理活动，分别是"需求管理、能力和资源管理、客户关系管理、供应商关系管理、订单流程管理、服务绩效管理以及信息和技术管理"；约翰逊等（Johnson et al.，2008）提出了服务化供应链模型，该模型的 10 个关键活动分别为"信息流管理、客户关系管理、供应商关系管理、需求管理、生产管理、订单交付管理、财务流管理、退货和寿命结束、产品开发和风险管理"；桑普森等（Sampson et al.，2012）将服务供应链界定为双向的，其中顾客处于中心地位，既提供资源又获得资源，承担了服务供应商、劳动力、设计师、生产经理、产品、质量保证、库存和竞争对手 8 个传统角色或要素的作用；法希梅等（Fahimeh et al.，2020）构建了一个可持续服务供应链管理过程和实践的多维结构框架，该框架包含 7 个主要过程，即"供应商、员工、客户、服务绩效、服务运营、外部关系、知识信息和技术"的可持续管理。

（二）国内聚焦产品服务供应链研究

国内学者主要结合制造业转型实践需求，从产品和服务融合视角展开了研究。简兆权等（2013）对服务供应链整合的动因、定义和维度等方面进行了梳理和述评，构建了一个服务供应链整合与服务创新概念模型；李天阳等（2015）提出了面向价值的服务供应链运作过程模型，结合需求分析、服务定位与精益化、服务调度、服务执行4个角度刻画了服务供应链运作及其服务价值的创造、传递、分解与交换过程。同时，针对制造供应链中产品与服务彼此渗透、相互集成的特点，产品服务供应链结构模型得到深入研究。但斌等（2016）刻画了产品服务系统的制造过程和服务过程的不同阶段及特点，建立了产品制造与服务过程集成的框架模型，提出了基于售后集成、销售集成、生产集成和设计集成的4种产品服务供应链典型模式；但斌等（2017）构建了面向产品与服务差异化集成的产品服务供应链模式分类图，提出了交互型、衍生型、辅助型和松散型4种产品服务供应链模式；但斌等（2022）针对第三方平台及其主机制造商、零部件供应商组成的多价值链协同运作问题，构建了基于第三方平台的多价值链协同运作模型，分析后得出了不同匹配水平下平台制造商和供应商的协同运作策略；彭永涛等（2022）指出产品与服务的集成水平影响着制造企业服务化的实现，进而结合多源多期服务质量参差不齐的特点，利用变分不等式构建了产品服务供应链网络均衡模型；冯庆华（2022）认为，在制造业服务化转型过程中，传统的产品供应链转变为了产品服务供应链，为顾客提供产品和服务，服务可以由制造商或零售商提供，权力结构会对服务渠道的选择产生影响；刘东霞等（2024）认为数据共享策略可增加用户黏性，加速同类用户聚集，提高产品定价与利润水平，实现产品服务供应链的规模效应。

二、服务供应链的协同管理

（一）服务供应链主体行为协同

正如制造型供应链，服务供应链同样需要系统优化，协调所有行动主体的行为，实现整条供应链的双赢甚至多赢。刘等（Liu et al.，2016）引入了期权契约，构建了快递服务供应链中快递供应商的最优能力决策报童模型，发现通过允许在线零售商预订容量，快递供应商可以提前从第三方租赁容量来协调供应链；普拉萨德等（Prasad et al.，2018）针对全球 IT 服务供应链及其服务特定因素，开发了需求不确定性和价格不敏感的两阶段串行供应链模型，通过模型的集中解和竞争解以及合同模板对供应链协调问题提出了建议；王等（Wang et al.，2018）从战略联盟、信息集成和流程集成 3 个方面探讨了人际关系在服务供应链整合中的作用，研究发现，人际关系对服务供应链整合的影响是间接的，其中个人情感和个人信誉可以增强互动伙伴的信心，而个人沟通发挥着更为重要的作用；刘等（Liu et al.，2019）讨论了需求更新条件下物流服务供应链中损失厌恶偏好对服务能力采购决策的影响，研究发现，损失厌恶偏好并不总是影响供应链成员的决策，服务水平的提高会影响服务集成商的采购策略和功能服务商的定价策略；何等（He et al.，2020）设计了低碳服务供应链的成本分担契约博弈模型，研究发现，消费者的低碳偏好、连锁成员的边际利润和企业社会责任行为显著影响最优解决方案，并指出双向合约可以使整个服务供应链及其成员受益；陈等（Chen et al.，2020）构建了绿色供应链中企业的最优定价策略和绿色策略动态博弈模型，研究发现，支持性零售服务的效率低于竞争性零售服务，零售服务类型对绿色战略没有影响，并且消费者对绿色度的初始感知也决定了供应链企业的行动策略；李等（Li et al.，2020）从线上服务供应链的需求侧分析了顾客网上购物的影响因素，从供给侧制定了最优的定价策略，发现特征选择算法、信息的可视化水平和质量等可以影响服务供应链及顾客行为；孙等（Sun et al.，2021）发现公平感知和信任感知显著影响农业供应链的关系质量，其中信任感知是一种直接影响，而公平知觉是一种间接影响，同时，信息共享、价格满意度、收入水平和环境还影响供应商的公平感知；崔（Choi，2021）分析确定了市场变化和"弹性物流"2种情况下的物流服务供应商最优容量设置策略，提出了为实现帕累托最优，物流服务供应链应该采用弹性物流的条件和措施；何等（He et al.，2022）讨论了电商平台服务供应链中渠道侵占与物流整合之间的关系，研究表明电商平台物流整合程度越高越能有效阻止制造商的渠道侵占。国内研究中，鲁其辉（2011）针对由服务提供商和支持服务供应商组成的两级服务供应链，建立了基于成本共担策略的服务供应链模型，分析得到了供应链成员同时决策与序贯决策情况下供应链的纳什均衡解，发现成本共担策略能提高供应链的总利润，实现供应链协调；刘征驰等（2015）采用业绩与产权的组合机制来激励服务提供商的专业服务和知识协作活动，研究发现，2 种机制在一定范围内存在替代关系，产权激励越大双边战略合作伙伴关系越紧密，均衡比例取决于博弈结果；叶飞等（2017）考虑了农户受资金约束以及产出随机性，构建了由单个农户和单个公司组成的订单农业供应链决策模型，在对比分析无资金约束下农户最优决策基础上，分别研究资金约束下不同情形中的农户最优决策，并得到了资金约束下农户最优决策的选择策略；掌曙光等（2018）建立了制造商和销售服务集成商的主从博弈模型和能力决策函数，分析了分散决策和集中决策下产品服务供应链的最优生产能力和服务能力以及服务水平，设计了"成本分摊—收益共享—固定转移支付"契约；官子力等（2019）针对产品服务供应链中的信息共享与激励问题，构建了不完全信息下的动态博弈模型，分析了零售商信息共享水平、制造商服务效率以及消费者服务敏感性对服务价值和信息共享价值的影响，并提出了基于两部补偿契约的信息共享激励策略；秦星红等（2020）为网购服务供应链设计了多边旁支付激励契约，讨论了价格敏感和服务敏感 2 种市场环境下第三方物流之间的竞争强度对契约协调效果的影响，以及电商的物流服务偏好对系统服务水平、利益相关者利润的影响；王聪等（2020）构建了不同信息共享模式下农业供应链斯坦伯格博弈模型，研究发现，公司向农户共享信息总是能提高农户的利润、增进公司和农户之间的合作关系，公司也总是乐于向农户分享市场预测信息；南江霞等（2021）用经济博弈方法分析了两级云服务供应链成员的策略选择和合作成员收益问题，发现下游运营商是否开展技术创新对上游开发商的合作意愿以及收益具有较大影响。

（二）服务供应链价值共创共享

服务供应链强调客户、供应商等多个行动主体的参与，追求所有行动主体的价值共创共享，合理分配供应链的增值收益。刘等（Liu et al.，2017）发现控制权分配决定了服务供应链的主导结构，服务供应商的批发定价策略与服务集成商的销售定价策略在不同的供应链主导结构下呈现出不同的结果，供应链主导结构与价格之间的关系可以通过服务水平进行调整；鞠等（Ju et al.，2020）实证检验了整合质量、价值共创与物流服务供应链弹性之间的关系，研究发现，整合质量是促进价值共创和物流服务供应链弹性的重要前因变量，数字技术对三者之间的关系具有正向调节作用；拉希米－盖赫罗迪等（Rahimi－Ghahroodi et al.，2020）研究了一线供应商与应急供应商之间的多资源服务供应链合同设计问题，发现找到一份菜单式的收入分享合同并不总是可能的，并且如果可能的话，并不一定会给供应商带来比单个收入分享合同更高的利润；林等（Lin et al.，2021）提出了平台型服务供应链实现可持续管理目标的三大关键要素，分别是平台与业务之间相互促进的生态系统、结构要素之间的战略协调、可持续要素（包括价值共创、合作竞争和动态配置）；多夫比丘克（Dovbischuk，2022）认为在新型冠状病毒流行期间物流服务供应商的动态创新能力带动了供应链整体的动态整合能力与适应恢复能力的升级。国内研究中，林家宝等（2009）针对由移动运营商和内容/服务提供商组成的二级供应链，构建了利润分享优化模型，证明了收益共享契约能实现移动商务价值链的主干链上成员利润最大化及协调发展；李新明等（2011）从应用服务供应链的视角研究了网络服务提供商与应用服务提供商之间的协调问题，提出将网络服务提供商服务能力建设过量或不足以风险共担的方式加入收入共享契约，就能有效协调应用服务供应链并使其达到最优绩效，也能改进网络服务提供商与网络服务提供商的收益；宋远方等（2012）探讨了供应商协同价值创造对服务供应链合作绩效的影响，发现协同价值创造会直接促进或通过改善关系治理间接促进合作绩效的提升；许芳等（2015）指出服务供应链中企业互动与协同的结果不仅包含经济价值，更反映了制度性的关系价值；王大飞等（2017）针对产品服务供应链构建了 2 个销售阶段的动态博弈模型，分析了产品服务系统价值、成本和服务价值占比等因素对消费者策略行为和均衡结果的影响，基于两阶段收益共享契约实现了供应链协调；寇军等（2020）建立了制造商提供延保服务、零售商销售产品及延保服务的两级产品服务供应链利润模型，设计了"固定支付＋延保服务"收益共享契约，既提高了制造商延保服务水平，又弥补了服务成本上升造成的利润损失；徐应翠等（2023）构建并有效求解了一个两级服务供应链在斯坦伯格博弈下的利润模型，研究质保期和预防性维修频次对产品服务组合包均衡价格的影响，分析了质保成本发生变动时的最优策略；苏菊宁等（2022）构建了智联产品服务供应链两阶段动态博弈模型，刻画了分散决策和集中决策下供应链的最优运作行为，基于产品收益和服务收益提出了"双元收益共享"的供应链协调机制；邢鹏等（2022）探讨了直播电商服务供应链质量努力策略问题，得到了直播电商服务供应链成员最优质量努力策略和利润，研究发现，主播服务质量努力随主播佣金比例的增加而增大，随直播服务平台抽成比例的增加而减少，而直播服务平台质量努力均随主播佣金比例和直播服务平台抽成比例的增加而增大；毛敏等（2022）构建了"公司＋合作社＋农户"型三级农产品供应链模型，分析发现，当供应链由少数零售商、适当规模合作社和多数农户构成时，能同时实现供应链效率最优和帕累托改进，也能使合作社的益贫性惠及更多农户；张小蒙等（2022）研究发现，在存在纳什竞争的 2 条物流服务供应链之间，双方的整合决策与服务创新成本、竞争强度 2 个因素有关。

（三）服务供应链质量控制

服务供应链必须借助先进的技术手段，提升各个环节的专业化服务能力，控制全链的集成化服务质量，满足顾客的高水平服务需求。李（Li，2011）从制造商的角度对物流服务绩效进行了评价，确定了影响制造商满意度的因素，指出"利益—满意度—忠诚度"三元供应链关系的关键；默菲尔德等（Murfield et al.，2017）探讨了全渠道零售环境下物流服务质量对消费者满意度和忠诚度的影响，比较分析了在线购买店内提货和店内购买直接发货两类消费者行为数据，研究发现，全渠道消费者是独特的，物流服务质量的 3 个维度（即条件、可用性和及时性）对满意度和忠诚度的影响是不同的；乌戈等（Ukko et al.，2020）探讨了数字服务供应链中关系机制与绩效衡量之间的关系，研究发现，成员信任和知识水平是关系机制的基本类型，强调了服务的个性化和关键性以及供应商的销售能力；李等（Li et al.，2020）发现质量稳定状态在零售服务供应链的协同演化中起着至关重要的作用，即当服务质量达到一定的稳定状态分布时，全链的运营效率和利润水平将呈现爆炸式增长趋势；张等（Zhang et al.，2021）研究了云计算环境下物流服务集成商的订单分配流程，设计了 K - Means 和 Qos 匹配混合算法，用以实现物流服务供应链中客户需求得到最大化满足；欧阳等（Ouyang et al.，2021）比较分析了不同情境下零售服务供应链成员的最优质量行为、最优收益、形成条件和战略组合，研究发现，在质量控制集成情形下服务共享模型对质量行为和最优收益具有更显著的帕累托改进效应，同时效益分配比例和质量成本分配成为参与成员是否选择合作和最优质量行为的关键因素；崔等（Choi et al.，2022）指出在线平台是服务供应链具有潜力的发展模式，采取线上—线下双渠道是满足客户需求的有效策略，线上渠道让缺货与交货的边际价值得到精准计算。国内研究中，滕春贤等（2011）以服务质量为自变量构建了服务供应链需求函数，对比分析了集中式服务供应链和分布式服务供应链的利润水平，发现服务供应链三级结构较二级结构更具有竞争优势；秦星红等（2016）研究了二级网购服务供应链的服务质量协调问题，提出了采用收益共享契约对供应链进行协调，分析发现，收益共享契约能激励双方提高服务水平、实现供应链协调，协调契约实施前后各方的基本服务水平对各自的收益和服务决策均有正向影响；秦星红等（2019）探讨了顾客服务期望及质量成本对竞争性网购物流服务供应链管理策略的影响，研究发现，顾客服务期望的增加会激励物流服务商提升服务水平并获得更多利润，以及由服务性价比引起的订单分配量差额增加会激励各物流服务提供商提高服务水平；刘念等（2020）探究了服务供应链整合战略促进企业服务创新能力升级的具体机理和管理内涵，研究发现，在市场压力和内在动力的共同驱动下，企业历经了内部整合导向、外部资源获取导向、多重网络协同重构导向3个整合战略阶段，进而引发了"渐进式—更新式—再生式"服务创新能力的跃迁；李晨阳等（2021）从订单数量、物流成本、物流服务质量等视角考虑了物流服务供应链中物流服务集成商对物流服务提供商的激励，分析了激励效果弱化的原因，完善了相关的激励理论；彭会萍等（2021）比较分析了物流服务供应链的契约协调效果以及对物流服务供应链服务质量和利润的影响，仿真结果表明，相对于惩罚成本共担契约，收益共享契约和组合契约的协调效果较好，不仅较大幅度提升了供应链绩效，同时明显改善了供应链服务质量；沈雨辰（2021）构建了单独决策、联合决策以及奖惩契约3种模式下服务供应链的质量控制协调模型，研究发现，服务集成商与供应商的服务质量努力意愿随市场影响力提升并且相互促进，奖惩契约对服务供应商具有质量协调作用和按照奖惩契约系数共同分享收益；郭英等（2022）基于服务质量成本分别构建了纵向分散和纵向整合模式下物流服务供应链的质量博弈模型，研究发现，竞争强度是影响企业决策和策略选择的关键因素，较高的竞争强度会促使物流服务集成商与供应商选择纵向整合，从而对接受整合意愿不同的供应商产生"协同效应"或"外部效应"。

三、服务供应链的行业应用

随着经济社会的发展，服务供应链的应用逐渐延伸到物流、旅游、信息、医疗等各个行业，得到了行业实践的充分检验，为学者们对服务供应链的行业应用研究提供了条件。费尔南多等（Fernando et al.，2018）研究了大数据分析、数据安全和服务供应链创新能力对服务供应链绩效的影响，研究发现，大数据分析与企业数据安全管理能力存在显著正相关关系，对服务供应链创新能力和服务供应链绩效具有正向影响；简克哈内赫等（Jamkhaneh et al.，2018）根据指标本质、戴明卓越模型及 ISO 9004 标准，利用模糊德尔菲法确定了服务供应链管理的卓越性标准，主要涉及计划、执行、检查和实施 4 个部分，并用于伊朗服务供应链的过程评价；法希梅等（Fahimeh et al.，2019）基于平衡记分卡提出了一个评估可持续服务供应链的框架，主要包括财务、操作、满意度、准则 4 个视角，并通过模糊德尔菲问卷提炼初步确定的指标，然后用于医院绩效评价；郑等（Tseng et al.，2020）基于我国台湾地区的电子制造公司，提出了一个评估可持续服务供应链管理绩效的框架，主要包括环境意识设计、环境服务运营设计和环境可持续设计等方面的 34 个因素；罗德里格等（Rodrigue et al.，2022）基于游轮旅游业补给周期短的特殊情况，指出了游轮产品与服务供应商应在采购、消费、定价以及交付过程做出实时动态调整；萨卡尔等（Sarkar et al.，2022）指出制造业绿色发展对供应链管理提出了新要求，从客户手中收集可回收再利用的二手产品已经成为供应链中不可或缺的部分。国内研究中，张德海等（2011）认为物流服务供应链是介于第三方物流和第四方物流之间的一种物流运营管理模式，将链上的物流服务与最终客户连成功能网链结构，该结构与传统制造供应链彼此交错，所有参与企业共享信息、共担风险、共同决策、互相受益、共同发展；喻立（2017）认为现代农业对农产品流通体系的运作能力和运作效率提出了更高的要求，构建了一个基于供应链的农产品流通服务运作模式，从核心企业培育、资源动态配置以及知识竞争力形成机制等方面提出了解决方案；彭建仿（2017）指出从自给自足型服务组织，到单纯市场交易型服务组织，再到服务供应链型服务组织，是农业社会化服务供应链构建的形成路径；刘燕飞（2019）基于对婴幼服务行业现状的分析，参考服务供应链已有结构模型，构建了政府参与的婴幼服务供应链的结构模型；彭建仿等（2019）认为农业社会化服务供应链构建实质上是一项龙头企业主导的商业模式创新，包括价值主张、目标市场、价值网络、客户关系、成本与收益模式5大要素，相应的驱动机制包括连接、聚合、协调、互动和共享；彭建仿等（2021）主张农业社会化服务供应链是达成主体合作、资源整合、协同响应的一种创新组织形式，包括需求、资源与能力、关系、订单流程、信息技术和服务绩效等方面的管理。

第四节　国内外研究简要评论

纵观乡村振兴战略、现代农业服务和服务供应链等研究领域的理论文献，可以清晰地发现，现有研究已取得了较丰富的成果，为本书的研究内容提供了很好的借鉴与参考，但也存在一些不足。第一，乡村振兴战略需要进一步细化具体的行动路径。产业兴旺是乡村振兴的基础和重中之重，现有研究主要聚焦于生产加工环节的价值挖掘，在服务经济主导的新时代，对现代农业服务如何与生产、种植、加工、营销等环节的互嵌互动、相生相融研究还不够深入，未能提出较全面的产品服务融合模式。第二，现代农业服务需要进一步探索系统的整合结构。已有学者开始关注现代农业服务的合作网络构建、规模化集成化运作等问题，但育种繁殖、农机农技、统防统治、流通加工、品牌营销等服务内容仍然是孤岛化细碎化研究，每项服务由单一的服务主体提供，这种"多对一"的一次性买卖关系让服务需求主体经常感到无法适从，长期稳定的联盟合作无法形成，更没有共享共赢的可能性出现。第三，服务供应链需要进一步创新多元价值的协同实现机制。服务供应链有别于产品供应链，价值主张、价值实现、价值传递和价值共享成为核心要义，但现有文献中还鲜有体现，尤其是针对 MASSC，其内在结构是什么形态，如何进行价值共创共享，相应的方式途径与建设方法关注较少，缺乏对乡村振兴战略背景下创新发展方面的探索。

　　综上所述，乡村振兴战略赋予了现代农业服务新的制度情境，构建新型的 N – MASSC 合作网络模式，进而探索其科学合理的协同运营决策机制势在必行。随着乡村振兴战略的全面推进，我国农业农村现代化步伐不断加快，农村产业融合趋势越发明显，使得现代农业服务在数量与规模上都有了较大的增长，这就需要着力厘清现代农业发展的新特点新要求，结合"云物移大智"① 等新一代信息技术，探索整合政府、涉农企业、服务企业、合作经济组织、农户和消费者的新结构新机制，通过 N – MASSC 的高质量协同，大力推动乡村产业尤其是现代农业服务业的发展。基于此，本书将基于国内外学者的现有研究成果，对 N – MASSC 的协同体系架构、价值共创机制、协同治理模式以及协同供给制度等问题展开深入探索。

---

　　① "云物移大智"是云计算、物联网、移动互联网、大数据、智慧城市的简称。

第三章

N – MASSC 的协同体系构建

在乡村振兴全面推进进程中，现代农业服务发挥着关键作用。随着服务主体在持续增加、服务内容在不断拓展，现代农业服务的组织结构必然走向行动主体彼此合作的联盟态势，从而建立起长期稳定的共赢伙伴关系。本章将以前述章节的理论为基础，根据现代农业服务的特征，构建 N – MASSC 协同体系架构，从整体逻辑上阐释相关构件及内在机理，并采用五地的实践个案说明该协同体系架构在现实情境中的应用。

第一节 引　言

鉴于我国长期以来小农家庭经营的基本实情，各界普遍认同农业适度规模经营能够助推农业农村现代化。尽管形成了我国农业适度规模经营的"土地规模经营论"和"服务规模经营论"两大主流观点，但对其推广实施的基本条件研判后认为，土地规模经营会引发农户流转土地时，存在利益显失公平、权属冲突、隐性失地以及相关领域负外部性等隐患问题（孙骥，2019）；而服务规模经营面临小农的分散性，需要克服因为家庭承包农地细碎化带来的分化农民参与意愿难以协调、村社统筹能力受限和政府部门推动乏力等系列难题（孙新华，2017）。其实两种农业适度规模经营方式是相互依存、相互促进的，中国的农业规模化实际上是一种"土地＋服务"有机结合的二元规模化，构成了中国农业规模经营的现实图谱（胡凌啸，2018）。现代农业服务管理的实践证明，将自身不擅长的服务功能进行外包，由专业化的涉农服务机构进行规模化供给，能够大幅提高农业农村现代化水平。

随着乡村振兴战略的全面推进，提供覆盖现代农业产前、产中和产后的全程化服务尤显迫切。正因如此，连续十多年的中央一号文件都一直强调"构建社会化服务体系""培育壮大专业化社会化服务组织""支持开展农业生产性服务""大力建设农村（冷链）物流基础设施""发展乡村新型服务业"等政策导向，明确指出了现代农业服务的重要性以及合作发展模式。也有学者认为龙头企业、合作经济组织、家庭农场等新型经营主体加速了农业社会化服务体系建构，并运用案例实证分析了农业社会化服务通过降本增效、渠道开发、增值加工以及劳动力转移等手段帮助农民增收的逻辑机理（穆娜娜等，2016）。服务供应链是近年来服务管理领域的主要前沿研究领域，本质上是一种新型的产业组织逻辑和运行结构。现代农业服务如何通过服务供应链进行组织？运营实践中有哪些具体模式？这些问题的研究正是对我国现代农业服务产业组织模式的全新探索。因此，基于学者们的研究，本章在服务供应链理论的基础上，提出了 N‑MASSC 的协同体系架构，并结合五地的实践个案进行了具体分析，以期推进现代农业服务业发展壮大。

第二节　相关理论缘起

一、现代农业服务的阶段性特征

现代农业服务传承于传统农业服务内容，基于先进的商业模式、价值共创等创新理念，借助现代化的信息网络、生物科技等高新技术，整合农业产业链的产前、产中、产后等各个服务环节以及相关产业配套服务，通过市场化手段作用于农业生产经营活动而创造价值。现阶段我国现代农业服务体系基本形成，服务领域不断扩大，供给模式不断创新，除了具备一般服务的无形性、同步性、异质性和易逝性等特征以外，还具有新时代背景下的专有属性。

（一）服务组织更加多元化

传统农业服务主要体现为自然经济条件下的农户自我服务，另外就是政府部门提供的农技推广等公益性服务。随着社会科技的进步，当农业生产力和商品经济发展到成熟阶段，消费者对农产品及服务提出了更高的要求，现代农业服务需求不断扩展升级。为此，需要政府部门、公共服务机构、农业科研院校、涉农服务企业、合作经济组织、龙头企业、家庭农场、农户和终端消费者等全社会角色的广泛参与，并发展成为现代农业服务体系的重要服务主体，甚至需要新型社区、电商平台、休闲观光等新型经营主体也参与其中，通过跨界融合、共享经济等思维改造重组传统农业服务，呈现出多成分、多渠道、多形式和多层次的多元化趋势。在万物互联的时代，还应特别注重发挥合作经济组织的基础性作用以及龙头企业的骨干作用，搭建"龙头企业＋农户""龙头企业＋合作经济组织＋农户""生产托管""联耕联种""农业服务生态系统"等多种服务供应链产业组织模式。

（二）服务内容逐步组合化

现代农业服务除了道路、气象、水利、良种推广和动植物疫病防疫等公共服务基础设施建设外，主要包括产前供应服务（如化肥、农药、种子、订单等）、产中生产服务（如机耕、机播、机收、田间管理、施肥、灭虫等）、产后流通服务（如粮食晾晒、储藏、加工和销售等），甚至涉及文化旅游、休闲观光、信息集成、流通加工、新型社区、质量安全追溯和信用合作融资等新型服务。以上服务既可以单独提供，也可以通过服务供应链提供，强调要"公益性服务"与"经营性服务"相结合，"专项服务"与"综合服务"发展相协调，正如山东省供销社推出的土地托管服务，分为全托管和半托管，由参与农户自行选择购买"耕、种、防、管、收"等专业服务中的一个或多个环节，很好地提高了现代农业服务组合的灵活性，成为农业规模化和现代化的强大助推器。

（三）服务供给凸显科技化

新时代现代农业服务供给必须适应经济发展趋势，转变传统的服务供给方式，采用现代科技手段提高服务效率，全方位而优质高效地服务于农业生产，促进农业又好又快发展。连续五年的中央一号文件都强调"培育农业战略科技创新力量""提升企业技术创新主体地位""加强现代农业产业技术体系建设、农业科技社会化服务体系建设""实施农业关键核心技术攻关行动""推动自动化智能化设施装备技术研发应用"。现代农业服务管理日趋精细化，强调信息共享、协同运营、客户体验和绿色生态，通过满足农户服务需求以建立竞争优势。因此，现代农业服务供给离不开先进科学技术的支撑，必须借助"云物移大智"等新一代信息技术，提高农业设施装备技术、生产及工艺水平，准确采集农业生产的自然、生产和流通参数，整合数据关联、知识挖掘、智能检索等知识服务流程，持续动态监测农业环境，建设农产品质量检验检测体系，做到精准施肥、喷药和疾病预警，大力发展"互联网＋农业"和智慧农业，提高为农服务水平和质量。

（四）服务价值日趋市场化

政府主导的传统农业服务存在动力机制不足、负担过重、供需失衡等问题，而现代农业服务的市场化道路就是引入社会分工机制实现专业化分工与合作，重组配置各种农业资源要素，根本的动力来自农业服务的使用价值和交换价值的驱动。在市场经济条件下，要大胆地将经营性服务社会化和市场化，让市场这只"看不见的利己之手"按照运行规律实行等价交换，服务价格的高低由所提供服务的质量、诚信度、覆盖面、及时性等决定，实现从无偿服务向有偿服务转变，调动行动主体积极主动参与现代农业服务体系建设。可以预见，现代农业服务将成为未来市场交易的基础，存在于无形的知识技能和有形的物质资源的交换中，其价值由农户或新型经营主体在使用时共同创造，并以合同契约、项目参股和转移支付等市场机制实现货币收入。

二、服务供应链的理论脉络

服务供应链是最近十多年出现的管理学前沿研究领域，相应的定义还没有统一的界定，巴塔西奥卢等（Baltacioglu et al.，2007）将服务供应链定义为产品供应商、服务供应商、顾客和其他支持单位的网络，它们履行生产服务所需资源的交易功能，将这些资源转化为支持和核心服务，并将这些服务交付给顾客；刘伟华等（2019）认为服务供应链是指围绕服务核心企业，利用现代信息技术，通过对链上的能力流、信息流、资金流、物流等进行控制来实现用户价值与服务增值的过程，其基本结构是功能型服务提供商→服务集成商→客户（制造、零售企业）。这些概念强调了服务供应链行动主体的多元化以及服务网络的多层性，认为"服务"已不再是有形产品的附加物、嵌入品或"非生产性"的次优产出，同时服务交易需要转化各自拥有的核心资源，协调控制各类流体的互动，从而通过整套服务解决方案增强客户服务体验，增加整条服务供应链的多元价值。根据服务供应链的定义，王等（Wang et al.，2015）将服务供应链分为纯服务供应链和产品服务供应链，前者是产出为与实体产品无关的纯服务，如电信、移动通信、金融、互联网、旅游、医疗、咨询等行业；后者是既包含服务又包含实体产品的系统，如餐饮、产品设计、物流等行业。

随着服务业在经济发展中的比重越来越高，服务供应链及其管理受到学术界和实践界的高度关注，学者们重点对服务供应链结构与协同展开了研究。一是从服务业、产品服务化、服务外包等角度对服务供应链结构进行"摸象"，融入信息通信技术加强合作伙伴的服务流、信息流、资金流以及能力流的整合。例如，埃拉姆等（2004）、詹纳基斯（Giannakis，2011）通过比较多种供应链模型后，提出了包括服务计划、服务采购、服务集成、服务交付和服务反馈等基本流程的服务供应链运作参考模型；迪克德等（Dirkde et al.，2004）基于产品服务化的角度构建了基于组织决策、系统工具、性能管理的服务供应链框架；巴塔西奥卢等（Baltacioglu et al.，2007）建立了强调过程管理、服务能力及资源管理的服务供应链模型；萨胡加等（Sakhuja et al.，2016）指出服务供应链是服务组织网络，分别扮演服务集成商、服务供应商或客户的角色，通过协同运作为顾客提供服务。国内研究中，但斌等（2017）构建了面向产品与服务差异化集成的交互型、衍生型、辅助型和松散型4种产品服务供应链模式。二是通过建立协同情景假设，从博弈论与信息经济学、运筹优化等角度对服务供应链的成本分担、利益共享、关系协调等协同问题进行了研究。为保证产品的最终正常运行，金等（Kim et al.，2007）构建了面向资源配置和绩效契约的多任务委托代理模型；德米尔坎等（Demirkan et al.，2008）发现在存在风险和信息共享条件下，服务供应链可以达到整体绩效最大化的有效分布机制；李等（Li et al.，2014）探索了产品服务供应链的售后服务定价问题，认为零售商的服务外包或自营决策受到制造商的定价影响；刘等（Liu et al.，2015）建立了大规模定制和运作时间不确定环境下服务供应链运作时间安排的多目标规划模型，进行了成本、时间和满意度的系统优化；沙布南等（Shabnam et al.，2016）刻画了可维修产品服务供应链中零售价格、服务水平和维修保障的相关性；邓世名等（2015）量化了二元顾客满意度对分布式服务链服务质量和品牌商收益的影响。以上协同优化模型能够较好地指引服务供应链整合服务资源，实现收益的最大化和合理分配，稳定参与伙伴成员的合作关系。

上述研究脉络背后隐藏的正是服务供应链理论不断深化和细化的逻辑主线，为服务供应链进一步的行业应用奠定了初步的理论基础。可以看出，服务供应链理论包含了系统协同的基本原理和价值驱动的思想精髓，主要研究核心服务集成商、上游服务供应商、顾客和其他行动主体构成的价值创造网络，彼此形成"合作共赢、共生演化"的结构功能界面，呈现出复杂的、相互嵌套的多层次互动关系，强调制度约束和制度协调，以价值主张、高新技术和共同语言为媒介实现资源整合、服务交换、价值共创以及情境价值。

第三节　N‑MASSC 的协同体系架构

随着"云物移大智"等新一代信息技术与现代农业的进一步融合，以服务引领的高端农业生产模式、商业模式呼之欲出，这就需要创造一个系统化的服务协同模式，用以指导农业农村现代化实践。具有服务组织更加多元化、服务内容逐步组合化、服务供给凸显科技化、服务价值日趋市场化等特征的现代农业服务与服务供应链理论具有天然的耦合性，成为 N‑MASSC 初始创生的触发器，驱动着所有行动主体后续互动的共生融合、协同发展，相应的内在逻辑是：组织多元化预示着 N‑MASSC 行动主体的多样化，必将导致服务内容在链上的专业化分工，进而组合成一整套服务解决方案；此后为了追求农业服务成本的降低和效率的提升，必然会引入信息、生物、基因等技术，从而实现服务供给手段的科技化；最终为了 N‑MASSC 的可持续发展，需要按照服务市场规则分享利益。基于此，服务供应链自然地成为现代农业服务高质量供给的产业组织模式，相应的协同能够打破涉农企业边界和产业边界，本书将其命名为"网络型现代农业服务供应链"（Network based Modern Agricultural Service Supply Chain，N‑MASSC），具体的协同体系架构如图 3‑1 所示。

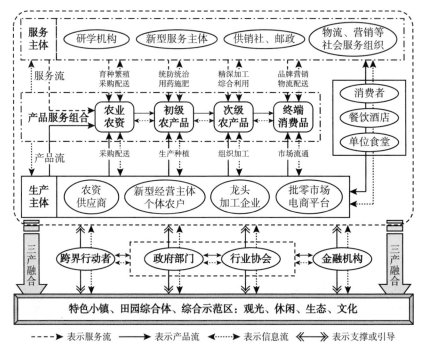

图 3 - 1　N - MASSC 协同体系架构示意图

N - MASSC 协同体系架构的具体含义是：由农产品所在地政府主导驱动，立足于区域农业自身特有的区位优势、产品特色和销售半径，利用国家"三农"支持政策和制度安排，以现代信息技术为基础，以价值共创为服务目标，由集成商构建农业服务平台，整合各个行动主体的资源，畅通产品流、服务流和信息流的相互流动，为农户及新型经营主体提供特定情境下的专项或综合服务，从而形成的一种开放包容、协同共生、互惠互利、动态演化的网络系统。在该协同体系架构中，行动主体构成、外生情境变换、三大流体支撑、制度结构创新、产品服务价值构成了N - MASSC 协同的实质内涵，使得在更为广阔的价值网络中整合和利用资源成为可能。

一、行动主体构成

N – MASSC 协同体系架构主要由政府、社会组织、龙头企业、服务组织、合作组织、加工企业、家庭农场、农户和消费者等多元行动主体构成。一方面，各个行动主体扮演不同的供应链角色。在现代农业发展过程中，多种规模经营方式涌现，各个行动主体在供应链上承担各自的专业分工任务，服务集成商并不固定为服务企业。实践证明，龙头企业或合作经济组织最有可能转型升级为服务集成商，凭借信息集成和服务能力整合上游供应商，以竞合关系共同为农户或新型经营主体提供农机农技、机耕播种、植保施肥、流通加工、科技研发、市场营销等产品服务，凭借产品服务规模化提高农业农村现代化水平。另一方面，所有行动主体形成 3 个层次的互动结构。N – MASSC 包含微观、中观和宏观 3 个层次结构，其中，微观层是服务集成商和客户的二元互动系统，中观层是服务集成商、供应商和客户等关键行动主体的多元行动主体系统，宏观层是国家、省市以及区县等广泛社会经济范围下的社会互动系统。随着乡村振兴战略的全面推进，宏观层对其他 2 个层次发挥了重要的支撑作用。

二、外生情境变换

N – MASSC 需要在政策、市场和技术等轨道的约束下协同运行，这些轨道彼此作用、相互关联，共同营造了一个动态变化的外生环境，有力地驱动供应链的形成和发展。一是国家战略的支持效应。乡村振兴、共同富裕等国家战略的全面推进，为 N – MASSC 在财税、土地、价格等方面创造了条件，各级政府部门积极探索新型规模经营模式，鼓励推广农业服务社会化、专业化等合作联盟组织创新模式，大力推动乡村产业兴旺，带动农户增产增收，加快走向全体人民共同富裕。二是市场压力的倒逼机制。消费者需求日趋多元化与个性化，既要有功能需求满足，又要有情感体验（包括农产品的精神文化、绿色健康等服务属性）；生产性服务的市场容量是诱导农业服务主体生成的关键因素，城乡融合促使"三农"要素配置处于优先满足高度，更多的资本、技术和人才要素向农业农村汇聚，各类服务主体不断发展壮大，服务领域由产中向产前和产后环节延伸，公益性、经营性和非营利性等涉农服务体系基本形成，必将加快补齐现代农业服务短板。三是技术进步的推动力量。随着"云物移大智"、生物科技、能源再生等新技术新装备新工艺的发展，重新定义了现代农业服务的资源组织、管理模式、存在形态和社会价值，催生"互联网＋"农业、智慧农业、休闲观光农业、农产品电商等新模式频现，不断提高农产品的服务价值比重，促进现代农业服务规模化、专业化运行，便捷化各个行动主体的服务信息沟通，降低整条供应链的政策、市场和经营风险，为 N – MASSC 的转型和演进提供技术和环境支撑。

三、三大流体支撑

N – MASSC 系统中主要流淌着服务流、产品流和信息流 3 大流体，行动主体理顺三流就可以拓展资源利用边界，更新和提高适应快速变动环境的能力。一是服务流。服务流是指企业为了提升顾客的满意程度，所采用的服务系统设计与活动，既包括服务活动的规划、设计与执行的过程，又包括各个行动主体对服务的交流、联动与协同。在 N – MASSC 系统中，知识和技能等操作性资源标志着服务流的复杂性和流动性，通过相互教育学习和能力培养，可以实现内部资源能力与外部发展环境的有效匹配，从而获取行动主体和供应链系统的持续竞争优势，更好地提高客户满意度和忠诚度。二是产品流。产品流更多地对接农产品供应链的物流，表现为农资、农机、运输工具、初级与次级农产品等实体的流动。由于产品往往成为服务的载体，需要通过加强设施设备建设保证产品流的顺畅流动，实现农业生产经营中管理能力、创新能力、技术能力、生产能力、营销能力的更新与升级，从而及时满足客户的各项服务需求。三是信息流。N – MASSC 协同运行时会涉及设施、资源、计划、需求、订单、能力、研发、加工、交易、绩效、报表等指令和关键要素数据。这些数据通过信息平台收集、处理、传输后进行及时的信息共享，由此产生了错综复杂的信息流，进一步直接影响服务流和产品流及其他流体的运行质量，推动整体涉农服务解决方案的资源和能力互补。

四、制度结构创新

制度结构由 N－MASSC 中所有制度安排构成，包括组织、法律、习俗和意识形态等正式的和非正式的制度安排，通过相互渗透、相互制约切实保障 N－MASSC 的共生演化，帮助行动主体节约交易费用，降低社会运行成本。一是管理规则。由行动主体共同设计的规则规范、意义符号、实践和信仰等制度安排扮演着核心角色，这些共同的语言便于彼此之间进行交互，对合作行为能够进行比较准确的预期，并形成组织惯例来促进价值共创。二是法规标准。政府出台现代农业服务的相关法律法规和行业标准，加强事中事后监管，并加大执行力度，规范农业服务行业经营秩序，逐步形成相互配套、有机结合、互为支撑的 N－MASSC。三是奖补政策。政府对农村合作社、龙头企业、冷链企业等行动主体加大税收优惠、用地优惠、补贴措施和政策倾斜，积极鼓励更多的行动主体参与农业服务项目建设，开辟拓宽多元化的融资渠道，推动农业服务资源重新配置，从而优化农业服务政策环境。四是信任关系。行动主体尊重彼此的文化习俗，遵守共同的商业和社会法则，增加合作中的高度信任，就可以解决界面规则下各个行动主体在专业化分工与服务交换之间的冲突，减少 N－MASSC 的交易成本和机会主义行为。

五、产品服务价值

N – MASSC 的产出体现为"产品 + 服务"组合，相应的价值结果就是产品服务价值，由所有行动主体组成的价值网络连续、非线性地共同创造。一方面，产品服务组合趋势明显。农产品销售不再仅仅局限于有形产品，进一步深度融合了更多的服务成分，比如快递、品牌和文化属性，由此才能大幅增加农产品价值。在此趋势下，各类行动主体通过知识学习、跨界协同与转型重构等流程，围绕现代农业服务的定制化需求，按照服务模块化的思想，灵活组合服务模块，促使供应链各个行动主体被卷入社会化分工，尤其是城镇化、老龄化迫使农户外包生产服务，因而 N – MASSC 越来越体现为"产品 + 服务"组合。另一方面，产品服务价值趋于共同创造。产品服务组合包含了基本的使用价值和特定情境下的社会价值和文化价值，这些价值完全取决于客户的投入资源和体验情境。在价值共创过程中，由服务集成商提出一个明确的承诺即价值主张，解决客户面临的现实问题而输出利益，进而吸引服务供应商参与、农户或新型经营主体最终使用，通过关系专属资产、知识分享惯例、互补性资源整合和服务交换而共创价值，由此生成现代农业的新型服务体验或解决方案的具象。当然，这种价值共创不是离散的、线性的，新型经营主体、农户甚至终端消费者都是价值共创主体，不再是"价值消耗者"或"价值毁灭者"。

综上所述，N – MASSC 行动主体在外生情境中，依托服务流、产品流和信息流 3 大流体的支撑，依据所处时代的一系列制度结构，通过共享资源和交换服务不断创造产品服务价值，进而增强整条供应链的适应性和可持续性。因此，本章建构的 N－MASSC 协同体系架构适合乡村振兴背景下的现代农业服务管理需求，为涉农服务规模化和现代化提供了一个全新的视角。

第四节　N－MASSC 的五地实践个案

按照 N－MASSC 协同体系架构的建构思路，针对国家地理标志保护产品或者乡村特色产品拟定访谈提纲，研究团队于 2018 年 9 月至 2022 年 8 月，对江苏、广东、山西、陕西、贵州和重庆等省市进行了实地调查，通过深度访谈和现场观察，发现多地已经意识到现代农业服务在促进农业农村现代化进程中的引领作用，呈现出多样化的 N－MASSC 协同运营实践模式。特别说明的是，以下实践个案数据来源于作者在"三农"实践场景中面对面访谈获得的一手资料，以及通过网站、宣传资料、期刊文献等途径获得的二手资料。

一、农场采摘型：白兔草莓

白兔草莓发展迅猛、颇具地方特色。白兔草莓产自江苏省镇江市句容市白兔镇，目前种植已达 5000 亩，具有多个优质品种，多次获得江苏"紫金杯"优质草莓金奖，2003 年被中国特产之乡推荐暨宣传活动组委会授予"中国草莓之乡"称号，形成了122 省道草莓走廊和绿色观光通道；2004 年，成为全国"无公害大棚草莓"国家级标准化示范区；2016 年，被授予"鲜果小镇"称号；2017 年，入选江苏省"农业特色小镇"创建名录；2018年，入选江苏省现代农业产业示范园，荣获第三届江苏"紫金杯"优质草莓评比18 金7 银；2019 年，荣获全国精品草莓擂台赛5 金2 银，并获评"全国十大好吃草莓"之首，喜获第六届紫金杯优质草莓评比暨首届江苏省早熟草莓品鉴节2 金1 银1 铜；2021 年，荣获第八届江苏"紫金杯"优质草莓评鉴3 金2 银1优。当地政府高度重视草莓基础设施和品牌建设，注重节庆旅游的拉动作用，打造草莓广场和鲜果吧，举办草莓音乐节，引进客商或新型经营主体，建成乡村盒子电商园，规划建设"中国鲜果小镇"，充分吸引沪苏浙皖等地游客前来体验。

　　白兔草莓服务供应链主要以家庭种植能手为引领，带动农户一起为游客提供优质的采摘和游玩服务，已建成了万亩草莓、人参果、葡萄、无花果、出口花卉、蔬菜种子等名特优农产品基地。一是育苗服务。主要依赖本省市科研院所的技术团队和本土培养的全国劳模或省劳模，为当地种植户培育草莓苗，成活率达到98％。二是营养土配方服务。种植实现了由露地草莓、竹架大棚草莓、钢架草莓，再到温室高架草莓的不断升级，所使用的营养土由专门的合作社或农业科技公司提供，比如种植土壤都是由科技公司调配好的营养土，而劳模们还有自己独特的营养土配方，将草莓根系与一种霉菌融合，草莓不用打药也不会生病，成为"全国无公害大棚草莓"国家级标准示范区。三是流通加工服务。由年轻的返乡创业者利用草莓的保健功能做深加工服务，然后主要通过电商平台销售产品；也有女大学生制作草莓花作为情人节礼物，从而增加草莓附加值。四是乡村旅游和体验服务。吸引游客上门采摘草莓，鼓励老师和学生们前来参观体验，为游客提供"游、购、娱、玩"等一条龙服务。

发展至今，白兔草莓获得绿色产品认证达 3 个，注册商标达 45 个，年销售草莓超 160 吨，亩均收益超 3.5 万元，产生直接经济效益达 2000 多万元；接待游客达 30 万人次，实现旅游收入约 8.9 亿元；辐射带动周边草莓种植户超 960 户，创业就业农民达 5000 名，草莓种植户人均收入达 2.6 万元，人均增收约 6000 元，实现了整个白兔草莓服务供应链的价值共创。

二、市场拉动型：沁州黄小米

沁州黄小米种植历史悠久、品质优良。沁州黄小米产自山西沁县、武乡县、襄垣县和屯留县的 18 个乡镇，原名"糙谷"或"爬山糙"，康熙皇帝御赐"沁州黄"，以皇家贡米而久负盛名，系山西小米的代表，享有"天下米王"和"国米"之尊号。1915 年，获得万国博览会甲级金奖；2003 年，获准原产地域产品保护；2018 年，以 62.72 的影响力指数上榜"中国区域农业品牌影响力排行榜"；2020 年，获得"山西小米授权证书"，当选年度"山西好粮油"产品、"十佳"名优特色农产品，荣获第三届全国小米品鉴大会"好小米"称号、第十八届中国国际粮油产品及设备技术展示交易会金奖、"年度小米产业突出贡献奖"；

2021 年，入围第十一届中国粮油榜主榜，荣获"中国粮油领军品牌"称号。当地政府对龙头企业加工、农户种植、品牌宣传等农业项目进行资金扶持和贷款贴息，每年都会支持新型职业农民在施肥、育种播种、宽垄密植、中耕机械化、飞机喷药等方面的培训，鼓励龙头企业参加全国或全省举办的农业博览会，大力宣传"沁州黄"特色农产品区域公用品牌。

沁州黄小米服务供应链以龙头企业为发起者，提供育种选种、精深加工、农户种植与物流合作等现代农业服务。一是育种选种等科技服务。经过三十多年不间断的异地筛选、百里回种和轮作倒插，做到了"沁州黄"种子优中选优。二是精深加工服务。沁州黄小米加工环境干净整洁，工艺技术精益求精，全封闭管道加工处理，将谷子筛选、去渣、去石，精细色选，日均产量 50 吨。由当地最大龙头企业与国内知名科研院所联合研制了"谷之爱"小米粉系列产品，产品终端销售点在国内已达 1 万多个，并出口至美国和加拿大，年销售额已达 5000 万元。三是产后物流服务。龙头企业与农户和合作社签订采购合同，根据市场价格波动情况调整收购价，涉及农户运粮入库、公司保存或加工、运往销售中心或者电商快递到全国各地等主要环节。四是销售订单服务。目前大多数企业注重企业品牌注册和保护，通过天猫店做电商或者进超市进行销售，电商订单来自全国各地。

发展至今，沁州黄小米已经通过 HACCP 体系认证，荣获"中国好粮油""中国名牌农产品""全国赛米会金奖"等多项荣誉，销售市场已覆盖全国 28 个省（直辖市/自治区）、200 多个地级城市。其中，沁州黄小米公司在沁县 13 个乡镇发展沁州黄绿色标准化基地超 6 万亩，年产优质小米 2 万余吨，年产值达 4.79 亿元，带动上万农户，户均收入达 4500 元，实现了整个沁州黄小米服务供应链的价值共创。

三、科技引领型：德江天麻

德江天麻生态天然、堪称佳品。德江天麻产自贵州省铜仁市德江县，个大肥厚、特异味浓，重金属含量低，供应链功能齐全，无农药残留，天麻素含量高达 0.36% ~ 1.3%，远高于 0.22% 的国家标准，目前全县种植面积达 1050 亩，后续林达 1.5 万亩。2007 年，获批国家地理标志产品保护；2014 年，德江获得"中国天麻之乡"称号；2020 年，"天麻酸枣仁咀嚼片"获得"国产保健食品注册证书"，实现了铜仁市保健行业"零突破"的跨越；2021 年，"天麻酸枣仁咀嚼片"生产线通过现场认证、取得生产许可证并投放市场；2022 年，4 家天麻企业获得贵州省第二批药食同源试点生产批准。当地政府鼓励天麻种植、天麻素提取加工等技术创新，直接投资和撬动社会资本达到 5 亿元，打通"黔麻出山"的物流瓶颈，对天麻产业链和产业集群进行重点打造，扎实抓好天麻种植基地建设，已经完成天麻产业园、养生园、研发中心等项目，积极创建"三品一标"天麻品牌，形成了一套完整的供应链运营体制机制。

德江天麻服务供应链注重科技创新，聚焦于栽培种植、精深加工、检验检测、文旅融合等现代农业服务。一是栽培种植服务。曾经邀请"天麻之父"徐锦堂先生传授"天麻有性繁殖"

栽培技术，解决了天麻种性退化和规模化生产种源缺乏的技术难题；与研究机构合作建设天麻仿野生栽培示范种植基地，推进天麻优良种源保护和新品种培育。二是精深加工服务。县域内形成了种质保护、生产加工以及市场销售的供应链模式，拥有 6 家育种企业，8 家龙头加工企业（国家级 1 家、省级 3 家、市级 2 家、县级 2 家），种植专业合作社 43 个，全自动天麻加工生产线 4 条。启动天麻素与中药大品种制造，研发天麻配方颗粒、超微粉咀嚼片、中药粗颗粒饮片、活性多糖、活性蛋白质、养生饮料等新医药保健品，总计开发了天麻咀嚼片、天麻面条、天麻饮料、天麻酒等 11 款产品。三是检验检测服务。注重天麻药材采收、加工、炮制等标准的规范化与提升，天麻入厂必须经过 SO_2、农药残留、重金属、有害菌群等指标的检验检测。四是文旅融合服务。建设天麻销售与体验的形象店，积极申办全国性、国际性中医药重大活动，开发健康养生新业态，大力发展天麻文化旅游产业。

发展至今，德江鲜天麻产量超 1000 吨，产值达 3 亿元，带动农户 1680 户以上，人均年增收 2580 元以上，实现了整个德江天麻服务供应链的价值共创。

四、产业融合型：新会陈皮

新会陈皮①品类齐全、特色鲜明。新会柑和新会陈皮产自广

---

① 2006 年新会柑、新会陈皮双双获批"国家地理标志保护产品"，但由于新会陈皮由新会柑取皮而得，二者产区范围完全一致且形成了产业链上下游关系，为了表述简练且尊重案例地点的传统说法，全书统一将新会柑和新会陈皮统称为"新会陈皮"。

东省江门市新会区，目前新会柑无病毒苗木繁育基地产能200万株，标准化种植面积接近10万亩；制成的新会陈皮有柑青皮、微红皮和大红皮等货式，既是传统的香料和调味佳品，又具有药用价值，形成了独特的核心价值和品牌文化。2006～2022年，新会区获得"中国陈皮之乡""中国陈皮道地药材产业之乡"称号；新会陈皮也先后获批"国家地理标志"产品，列入国家现代农业产业园第二批创建名单，入选国家知识产权局《关于地理标志运用促进重点联系指导名录》公示名单、农业农村部办公厅"全国农业全产业链重点链和典型县"建设名单。当地政府积极引导新会柑种植土地向新型经营主体集中，为企业、农户等创业者提供"一门式"服务，连续六届举办"中国·新会陈皮文化节"，出台创建方案和奖补制度，打造了大基地、大加工、大科技、大融合和大服务"五位一体"特色产业园。

新会陈皮服务供应链以陈皮为中心，提供绿色种植、鲜果交易、研发加工、仓储物流、科普教育、金融投资、电子商务、文化旅游等现代农业服务，培育了一批龙头企业，打造了6大类、35细类、100多种产品。一是农资统购统配服务。成立新会陈皮农资农技服务中心，实现种苗、农药、化肥、种植、管理、农机等统购统配。二是陈皮流通加工服务。利用加工园、集聚园等孵化平台，吸引外来投资者及园外企业入园集聚发展，形成"大加工"发展合力；制定陈皮质量、加工及仓储标准，搭建仓单交易平台，提供质押融资业务。三是陈皮酵素科技研发服务。与30多家科研院所合作，开展新会陈皮规范化系列研究，如对废弃柑肉已成功开发出酵素生产线。四是文化观光服务。积极推进"陈皮小镇"田园综合体建设，深挖新会陈皮生态、休闲、健康和文化价值，与旅游、教育和文化等产业深度融合。

发展至今，新会陈皮鲜果产量约 13 万吨，柑皮产量约 7 千吨，柑普茶产量 10.5 千吨，产业总产值超 140 亿元，中国品牌价值评价为 101.2 亿元，带动全区约 3.5 万人就业，种植户已有7000 多户，农民直接收益超 12 亿元，实现农户人均增收 1.88 万元，实现了整个新会陈皮服务供应链的价值共创。

五、品牌共建型：永川秀芽

永川秀芽科技含量高、品牌建设成效突出。永川秀芽产自重庆市永川区，依托于重庆市农业科学院茶叶研究所[①]（下文简称"茶研所"）的科技支持，目前种植面积接近 11 万亩。1989 年，被农业部评为优质农产品；1999 年和 2001 年，先后被认定为中国国际农业博览会知名品牌；2004 年，获得国家发明专利；2006年"得川牌"永川秀芽被世界茶联合会评为"国际名茶金奖"；2012 年，注册为国家地理标志证明商标；2015～2020 年，被评为"全国最具文化底蕴十大地理标志名茶""最受消费者喜爱的中国农产品区域公用品牌""中国优秀茶叶区域公用品牌""中华品牌商标博览会金奖"等称号。当地政府高度重视永川秀芽公用品牌的培育建设，专门编制了茶叶产业发展及品牌共建共享规

---

① 重庆市农业科学院茶叶研究所是西南地区成立最早规模最大的茶叶研究所，最初是四川省茶试站，后改名为四川省农业科学院茶叶研究所，1962 年迁到重庆市永川县，重庆直辖后变更为重庆市农业科学院茶叶研究所。

划，将产品质量标准化管理作为品牌共建共享的重要举措，对符合建设条件的茶叶企业按农业政策实施补助补贴，加强茶叶生产过程中的土地施肥检测、农药残留检测，持续提高了永川秀芽的知名度和美誉度。

永川秀芽服务供应链主要以科技研发为抓手，以品牌建设为引领，助力本土龙头企业做大做强，带动"合作社＋农户"共同完成茶叶育苗、种植、加工以及品牌营销等现代农业服务。一是科技研发服务。主要依托本市的科研院所及其科技团队，重点突破茶叶育种、栽培、植保和加工等技术，对茶叶企业和茶农进行科技帮扶，积极承担或参与茶叶产业规划、技术指导和行业标准制定。二是品牌共建服务。政府建立永川区经济作物技术推广站，通过行业协会加强区域公用品牌建设，统一授权、统一管理、统一印制永川秀芽公用品牌，制定行业生产加工标准，进行全程质量监测及安全执法，积极开展品牌宣传活动，不断拓宽销售渠道。三是生产种植服务。龙头企业在茶研所的指导下，对合作社统一组织修枝、施肥和打药，解决茶农面临的种植技术难题，并按较高的价格统一收购茶叶原料。

发展至今，永川秀芽被列入央视"品牌强国工程—乡村振兴行动"宣传计划，已经拥有企业品牌21个，国际国内获奖共计60项，年产量达8000多吨，产值超10亿元，辐射带动专业合作社25家、茶叶种植户1000多户，实现了整个永川秀芽服务供应链的价值共创。

第五节　N－MASSC 的五地实践
个案总结与讨论

党的十九大报告首次提出了实施乡村振兴战略，强调加强现代农业服务供给侧结构性改革，助推乡村产业同步协调发展，促进三产深度融合发展，加快实现农业农村现代化。以上五地实践个案诠释了"以服务带产品，用产品载服务，产品服务融合"的真正内涵，展现了真实生动的 N－MASSC 推广场景（见表 3－1）。可见，在全面推动乡村振兴的时代背景下，各地以政府为主导，以龙头企业、合作组织、家庭农场和农户为行动主体，构建了 N－MASSC 的多层协同体系架构，通过理顺服务流、产品流和信息流 3 大流体，共同创造了社会经济生态价值。

表 3－1　　　　　　N－MASSC 推广场景汇总表

名称	行动主体及描述		交换服务	共享资源
白兔草莓	供应商	政府、种苗专家	制度；育苗、营养土配方	种植技能、加工能力、交通区位优势、草莓品质
	集成商	种植能手、家庭农场	大棚种植、流通加工	
	客户	小农户、游客	庭院种植；乡村旅游体验	
沁州黄小米	供应商	政府、快递企业	制度；育种选种、快递物流	昼夜温差、褐色土壤、优秀种子、品牌保护、历史文化、电商平台
	集成商	龙头企业、电商	精深加工、销售订单	
	客户	合作社及农户、消费者	种植；消费需求	

续表

名称	行动主体及描述		交换服务	共享资源
德江天麻	供应商	政府、种苗专家	制度、检验检测；育种选种	自然生态环境、栽培种植技术、天麻素提取技术、加工厂房
	集成商	龙头企业	精深加工、销售订单	
	客户	农户、消费者	种植；消费需求	
新会陈皮	供应商	政府、农资商、科研机构	制度；农资统购统配；科技	咸淡水环境、防风技术、种苗培育、加工设备、酵素提取、历史文化
	集成商	龙头企业、交易市场	精深加工；展示交易	
	客户	合作社及农户、消费者	种植；消费需求、文化观光	
永川秀芽	供应商	政府、科研机构	制度、品牌；技术转化培训	生态环境、小叶品种、加工工艺、防虫害、品牌传承
	集成商	科研机构＋龙头企业	加工、品牌营销	
	客户	合作社及农户、消费者	种植；消费需求	

资料来源：本书研究团队根据访谈及企业网站、宣传资料、期刊文献等整理而得。

一、多元主体联盟：产品服务供应链架构生发

五地特色农产品涉及行动主体多元，交换服务多样，需要运营高效的组织联盟支撑。由表 3-1 可知，五地特色农产品具有深厚的产业基础，以党和国家的乡村振兴、共同富裕、农业农村现代化等战略及政策为引领，以农业产业化龙头企业为核心，整合专业合作社、村集体经济组织、家庭农场、种植大户和农户，经过初加工、精深加工和综合利用加工，为市场消费者提供"产品＋服务"组合包。在此过程中，科技研发、农资供应、生产种

植、农机农技、植保灌溉、流通加工、物流电商、数字信息、文旅融合等服务内容成为备选需求。按照专业分工理论，这些服务由最擅长的行动主体承担将会效率更高、成本更低，如此，就会出现任何单个主体无法完整提供一体化集成化服务的情况，必须加强多元行动主体的分工合作，搭建规模化、协同化、信息化的现代农业服务联盟。五地的实践个案结果证明，现代特色农业越来越强调农村产业融合的思想内涵，需要有行动主体能够提供一整套有效的农业服务解决方案，从而助推乡村产业提质增效，最终实现"产业兴旺、生态宜居、乡风文明、治理有效、生活富裕"的振兴目标。

N-MASSC 体现了产品供应链和服务供应链的两链深度融合，能够满足现代农业服务的联盟要求。五地特色农产品经营其实就是产品服务供应链的落地实践，尽管参与主体和服务内容称呼不同，但都可以归纳为"功能型服务供应商→服务集成商→客户"供应链结构，具象化为"农资供应商→龙头企业→新型经营主体/农户""农机农技服务商→专业合作社/村集体经济组织→农户""信息服务商→龙头企业→新型经营主体/农户""多种服务供应商→专业合作社/村集体经济组织→农户→消费者""专业合作社/村集体经济组织/龙头企业→电商平台/交易市场→消费者"等多种形式。总体上来看，N-MASSC 大多数都为"纵向偏短链、横向偏宽幅"结构，由龙头企业或合作社或电商平台承担核心服务集成商角色，吸纳现代农业多种功能服务提供商，为现代农业服务提供全程化、一体化的服务解决方案，从而切实解决"谁来种地？怎么种地？怎么服务？"问题，全面满足多种经营主体的服务需求以及市场消费者的更高品质需求。

二、协同维度拓展：产品服务供应链共创共享

由于 N－MASSC 结构的动态性和复杂性，全链协同运营维度相当广泛。结合图 3－1 可知，N－MASSC 系统中主要流淌着服务流、产品流和信息流 3 大流体，唯有畅通"三流"才能拓展资源利用边界，更新和提高供应链竞争力。同时，供应链伙伴合作能够降低运营成本，提高运营效率，造就"1＋1＞2"的协同效果，由此供应链成员之间就形成了"竞合"关系。面对 N－MASSC 的"竞合"格局，只有理顺供应链网络的供求关系、流体关系、利益联结关系，才能发挥龙头企业或合作组织在资源共享、服务交换和价值共创的带农联农作用，加速现代农户或新型经营主体购买外包服务，从而构建高效运转的 N－MASSC 协同体系。在"云物移大智"等新一代信息技术推动下，N－MASSC 的库存控制、信息共享、利益共享、风险共担、分销渠道、物流优化等协同维度都有可能也可以圆满实现同步集成。五地的实践个案结果证明，N－MASSC 主体在信息共享、利益共享、风险共担、分销渠道等维度进行了深度协同，满足了经营主体和农户的服务需求，提高了整条供应链的生产运营效率。

按照"服务主导逻辑"，N－MASSC 价值共创成为未来供应链运营中的关键协同维度。服务主导逻辑将服务界定为应用资源和专业能力的过程，将商品和服务之争统一到服务中来，强调一切经济都是服务经济（Vargo et al.，2004），以知识和技能为主

要内涵的操作性资源成为 N‑MASSC 竞争优势的根本来源。N‑MASSC 价值共创必须由全链成员和客户一起完成，无论是农业知识技能的直接服务提供者，还是农业各级有形产品的间接服务提供者，都只是价值共创过程的一个环节，并由农产品客户最终完成价值共创过程。很显然，N‑MASSC 的服务集成商或功能型提供商都无法单独创造价值，只能根据客户需求提出价值主张，并对客户参与行为加以指导和引领，通过全链资源整合和服务交换方可实现价值共创。因此，价值共创过程本身就包含了库存、信息、利益、风险、营销、物流等其他运营功能的协同，是 N‑MASSC"三流"协同运营的关键核心目标。

三、协同制度赋能：产品服务供应链网络治理

供应链是介于科层结构和市场结构之间的网络组织，能够折中行动主体之间的交易费用和企业内部的管理费用。交易成本主要来源于资产专用性、交易频率、不确定性和竞争数量，也会因为供需对接不畅和需求表达不灵而进一步提高，由此导致交易双方效率损失甚至放弃交易。在 N‑MASSC 协同过程中，由于行动主体都是独立的有限理性的经济个体，在不完全信息下追求自身利益而展开竞争合作，也有可能出现机会主义行为，加上农业生产经营的自然风险和季节波动等不确定性因素，将会降低供应链合作意愿和信任关系，致使协同运营失灵，无法获得最佳的协同效果。在五地的实践个案调查过程中，研究团队也发现部分个案 N‑MASSC 建设处于起步阶段，行动主体的资源和服务交换才刚

刚磨合，价值共创共享仍然是松散型而非紧密型联结，对此，地方政府出台了一些政策和管理办法积极引导合作，通过能人带动、党建引领等方式力图降低全链的交易成本，供应链的制度体系发挥了重要作用。

制度环境和制度安排是协调促进 N – MASSC 行动主体之间价值共创的关键因素。制度体系包括规则、规范、意义、符号、法律、实践等，是资源整合、服务交换和价值共创的重要保障，其中，制度环境体现为多层级政府制定的法律法规等强制性规则，用以约束和规制行动主体的交互方式；制度安排包括行动主体之间的一般性规则和惯例，属于约定俗成的竞合规则，用以调整主体行为、维持系统稳定。在价值共创的引领下，制度体系成为 N – MASSC 协同共创行为和服务创新的工具，通过互动协调、信息交流、资源整合和价值评估进而影响价值共创。基于此，制度体系可以在加快农户土地集中流转，助力服务集成商集聚和重构互补性资源，促使功能型供应商聚焦核心业务等方面发挥积极作用。

第四章

区域产业视角下 N – MASSC
价值共创机制设计

价值共创是现代营销管理的前沿方向。对 N – MASSC 来讲，价值共创体现了所有行动主体的共赢目标，可以分为整个区域产业中观视角的价值共创和龙头企业微观视角的价值共创。本章将结合社会动员和资源编排理论，采用探索性单案例研究方法，观察并分析区域产业视角下 N – MASSC 价值共创的过程机制，探寻 N – MASSC 共生发展的新思路新途径。

第一节 引 言

现代农业兴旺发展是乡村振兴的必然要义，强调通过农村产业融合培育新组织、新业态和新价值，大力提高农业综合效益和市场竞争力。纵观我国农业农村现代化建设历程，始终秉承以最大化释放农业产业价值为目标，以集约化、规模化和产业化为手段，充分转化资源以打造价值创造能力。部分学者已开始从价值构成及来源角度审视现代农业，朱文珏等（2018）发现农户对农地的多重依赖和多维价值评价会引发价格幻觉，从而根本导致农地流转价格机制失效；穆娜娜等（2016）指出农民可以借助社会化服务中的土地流转、降本增效、销售渠道、精深加工、要素投资参股以及劳动力转移等手段，大幅提高经营性、工资性和财产性收入；崔海云等（2013）认为休闲农业企业只有根据功能性、情感性、认知性和社会性等顾客体验价值开展服务产品和过程创新，才能更好地提升自身经营绩效；蒋永穆等（2019）强调价值创取是资源贡献型或生产经营型小农户有机衔接现代农业的关键环节，价值创造在于优化配置要素资源与组织资源"合作造饼"，而价值获取则需要提升在"竞争分饼"时的"话语权"；刘源等（2019）以农业龙头企业为例，构建了纵向一体化模式下龙头企业价值实现的内在机理理论框架。来自农业共营制、订单农业以及生鲜电商的最新实践进一步表明，现代农业必须整合政府、龙头企业、合作社、农户、行业协会和科研院所等多种利益相关者，有机衔接农产品的生产、加工和流通等环节，打造"资源共享、价值共创"的 N‒MASSC 组织体系，才能充分调动所有行动主体的参与积极性和获得感，形成长期稳定的战略合作伙伴关系。

与此同时，N‒MASSC 已经成为繁荣乡村产业经济、促进广大农民增收的重要支撑，其价值共创与乡村振兴战略的"二十字"建设目标和任务天然耦合。针对多元行动主体参与的"政府—企业—市场"复杂场域，普拉哈拉德等（Prahalad et al.，2000）较早提出了基于客户体验的价值共创理论，认为消费者是加强版企业网络的协同者、联合开发者和竞争者，能够在体验过程中与企业共同创造和提取价值；为使价值共创具有可操作性，普拉哈拉德等（Prahalad C K et al.，2004）进一步构建了面向价值共创的"DART"模型，也即对话、获取、风险利益和透明度等互动模块，认为互动和共创体验是共创价值的核心环节。随后，格鲁诺斯等（Grönroos et al.，2012）主张价值共创是服务提供者与消费者或其他受益人在直接互动中的联合行动；古梅松等（Gummesson et al.，2010）认为价值共创过程主要涉及网络互动和资源整合两大步骤，对话、知识转移和组织学习等互动环节通过资源整合与匹配促进价值共创。国内研究中，周文辉等（2015）建立了价值共创的"观念共识—价值共生—价值共赢"3 个阶段过程模型，揭示了每个阶段所采用的具体共创方法；简兆权等（2015）解析了网络环境下服务创新与价值共创的机制及要素，为服务型企业构建高效的服务价值网络提供了系统范式。之后，价值共创理论广泛应用于知识密集型产业（Leena et al.，2012）、现代医院（陈惠芳，2018）、服务生态系统（高志军等，2017）等领域。针对现代农业的集群品牌价值共创过程，张月莉等（2018）识别了农业集群品牌经营主体价值共创行为的知觉行为控制、共创态度、主观规范及价值共创意愿等驱动因素。

从现有文献来看，价值共创理论及应用已经引起学界高度关注，现代农业产业化也必然走向价值共创之路，但目前还主要囿于价值创造的重要意义阐述、共创行为的驱动因素探寻等层面，价值创造主体局限于单一行动主体，还没有达到 N-MASSC 共同创造、共同分享的高度。在推进乡村产业全面振兴的新时代，

N – MASSC 价值共创具有多元主体参与、多种功能互动和多方利益衔接的内在实质，价值诉求集中表现为政府及行业协会的公共价值，以及各类行动主体的市场价值，只有真正实现地方经济增长、供应链共赢以及农民增收，才能充分增强行动主体的获得感，让现代农业成为"既有赚头又有奔头"的新型蓝海产业。由此，多元行动主体参与 N – MASSC 价值共创的意愿如何？N – MASSC 如何有效管理资源和能力获得共创价值？这些问题亟须得到学界高度关注并开展深入探讨。本章将以新会陈皮 N – MASSC 为研究对象，采用探索性单案例研究方法，对上述问题展开探索性研究。

第二节　理论背景与研究视角

一、社会动员理论视角的引入

社会动员理论在西方学界得到了持续关注，用以调动全社会广泛的人力、物力和财力参与社会活动，实现共同的社会目标。其他经济学者道奇（Deutsch，1961）最早界定社会动员为人们所承担的绝大多数旧的社会、经济、心理义务受到侵蚀而崩溃的过程：人们获得新的社会模式和行为模式的过程，用以表示"社会—人口"层面的现代化；而麦卡锡等（McCarthy et al.，1977）从资源动员视角提出了社会运动参与的概念集和相关命题，强调资源种类和来源、社会运动与媒体和当局的关系、运动组织的互动。塞缪尔·P. 亨廷顿（1968）指出通过社会动员过程，一连串旧的社会、经济和心理信条全部受到侵蚀或被放弃，人们转而选择新的社交格局和行为方式；罗杰斯等（Rogers et al.，2018）发现在选举参与、环境可持续行为和慈善捐赠等实践中，社会动员的动力因其他人从动员行为中获益而放大，同时总体影响因人们嵌入社会网络而增强。近年来，社会动员理论被国内学者广泛应用于农村社区建设、农民集体行动及社会网络治理研究中，魏智慧（2016）指出集镇社区动员应采取集合国家、市场、土地、组织及个体等多元治理型方式，综合考虑多元主体的能力与意愿以及客体所具备的参与可能性和现代性因素；袁小平等（2017）从动力、运行和保障方面分析了行政动员、项目动员、能人动员和自组织动员等方法的缺失，建议完善农村社区建设的社会动员机制；叶敏（2017）发现新农村建设的动员工作需要综合应用政策动员技巧和村庄社会规范，充分调动农民的参与积极性；王诗宗等（2018）针对中国当代的基层政策执行与基层社会治理的彼此嵌套，提出了"调适性社会动员"概念，强调要塑造社会动员能力和动员方案。

透视相关研究，尽管 N－MASSC 价值共创的社会动员过程研究较少，但大量的产业扶贫动员、农业产业园区招商引资等实践活动都暗含了社会动员的成分，主要体现为国家和政府层面的政策动员、行政动员。本章认为，互联网、人工智能等信息技术将会催生社会动员的新形式新途径。政府及职能部门需要转变单向动员的行政化思维，结合社会力量双向调动本地能人、企业家和团体的参与热情，形成全社会"共情共意共享"的多元互动态势，正如产业扶贫中"政府牵头、帮扶企业与贫困户配合"的做法，通过全社会的一致动员齐心协力完成脱贫攻坚任务。由于 N – MASSC 运行设施投入巨大，涉猎资源频谱宽泛，需要从多维角度动员社会力量、调集内外资源，真正实现政府、龙头企业、社会组织与农户的良性联动，从而促进农产品内在特质变化和市场品牌能力提升。因此，在信息充分流动的互联网环境下，需要行政力量和社会组织通过叠加方式开展社会动员，打造全方位全产业的 N – MASSC，从而推动农村产业融合以及农业农村现代化，同步实现乡村产业的发展目标和社会组织的利益目标。

二、资源编排理论视角的引入

资源编排是近十年管理学领域出现的新理论新视角，立基于资源基础观和核心竞争力理论，成为提升 N – MASSC 竞争优势的路径与手段。西蒙等（Sirmon et al.，2011）通过整合资源管理和资产编排的概念框架，提出资源编排包含构建资源组合、资源归拢整合和资源转化利用 3 类行动；基里科等（Chirico et al.，2011）认为需要建立一套有效的协同机制与编排方式，对企业家导向、代际介入和参与策略等资源进行有效编排，从而提高家族企业的经营绩效；崔等（Cui et al.，2015）以资源编排为理论视角研究了电子商务的采纳过程，建议制造商按照资源环境设计相应的能力，使资源编排为资源和动态能力的转化发挥桥梁作用；卡恩斯（Carnes，2017）提出管理者应以不同的方式编排资源和组合能力，以适应企业生命周期不同阶段的创新需要；其他经济学者拜德里纳拉亚南（Badrinarayanan et al.，2019）认为销售经理应该对销售和非销售资源进行编排，这样才会获得满意的销售业绩、组织结构和客户产出。国内研究中，许晖等（2016）发现资源编排表现形式随着企业的发展阶段而变化，在动荡环境下对关键资源合理编排可以导致服务创新能力的跃迁，从而产生序列效应；刘新梅等（2017）指出资源编排机制包括高层管理长期导向与资源柔性，前者主要体现为资源构建组合与归拢整合 2 个过程，后者体现了企业资源的动态转化与利用效能；杜占河等（2017）认为 IT 开发外包项目可以采纳组合策略和突破策略 2 种资源编排方式，从而调节大数据环境与项目绩效关系；孟韬等（2019）演绎了共享办公空间的资源编排路径，揭示了创业者需要通过资源的主动选择和部署打造资源利用能力，将资源价值组合转变为企业竞争优势。

文献分析显示，资源编排理论强调对所拥有资源的动态管理，通过组合、归拢整合和转化利用等活动提升企业的市场竞争优势。从区域产业层面看，N－MASSC 面临的资源禀赋具有较大的异质性，进而造就了多种特色农产品，但许多地方特色农产品始终无法做大做强，根本原因在于没有将自然、人力、社会和经济等资源进行科学编排，无法转化为产业发展所需的科技创新、质量追溯、品牌营销、文化传承等多阶动态能力，更没有真正用资源去对接和满足市场需求。因此，给定具体的产业情境，N－MASSC 资源编排的内容和形式如何？为什么市场竞争力表现各异？对此，现有研究仍没有给出相应答案。

综上所述，随着农业农村现代化的快速推进，多元行动主体参与下的 N – MASSC 价值共创共享研究成为当务之急，迫切需要学界深入解密 N – MASSC 价值共创过程的理论"黑箱"。鉴于此，本章将结合广东省江门市新会陈皮 N – MASSC 的价值共创案例，基于社会动员和资源编排的理论视角，有机融合双向动员和资源编排两大步骤，遵循"社会动员（意愿）—资源编排（行为）—价值共创（结果）"的分析框架，力图弥合 N – MASSC 价值共创过程的研究缺口，设计 N – MASSC 价值共创过程机制模型，为乡村产业振兴提供新的经验证据和实现路径。

第三节　研究设计与案例描述

N – MASSC 价值共创研究涉及复杂丰富的现实情境和多种多样的证据表现形式，重点在于回答在 N – MASSC 协同过程中"为什么"采用价值共创，以及"如何"开展价值共创。同时，新会陈皮 N – MASSC 价值共创效果赢得了业界高度认可，通过分析其价值共创的过程"黑箱"和多元价值效果，揭示其复杂的价值共创内在机理，具有充分的可行性。相较于多案例研究，单案例研究更适用于全新的或现有研究不充分的领域，具有展示价值共创具体过程细节的优势，因而本章适宜采用探索性单案例研究方法。

一、案例选取

选择新会陈皮 N – MASSC 作为案例对象，主要是遵循了典型性和理论抽样的原则（Yin，2014）。一是案例选取应该具有可推广性。新会陈皮产自南粤大地，经过十多年的产业共建共享，取得了突出的发展成就，N – MASSC 价值共创行为模式具有很强的代表性。近年来，新会区社会各界大力推进国家级产业园区建设，推行"新会陈皮，人人共享"市场理念，以新会陈皮 N – MASSC 为案例析出的结论将对同类地区具有借鉴意义。二是案例选取应该遵循理论抽样原则。农业产业化已成为中央惠农强农政策体系的重要组成部分，新会区引入龙头企业和科研机构，发挥财政资金"四两拨千斤"的作用，促进了劳动力、资本、土地、技术等资源的科学编排。以新会陈皮 N – MASSC 为案例对象，发现和发展现有理论与 N – MASSC 如何进行价值共创的研究主题非常吻合。三是案例数据应该具有可获得性。新会区政府分管领导对新会陈皮产业胸藏执着情怀，持续对发展模式进行深度思考，同时，跨界到陈皮产业的涉农龙头企业管理者具备相应的生产经营知识，可提供丰富的回溯性数据和证据链。研究团队与政府分管领导、企业管理者因业缘关系保持着紧密的联系，留有他们私人和公共的联系方式，便于开展访谈观察，获取未公开的资料，以及采集、跟踪和验证节事文化活动等数据，这些便利条件能够为本章开展研究提供多种证据来源。

二、案例概况

新会陈皮产自广东省江门市新会区，既是传统的香料和调味佳品，又具有药用价值，形成了独特的核心价值和品牌文化。新会陈皮距今已有700多年的种植取皮历史，记载始于唐朝，盛名于明清时期，目前产品已经行销全国及东南亚、美洲等地区。近年来，新会区政府积极引导当地企业按照市场化规律运作，注重科技创新、产业园区打造，以新型农业经营主体带动规模化发展，稳步向现代农业转型升级。新会陈皮以柑青皮、微红皮和大红皮3种货式为主，涉及生产种植、鲜果交易、精深加工、仓储物流、市场营销、品牌推广、科普教育、文化观光和生物科技等门类，主要的里程碑事件如表4-1所示。2002年，多家企业联合成立了江门市新会区新会柑（陈皮）行业协会（下文简称"陈皮协会"）；2006年，新会柑、新会陈皮双双获批国家质检总局"国家地理标志保护产品"；2011年，新会区获得"中国陈皮之乡""中国陈皮道地药材产业之乡"称号；2017年，新会区现代农业产业园成功列入第二批创建国家现代农业产业园名单，主要目标是创建集成大基地、大加工、大科技、大融合和大服务的"五位一体"特色产业园；2019年，作为广东种植业的唯一代表被编入《全国乡村产业振兴典型案例汇编》，区域公用品牌在第十七届中国国际农产品交易会上获得"国字号"荣誉；2021年，入选国家知识产权局《关于地理标志运用促进重点联系指导名录》公示名单、农业农村部办公厅"全国农业全产业链重点链和典型县"建设名单。目前，新会柑无病毒苗木繁育基地年产能为200万株，标准化种植面积约12万亩，鲜果产量约13万吨，生成陈皮量达7000余吨，陈皮茶单品年产量达到9700吨；新会区已经连续六届举办了"中国·新会陈皮文化节"，弘扬了新会陈皮绿色健康的品质价值、产业价值和投资价值，对现代农业的科技创新、农村产业融合和市场品牌化道路进行了全方位、深层次地诠释。

表 4 – 1　　　新会陈皮 N – MASSC 发展的里程碑事件

时间	事件
2002 年 12 月	成立江门市新会区新会柑（陈皮）行业协会
2006 年 10 月	新会柑、新会陈皮双双获批国家质检总局"国家地理标志保护产品"
2007 年 10 月	通过《地理标志产品新会柑》和《地理标志产品新会陈皮》等省级地方标准
2008 年 6 月	获批国家工商总局"国家地理标志证明商标"
2009 年 10 月	列入广东省非物质文化遗产
2011 年 11 月	举办首届中国·新会陈皮文化节；获批中国药文化研究会"中国陈皮之乡""中国陈皮道地药材产业之乡"国家级殊荣
2012 年 11 月	颁布《"新会陈皮"地理标志证明商标管理实施细则》
2013 年 11 月	获评广东十宝评选活动组委会"广东十件宝"之首
2015 年 11 月	获得中国茶叶流通协会授予新会区的"中国陈皮茶之乡"美誉
2017 年 9 月	入选创建国家现代农业产业园名单
2018 年 5 月	位列 2018 年中国地理标志产品品牌价值百强榜第 41 位（全国累计 2359 个）
2019 年 7 月	新会陈皮产业作为广东种植业的唯一代表被编入《全国乡村产业振兴典型案例汇编》

续表

时间	事件
2019 年 11 月	区域公用品牌在第十七届中国国际农产品交易会上获得"国字号"荣誉
2021 年 11 月	入选国家知识产权局《地理标志运用促进重点联系指导名录》公示名单、农业农村部办公厅"全国农业全产业链重点链和典型县"建设名单

资料来源：本书研究团队根据访谈及行业网站、宣传册、期刊文献等整理而得。

三、数据采集

新会陈皮 N－MASSC 是在多个微观行动主体的推动下取得发展的，因而需要从多个采样点获得资料，为此，研究团队针对选取的案例对象，主要以深度访谈、实地观察、文件档案采集等方式获取数据，保证资料来源超过 3 种，构成证据三角形，以期提高研究结论的准确性和解释力。一方面，以主管部门座谈、龙头企业访谈和观察、果农调查和现场观察等为主，收集一手资料。研究团队先后于 2018 年 12 月和 2019 年 8 月对新会区农业农村局、龙头企业、交易市场以及果农开展了两轮开放式半结构化访谈，访谈的主题内容及受访人员情况如表 4－2 所示。第一轮访谈重点收集政府支持、产业运行、价值绩效、果农介入、种植基地等基本信息，第二轮访谈深入采集产业园区和龙头企业的陈皮加工、科技研发、农村产业融合以及文化价值挖掘等关键事件数据。两轮访谈的内容涉及陈皮的生产种植、科技服务、精深加工、农村产业融合、园区建设、企业运营、市场交易与品牌、仓储配送等领域。每位受访者接受访谈的时间为 30 ~ 120 分钟，研究团队成员在征得受访者同意后进行同步录音，并及时整理成文字，形成转录资料 17.8 万余字。另一方面，以节事宣传册、期刊文献以及受访单位所提供文件等二手资料为辅。从 2013 年柑普茶市场销售开始，研究团队持续关注新会陈皮产业的发展情况，参加了最近三届新会陈皮文化节，获得了政府部门和陈皮协会的相关资料（包括红头文件、实施方案、规划报告）以及公司资料（包括网页、新闻报道和宣传册）10 余套，节事宣传册 5 本，从 CNKI 电子数据库收集了关于新会陈皮的期刊文献 17 篇，共计 23 万余字；还收集了部分新会陈皮及系列陈皮精深加工产品等实物证据。

表 4 - 2　新会陈皮 N - MASSC 访谈主题内容及受访人员情况

序号	职位	访谈内容	访谈次数	访谈总时长
1	政府部门领导	新会陈皮产业发展历程，最近五年成效，具体奖补政策，节事活动，文化宣传，远期发展目标，自我定位	2	4 小时
2	行业协会会长	陈皮协会成立时间，主要职责，入会企业情况，质量检验检测，区域品牌保护，行业鉴定	1	1.5 小时
3	种植基地理事	自然气候，种植品种，种植面积及收成，果农土地流转及合作，植保灌溉手段，农机农技服务，果品销售	2	4 小时
4	龙头企业经理	主要加工产品，品牌营销，市场销售，产品研发，果品收购，增值业务，质量安全，供应链合作，基地建设	3	6 小时
5	交易市场经理	交易规模，游客数量，入驻商家，三产带动，电商物流	3	5 小时

续表

序号	职位	访谈内容	访谈次数	访谈总时长
6	当地果农	承包土地规模及流转情况，个人对陈皮的情怀，子女继承，基地务工，入社入股	4	2.5 小时

资料来源：本书研究团队根据访谈具体情况总结而得。

四、数据分析

在数据分析策略方面，有别于扎根理论等由数据直接归纳理论的分析方法，为更加有效和现实，本章采用预建式编码方式，借鉴社会动员和资源编排理论的现有文献，预先确立了研究问题和目标，结合研究者前设构建了理论构念及维度的初始代码系统，并对原始数据进行多人多轮的循环式编码①，为数据赋予概念和意义，形成"关键词→证据事例→理论模型"的证据链，再通过对案例数据与理论视角的不断对焦和扩展，最终达到理论饱和点（Miles et al.，1994）。具体的数据分析过程包括数据简化（Data Reduction）、数据展示（Data Display）、结论提出与验证 3 个阶段（陈向明，2000；Miles et al.，1994），并在这 3 个阶段与资料收集之间交替循环、互相穿梭，以保证数据充分和逻辑完整，不断充实理论模型。在数据简化阶段，研究团队主要对案例文本资料进行选择、聚焦、分类、摘取与转化，按照不断迭代的

---

① 根据研究惯例和保护隐私，本书出现的所有企业名和人名等均用字母代号作匿名化技术处理。数据来源编码规则为：一手资料用"F＋组织"格式编码，如"FZF"表示政府部门访谈资料、"FQY"表示龙头企业、"FZT"表示家庭农场和合作社等规模经营主体、"FNH"表示单个大户或农户；二手资料都用"SH"统一表示。

代码系统将相同或相近的数据整合在一起，通过维度和类属识别主要构念、关键过程和范式关系。在数据展示阶段，主要是对简化后的数据按照树状节点结构进行汇集，并使用二维表格等图表工具充分展现数据，方便研究团队成员之间开展讨论和分析，确保数据编码及其归类的正确性和一致性，最终形成的主要编码及典型证据如表 4 – 3 所示（完整的初始编码见附录四）。在结论提出与验证阶段，根据现有理论和数据展示结果构建理论模型，力图发现事物的规律、模式、解释、轮廓以及因果关系，检验意义建构的似真性和稳定性，提高理论模型的信度与效度。

表 4 – 3　　　　　新会陈皮 N – MASSC 价值共创过程的
主要编码及典型证据

构念	维度	证据事例（典型援引） （以龙头企业 LGSP 为例）	关键词	条目数
社会动员	行政动员	• 区政府整合财政奖补和项目资金，共投入 4200 万元用于全链科研项目；每年安排 500 万元贴息，组织银行开展"陈皮贷"等合作贷款项目（FZF） • 陈皮协会确定柑普茶为主导产品，并督促成员开展行业自律，协助政府管理地理标志，建立了统一的质量技术标准及检测机制，发布了全球打假公告（FZF）	奖补政策、金融支持、用电优惠、行业自律、地标申报、媒体宣传等活动	13 条
	组织动员	• 如果是单个农民，那就给租金；如果要求入股，也可以 6000 块钱入股分红。另外还可以在这个农场上班，每天 130 元（FZT） • 很多研究生、海归在念完大学后都回来接棒家族的陈皮。年轻人们都知道这个产品有价值、对身体好，这是一个大事业（FZF&FQY）	家族传承、儿时情怀、返乡创业、企业家、新农人等角度	16 条

续表

构念	维度	证据事例（典型援引） （以龙头企业 LGSP 为例）	关键词	条目数
资源编排	资源聚集	• 产业园规划建设了三大种植基地，坚持"依法、自愿、有偿"的原则推动农户土地承包经营权有序流转，目前园区土地流转率达70%以上（FZF） • 新会区以园区为中心打造文旅平台，积极推进"陈皮小镇"建设，推动产业链深度开发，创新产品形态，丰富产业体系（FQY）	气候、水土、种苗、农机、园区、资金、智力、设备、仓储、人脉、技艺等资源	22条
	资源聚变	• 新会陈皮在种植、加工、仓储、消费等方面建立了统一标准，引领全国陈皮品质，结合产业大数据平台建立全供应链可追溯系统（FZF&FQY） • 龙头企业 LGSP 推出自有品牌"侨宝"，其中包括陈皮月饼、陈皮酒、陈皮酱、陈皮茶饮料等6大系列，获得7项国家产品发明专利、2项国家外观专利以及多项金奖殊荣（FQY） • 陈皮村以陈皮文化为核心，通过糅合各种资源，推动新会陈皮产业与旅游、教育、大健康等产业深度融合，形成三产高度融合的产业链供应链发展新格局（FQY）	产品创新、文化传承、仓储收藏、陈皮银行、安全溯源、科技服务、药食茶健同源、精深加工等能力	29条
	资源聚焦	• 经过政府和协会推动，在全社会关注和生产经营者努力下，新会陈皮的药食文化、食俗文化、礼俗文化以及生产经营文化得以发扬光大，龙头企业 LGSP 的陈皮月饼进入国宴而成为"现代贡品"（FZF） • 南方基本是小农国情，但市场不跟你讲小农，想进场就必须遵循市场规律，只能把农业种植作为原料基地环节，由此找准市场定位、增强产品生命力和提高增值，整个过程还要做好风险规避（FQY）	市场开拓、绿色有机、文化品牌、品牌保护、交易市场、物流、渠道运作、市场定位、产品定价等转化	26条

续表

构念	维度	证据事例（典型援引） （以龙头企业 LGSP 为例）	关键词	条目数
共创价值	公共价值	● 2020 年，全国现代农业产业区工作推进会在新会区召开，国家部委以及省市相关部门领导来调研后，都说一个产业强不强、大不大不是以规模来感动别人，而是它的产业业态是否齐全，新会陈皮产业该有的都有了，有了的表现还不错（FZF） ● 新会陈皮产业吸引社会投资超 30 亿元，拥有 12 家龙头企业，加工产品品种 100 多个，相关企业年纳税额超 30 亿元，支付物业租金超 1 亿元，带动陈皮产业就业 5 万人（SH）	政治认同、领导调研、绩效考核、税收增加、解决就业、乡村振兴等价值	13 条
	私有价值	● 2017 年，龙头企业 LGSP 年产值超 1 亿元，年纳税总额超 1000 万元，还在新三板以陈皮为主营业务成功挂牌，获得"新会陈皮第一股"称号（FQY） ● 2019 年，产业园带动全区农民收益超过 10 亿元。其中，加工种植提供劳务收入达 7 亿元，支付农地租金超 1 亿元，实现农民人均增收 1.88 万元（FZF）	企业盈利与上市、果农增收、收藏增值、情怀满足、事业传承等价值	15 条

资料来源：本书研究团队根据访谈及行业网站、宣传册、期刊文献等编码归类而得。

　　需要说明的是，在数据分析过程的每个阶段，都至少有 2 名研究成员参与，背对背独立进行编码、得出结论，如果 2 名成员的处理结果存在不一致的情况，则采取反复商榷或征询第三方意见的方式解决争议，直到最终形成一致意见。此外，为了生动而直观地描述新会陈皮 N – MASSC 的发展经验，本章在案例发现与理论模型部分尽量引用访谈原话，保持案例数据的"原汁原味"。

第四节　案例发现与理论模型

新会陈皮 N－MASSC 已经完成现代化的转型升级，各类行动主体在复杂的产业环境中不断演变进化，以满足市场消费需求为目标，以先进科学技术提升产品多元价值。根据计划行为理论，意愿是影响和决定行为最直接的驱动因素，可以激发行为主体积极参与社会经济活动，也即行为人的参与意愿越强烈，其付诸行动的可能性就越大。接下来，本章将基于社会动员、资源编排和价值共创 3 个构念，结合案例数据析出新会陈皮 N－MASSC 价值共创的因果关系和过程机制，按照"参与意愿→行为逻辑→目标结果"的普适逻辑整合理论模型，深入揭示 N－MASSC 价值共创的内在机理，从而推动乡村产业持续健康发展。

一、双向动员：参与意愿的激发

（一）自上而下的行政动员

行政动员是政府部门依靠自上而下的行政指令展开动员，即上级部门通过总体性支配、行政指令以及行政干预实现对社会的渗透和控制，促使下级部门依托相关资源完成所安排的目标任务。新会区政府高度重视陈皮产业的发展，从 1991 年就开始对遭受黄龙病①侵害的新会柑树苗进行筛选，安排农业相关部门（主要是当年的经济作物局）负责清理带病柑橘树和重新选种，直至 1997 年第一批无病毒育苗繁育出来，至今初步建成了无病毒苗木繁育基地。同时，政府立足于新会柑的绿色种植，积极打造新会陈皮区域公用品牌，鼓励企业以市场为目标，生成陈皮 N – MASSC 大数据"一张图"，实现全供应链的产品质量安全追溯，并委托陈皮协会代表政府通过打假和检验检测加强品牌保护。政府和陈皮协会抓住"双地标"成功申报的契机，举办新会陈皮文化大众论坛、陈皮美食旅游节、小青柑交易会、陈皮博览会等展会和节事活动，尤其是连续六届主导举办了"中国·新会陈皮文化节"，向国内外很好地宣传了新会陈皮品牌。近几年，新会区大力建设新会陈皮国家现代农业园，成立了由区长任组长、分管副区长任常务副组长的建设领导小组，通过"大部制"改革来开展一门式"大服务"，搭建区域农业生产性服务综合平台，制定扶持新型经营主体的奖补政策措施，出台了促进经济发展"黄金十条"及其修订版，切实解决了企业和农户的办事难问题，每年预算安排 500 万元贷款贴息，推动了全国首家农产品金融银行——"陈皮银行"的良性运行。研究团队通过访谈发现，新会区农业农村局陈皮产业负责人从大学毕业后一直从事新会柑种植和市场推广相关工作，对新会陈皮产业具有深深的个人情怀，壮大陈皮产业是他终身的追求。梅江庄园农场主（FZT）说

---

① 黄龙病是一种由亚洲韧皮杆菌侵染所引起的、发生在柑橘上的一种病害，严重影响柑橘的产量和品质，甚至造成柑橘树枯死。2020 年，柑橘黄龙病被农业农村部列入一类农作物病虫害名录。

道，"政府对这个产业的支持很大，农民要感谢政府。纯农业板块的营销是免税的，农产品的粗加工和深加工是肯定按正常的税收政策来进行的，还有这边的水、电、金融会有补贴。农业用电价格是 0. 62 元，比工业用电低一些，这个是公家系统对农业板块的支持"。由此可见，新会陈皮 N – MASSC 的发展得益于政府的超前战略规划和多年的公共服务基础建设，这种自上而下的行政动员通过正向激励和政府力量调动了各部门的积极性，向社会各界传递了陈皮产业优先发展的强烈信号，对建设注入了政策资源和权威，激发企业在政策诱导和资金推动下进场，因而，在中国未来的农业农村现代化建设中，行政动员仍将发挥主要的推动作用。

（二）自下而上的组织动员

"压力型体制内"的行政动员将会导致涉农基层职能部门压力过大、责任过多和负担过重等问题，不仅动员内容不一定能得到龙头企业和广大果农的认可和领会，还可能滋生"等靠要"等懈怠思想，因而需要厘清政府、社会和市场的责任，通过产业内部的组织动员提高当地社会成员的参与热情，让龙头企业和广大果农解决市场竞争中面临的问题。新会陈皮产业的组织动员包括三个方面：一是龙头企业的动员。新会属于著名的侨乡，许多企业家从其他行业跨界过来种植和加工陈皮，多是源于对儿时果园的追忆和对陈皮收藏价值的考量。企业的创建人在接受访谈时提到最多的就是"致富不忘壮大家乡的陈皮产业"，于是选择了回乡入驻产业园区和开办陈皮加工厂，打造"农文旅"农村产业融合平台，为新会陈皮联动第二、三产业提供资本和资源。二是科研院所的合作。新会区政府与中山大学、广州医科大学等高校共建了院士站、博士后流动站和工程技术中心等产学研合作平台，让科研力量深度渗入新会陈皮的柑种植、加工和生物科技等环节，以全方位的"大科技"服务推动产业高质量发展。三是果农的意识转变。很多果农将土地流转给龙头企业或合作社，每亩每年收取高达 6000 元的租金，还可将租金入股参与分红，同时自己在种植基地上班，每天工资超过 130 元，甚至有些新型农人化身职业经理人专门从事果园管理，年薪可达 100 万元。另外，很多受过高等教育的果农子女也很乐意返乡"子承父业"，利用先进理念传承父辈的事业。从电商转行种植果园的农户李健邦（FNH）说道，"很多新会人都对陈皮有特殊的情感。记得小时候，在每年 10～11 月的秋收时节，只要不下雨，大街小巷都在晾晒金黄柑皮，到处弥漫着柑果的香味，由此种下了一个个解不开的陈皮情结。"在当地走动观察时，能够明显感觉到陈皮文化根植于本乡本土，人人都可以如数家珍地描述新会陈皮的种植环境、两刀和三刀取皮法、柑普茶典故等，新会陈皮俨然已经成为新会区的主导产业，整个社会双向动员的广度和深度令人惊叹，社会资本和"城归"人力资本的下乡热情被充分激发，推动着 N－MASSC 的入链强链活动不断推陈出新。

二、资源编排：行动逻辑的递进

全方位的社会动员改变了全体行动主体对新会陈皮的心理状

态、主观态度和价值观，进而为新会陈皮 N – MASSC 的发展储备了大量资源。案例分析证实，目前新会陈皮 N – MASSC 已经吸引了社会各界的高度关注，各类社会组织渗透到产前、产中和产后多个生产经营环节，完全超越了单一行政动员的效果，并未出现后续行为不力或产业政策执行不到位的困境。进一步地，根据"参与意愿驱动资源编排行为"的逻辑，新会区政府大力建设农业基础设施，打造了"五位一体"特色产业园，注重发挥企业的带农惠农作用，通过科学编排各类资源，促进了土地、资本、资金、信息和劳动力等生产要素按照市场规律顺畅聚集、聚变和聚焦，构建了种植、加工、创新和品牌推广等综合动态能力，最终在全供应链实现了价值共创。

（一）资源聚集阶段

该阶段重点在于从全社会获取、积累和丰富各类异质性资源，也包括剥离陈旧落伍的资源，形成结构合理的良性资源池。新会陈皮 N – MASSC 发展所需资源散落于多元行动主体的手中，还没有形成有效的合力，只有对行动主体进行社会动员后，通过建立战略联盟、供应链或社会关系网络，才能在价值创造过程中整合所需资源。案例分析表明，发展陈皮 N – MASSC 的资源形态极其丰富，来源渠道多种多样，甚至还需要从有形资源演化提升为具有某种生产经营能力的无形资源。例如，地理标志保护产品作为支持陈皮产业发展的无形品牌资源，既需要生态绿色的自然资源，也需要特殊而悠久的历史文化资源，并通过口碑的长期积淀和地方政府精心的组织申报才能取得认证许可，之后还要利用大数据进行质量安全溯源，保证地理标志保护产品的公用品牌声誉。此外，要实现新会陈皮 N‑MASSC 的规模化集成化，就需要从果农那里流转土地，以便获得独特的气候和水土资源，还得借助先进育苗技术繁育无病毒苗木，再经过绿色种植和手工取皮，将大部分陈皮进行精深加工，进而获得更高的市场增值，因此，整个供应链"处处皆需资源"。在新会陈皮 N‑MASSC 发展过程中，也经历了资源剥离的抉择。早期有多种新会柑品种用于栽培种植，但受病虫害和台风的影响，目前主要集中于栽培低矮树种，用药也淘汰了传统农药，转向使用一些新型低毒药品。在资金、资源投入方面，柑之林公司董事长（FZT）说道，"我建立柑之林这个公司，柑普茶加工是从小青柑一直做到大红柑，种植加工是一条龙，投资整条供应链需要启动资金大约 1 个亿"；而新宝堂公司创建人（FQY）说道，"其实我们整个陈皮酵素生产的资金投入是两个多亿，包括厂房、人工、科研等，目前这是第一阶段的产品，我们还要继续投入 1.8 亿元。"由此可见，广泛的社会动员为资源聚集创造了条件和可能，经过资源的充分获取、积累和剥离，能够自由而迅速地协作整合为"资源－资源"对或多种资源组合，从而不会因为出现资源瓶颈或资源缺失而错过发展机遇。

（二）资源聚变阶段

该阶段主要包括资源的稳定、丰富和创新等活动，重点在于打造陈皮 N‑MASSC 的综合竞争力，需要从前一阶段形成的资源池中选取并聚合相关资源，使处于静止状态的资源活化为

N–MASSC 发展的驱动力，如质量安全追溯能力、产品创新能力、精深加工能力和市场营销能力。案例分析表明，新会区从全国乃至全球多处地点吸纳资源，建设集成大基地、大加工、大科技、大融合和大服务的"五位一体"特色产业园，将资源引向园区和龙头企业等平台，生产"产品＋服务"等复合产品。在果农土地及种植资源方面，政府部门鼓励"龙头企业＋合作社或基地＋农户"的合作模式，统一新会柑的种植、施肥和打药等环节，从源头保证种植的绿色生态品质；近年来，新会区农业农村局和陈皮协会将主导产品定位为新会陈皮和普洱茶混合制作而成的"柑普茶"，与国内八大知名茶叶厂商强强联合，共同打造品牌生态圈；陈皮协会定期组织开展新会陈皮文化大众论坛、文化节、美食节等活动，倡导入会企业组团参加国内外各类大型展销会，邀请专家学者论道说理，听取社会各界对陈皮产业未来发展的建议和意见，引导新会陈皮 N–MASSC 与时俱进，突破药食同源的局限，拓宽到"药食茶健"四大领域；新会区农业农村局还委托陈皮协会加强对陈皮品质的检验检测，保障种植生态绿色化、加工高效化和市场定制化，建设陈皮仓储和银行相结合的物流金融平台，采用现代化的管理理念和技术手段提升产业竞争力。正如主管部门负责人（FZF）所说："我们从 2005 年开始组织了很多与大学、研究机构、文化机构的研讨会，积累了很多人文、人脉和资历，成为走向产业化一个非常重要的基础。按照这个思路，又从研讨会发展到全国性的论坛，直至影响深远的'中国·新会陈皮文化节'"；柑之林公司董事长（FZT）谈到，"现在新会陈皮的加工产品很丰富，可以跟普洱、白茶、红茶等六大茶类相互搭配。我们企业为大益集团、下关集团、普洱集团、七彩云南等国内知名茶叶企业生产制作柑普茶，整箱拿给他们贴牌销售"。由此可见，通过使园区、龙头企业、合作社（或基地）和产业论坛等多种平台产生化合作用，让所有参与主体开展人际互动、信息共享和知识分享等资源聚变活动，可以使组织起来的资源产生新的产业竞争能力，这种新能力反过来又促进了原能力的提升，螺旋式地催生了其他的新能力，从而化学性地聚变为"资源 – 能力"对和"原能力 – 新能力"对，最终推动各类行动主体不断成长壮大。

（三）资源聚焦阶段

该阶段关键在于按照市场需求，科学合理地对合作伙伴的各种能力进行调用、协调和配置，满足消费者对产品、服务和文化的集成化需求，从而为 N – MASSC 发展赢得竞争优势。案例资料显示，陈皮入药已有上千年历史，清朝大医师叶天仕所开列的著名中医方——"二陈汤"就特别注明要用新会陈皮，可见新会陈皮的定位一直是作为"和药"来满足中医的处方配伍和药料选用；新会是著名的侨乡，陈皮入菜已家喻户晓，丽宫国际食品公司研究开发了陈皮饼、陈皮宴、陈皮茶、陈皮酒等系列产品，其中，陈皮月饼还成为"人民大会堂指定月饼"，正式进入国宴而成为"现代贡品"；新宝堂陈皮有限公司（下文简称"XBT"）是百年老店，不仅加工和销售陈皮，最近还从科研院所和高校获取生物科技资源，利用废弃的柑肉生产陈皮酵素，满足消费者调理肠道、排毒养颜、改善睡眠等大健康服务需求；广东省江门市新会区现代农业产业园最近也鼓励龙头企业紧密结合大健康产业，将陈皮的药用保健功效与调味功能相结合，营造独特的陈皮食养文化；甚至有企业为了满足市场对洗涤用品的绿色环保需求，利用柑核和果肉开发了陈皮洗涤液，实现了新会柑的全果实利用，从而避免了废弃物对种植环境的破坏。正如 XBT 公司创建人（FQY）所说："我们的酵素口服液虽然每支只有 10ml，但所含粗多糖和总黄酮都多于国内一线品牌的同类产品，营养价值是它们的 4 倍以上。根据消费者的大健康服务需求，比如肠道调理、降血压、降血脂、降尿酸以及女士排毒、养颜、改善睡眠等，我们采用生物发酵，不含任何添加剂、防腐剂、香精和色素。"由此可见，资源聚焦就是要根据具体的市场机会和趋势，相机而动地精准调用 N – MASSC 动态能力，进而对这些能力不断协调和配置，以满足市场的个性化需求，从而派生出"能力 – 需求"对，最终铸造 N – MASSC 竞争优势。

三、产业兴旺：多元价值的创造

现代农业通过"产加销""农文旅"等农村产业融合形式推动产业兴旺发展，新会陈皮 N – MASSC 提供了一个真实的观察例证。在社会动员和资源编排的序贯作用下，所有参与主体共同创造了市场和公共服务等多元价值，实现了整个陈皮 N – MASSC 的可持续增长，集中体现为新会柑种植面积、柑皮产量、加工企业数、总产值、品牌价值等绩效指标的逐年提升，具体如表 4 – 4 所示。新会陈皮 N – MASSC 的价值共创成果集中体现在 4 个方面：其一，当地政府主管部门获得了政治认同。政府基层组织的工作业绩得到了上级部门的肯定，在推进乡村振兴战略过程中促进了地方经济的发展。农业农村部、省农业农村厅以及市级领导经常来考察新会陈皮产业建设情况，遇到重大节事活动都会出席并讲话，大大鼓舞了政府基层人员的工作激情。其二，陈皮协会作用凸显。陈皮协会自成立开始，就代表政府部门提供一些准公共服务，如通过加强对新会陈皮的品质保障和检验检测，很好地维护了地理标志保护产品的公用品牌价值；同时，作为会员企业的沟通平台，陈皮协会确定"柑普茶"为供应链主导产品，通过多种途径帮助企业解决研发难题。其三，涉农企业年年盈利。许多企业管理者已经认识到新会陈皮具有较高的文化、药用和保健价值，他们的子女读完大学后也乐意返乡承接父业，新生代的行动主体为 N－MASSC 发展注入了源源不竭的动力。目前，新会陈皮 N－MASSC 拥有 12 家龙头企业，加工产品品种达 100 多种，2021 年全产业总产值达 145 亿元，相关企业年纳税额超 35 亿元，其中，丽宫国际食品公司年产值已超 1 亿元。陈皮村市场股份有限公司作为新会陈皮的农村产业融合平台，带动了 1500 户农户从事陈皮产业化经营，2021 年共同增收超 5000 万元。其四，果农实现增收。新会陈皮 N－MASSC 带动一方农民共同富裕，许多果农充分地分享了经营性、财产性、工资性和转移性等各种收入。根据新会区农业农村局的行业调查数据，2021 年新会陈皮国家现代农业产业园带动全区农民直接收益超过 12 亿元，实现园区农户户均增收 7.5 万元，人均增收 1.88 万元。

表 4 - 4 新会陈皮 N - MASSC 发展指标变化情况

年份	种植面积（万亩）	鲜果产量（万吨）	柑皮产量（千吨）	柑普茶产量（千吨）	总产值（亿元）	品牌价值（亿元）
2014	3.7	4.0	2.0	0.8	12	—
2015	6.0	6.0	3.0	2.0	18	—
2016	6.5	7.0	3.5	4.0	30	37.08
2017	7.0	8.5	4.3	8.0	50	57.28
2018	8.5	10.0	5.0	8.5	66	89.1
2019	10.0	12.5	6.25	9.7	70	126.2
2020	10.5	12.0	6.5	10.0	102	98.21
2021	12.0	13.0	7.0	10.5	145	101.2

资料来源：本书研究团队根据访谈及行业网站、宣传册、期刊文献等整理而得。

根据上述基于"意愿—行为—结果"逻辑的案例分析可以发现，新会陈皮 N - MASSC 已经形成了"政府引导、协会推动、企业经营、果农参与"的多方互动格局。一条清晰的供应链价值共创故事线浮现出来，将新会陈皮 N - MASSC 的价值共创模式做适当拓展，就可以整合获得 N - MASSC 价值共创的过程机制，具体如图 4 - 1 所示。首先，通过双向的社会动员，所有行动主体达成了高度一致的资源投入意愿，在全社会范围内为新会陈皮 N - MASSC 注入了发展活力；其次，供应链所需的各类人力、社会和经济资源，需要进行科学编排，遵循"聚集→聚变→聚焦"的编排路径，每个阶段分别产生"资源－资源""资源－能力""能力－需求"的配对，通过将资源转化为能力满足市场需求；最后，建成了高效的集"种植、加工、金融、物流、电商、文化旅游"于一体的 N－MASSC 协同体系，形成了多元价值共创的产业兴旺格局。

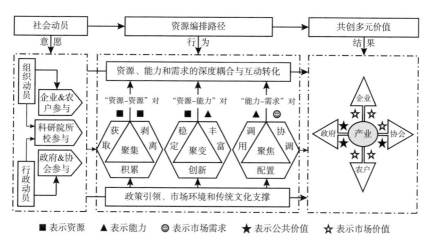

图 4－1　N－MASSC 价值共创过程机制

第五节　研究结论与政策启示

　　新会陈皮 N－MASSC 的价值共创过程主要体现为行动主体通过有序互动，共同将各种资源转化为全链动态能力，满足市场需求，从而实现共创价值的多元统一。该案例贯彻了乡村产业兴旺的建设理念，立足于乡土特色农产品的"产品＋服务"组合，让第二、三产业主动"接农"，大力发展后续精深加工、文化旅游、大健康等产业链供应链体系，连农带农惠农效果明显，龙头企业和合作经济组织也找到了长久的事业，这是乡村振兴战略的有益尝试。

本章的研究结论透析了区域产业视角下 N－MASSC 价值共创过程的理论"黑箱"。第一，小农户有效衔接了现代农业，而不是被挤出。许多学者认为龙头企业的入场会对农户产生"挤出效应"，导致小农户与现代农业的衔接失效，然而通过全方位动员，尤其是果农动员，可以为农业产业化发展营造良好的氛围，使农业产业链供应链增加更多更优的就业岗位，给农户以及新生代的新型农民提供多元价值创造和分享的机会。第二，新会陈皮 N－MASSC 价值共创的发展经验回应了业界关于"同样有资源而发展结果迥异"的疑惑。N－MASSC 资源包括自然气候、土壤水质、历史人文、地理标志等，其中，绝大多数资源具有鲜明的独特性，但要想在现有资源基础上赢得持续的竞争优势，还需要跨界聚集全链内部和外部资源，使资源聚变为全链发展的核心竞争力，精准聚焦市场客户的个性化需求，真正发挥市场机制在资源配置中的决定性作用。第三，政学两界关于"现代农业必须走农村产业融合道路"的结论得到了验证。在农村产业融合的过程中，既要在发展农业生产的基础上培育新产业新业态、完善供应链体系，又要利用发达的非农产业全面提升 N－MASSC 价值。

基于上述研究结论和理论贡献，可以得到如下政策启示：第一，地方政府在推动 N－MASSC 发展时，应该打好"行政＋组织"双向动员的组合拳，此过程本身就是在宣传和培育产业链供应链，从而调动各参与主体的主动性和积极性；第二，政府相关部门应该注重特色农产品的市场需求，合理编排自然、人力、社会和经济等资源，创造供应链动态能力，深挖全链潜在价值，而不能仅仅停留在初级产品层次上；第三，政府和行业协会应结合地方特色、自然生态、历史文化等先天优势定位供应链主导产品，只有跨界融合区域外部互补资源，加强本地人才培养和培训，才能通过涉农企业受益和农户稳步增收发展可持续性产业。

第 五 章

龙头企业主导下 N–MASSC
价值共创机制设计

上一章从区域产业中观层面探讨了 N–MASSC 的价值共创过程机制，发现通过双向社会动员和"聚集→聚变→聚焦"资源编排，就能催生"共生共赢共享"的 N–MASSC 协同体系，从而实现全链多元价值共创。本章将进一步从龙头企业微观层面，以赋能理论作为参照视角，采用纵向探索性双案例研究方法，系统呈现多元行动主体赋能龙头企业的成长过程，并揭示龙头企业主导下 N–MASSC 价值共创的过程机制，从而综合中观和微观两个层面，实现对 N–MASSC 价值共创机制的全方位透视。

第一节 引 言

充分挖掘乡村在种养、食品、技艺和文化等方面的独特资源禀赋，全面延伸农产品供应链，培育县域经济发展新动能，能够深度发掘乡村功能价值，从而带动农民增收、助推乡村产业振兴。N－MASSC 以特色农产品为依托，注重物理资源禀赋与科技、营销、金融、物流等现代服务业的联动，强调三产共生融合发展。在县域地方政府招商引资时，倾向于将农业产业化国家重点龙头企业（下文简称"国家重点龙头企业"）作为 N－MASSC 核心主体，这样可以充分整合供应链各类资源，以便深度利用这些企业的资金、技术、社会资本等资源优势，推动现代农业不断做大做强。例如，福建圣农集团延伸肉鸡养殖产业链，构建"企村"双赢机制，拉动了县域经济发展，实现了工业反哺农业；广东温氏集团建设特色肉猪生态养殖小区，采用"公司＋党支部＋专业合作社＋村集体＋贫困户"模式，带动了贫困农户增收，加快了脱贫攻坚进程（刘源等，2019）。值得一提的是，在 N－MASSC 的发展实践中，与国家重点龙头企业相比，县域本土龙头企业（下文简称"本土龙头企业"）尽管拥有的资源和能力相对薄弱，但以"扎根本土、借助外力"等别样的方式带动了农户增收、企业增效和产业增值，对打造"一村一品""一镇一特""一县一业"做出了突出贡献。因此，在本土化资源约束情境下，进一步探索龙头企业主导下 N－MASSC 价值共创过程机制具有重要的现实意义。

学界高度关注农业龙头企业在解决"三农"问题中的带动作用，取得了诸多研究成果。李世杰等（2018）以三亚海源实业有限公司为例，分析了行动主体以及"公司＋农户"组织模式中的关系取向与利益机制，揭示了引起"公司＋农户"组织模式演变与制度安排变化的内在因素；刘源等（2019）以福建圣农控股集团有限公司和广东温氏食品集团股份有限公司两家龙头企业为例，通过研究发现，龙头企业可以通过纵向整合农业资源，在实现自身经济价值的同时创造社会价值，从而惠及产业链上的合作主体，为发挥农业龙头企业在乡村振兴中的带动作用提供了理论支持和实践指导；陈美球等（2020）构筑了具有主体多元性、开放包容性和共建共享性等特征的龙头企业与小农户命运共同体，通过江西省绿能农业发展有限公司的实践发现，如果明确各主体的角色定位并且做到相互信任与充分嵌融，就能发挥龙头企业的带动作用。显然，现有研究更多聚焦于实力雄厚的国家重点龙头企业，本土龙头企业却成为学界关注的盲区。究其原因，主要是县域发展缺乏资金、技术、人才等稀缺资源，导致本土龙头企业面临融资难、吸引优质要素难、风险防范机制薄弱、知识型员工短缺等困境（姜长云，2020；杨兴龙等，2020）。为此，本土龙头企业如何打破资源瓶颈？如何带动农户、科研院所、服务组织等合作行动主体实现 N – MASSC 价值共创？这些问题亟须得到学界高度关注。

为打开龙头企业主导下 N – MASSC 价值共创过程机制的理论"黑箱"，本章将采用纵向探索性双案例研究方法，选取 XBT 公司和重庆派森百橙汁有限公司（下文简称"PSB"）两家本土龙头企业为案例，基于赋能理论和价值共创理论，按照"条件—行动和互动—结果"的分析框架，对搜集的一手和二手资料进行分析，从本土龙头企业的微观视角开展研究，可为县域 N – MASSC 共生发展提供新思路。

第二节　理论背景与研究视角

一、赋能理论视角的引入

赋能理论（Empowerment Theory）意指借助外部力量使得接受对象能够获取发展所需的权利、资源和能力，最早源于"授权赋能"这一概念，后续频繁应用在农业、商业、信息服务业等多个研究领域。所罗门（Solomon，1976）提出赋能是社会工作者与案主共同参与的活动，其目的是降低弱势群体的"无权感"；曼尼埃罗（Mainiero，1986）主张以员工赋能为中心，通过一系列权力授予和下放，可以激发员工的主动性，从而更好地服务于客户；斯莱特（Slater，2001）发现通过都市农业赋能，低收入的城市家庭女性可以建立自己的社会网络，获得社区安全感和发展机会等积极的社会效应。

自京东、阿里巴巴、腾讯等提出了各自的赋能理念和平台模式之后，"赋能"成为学术研究领域中的高频词汇，其关注点也逐渐从员工个体、组织内部转移到组织间、产业间，赋能的对象、方式、机制受到了较多关注。从赋能对象看，阿卡尔等（Acar et al.，2016）认为顾客赋能是指通过授予顾客更多的主动权而形成的良性互动关系；周文辉等（2017）论证了战略创业是一个基于员工与顾客赋能的价值共创过程，包括给员工结构赋能

（试点阶段）、给团队领导赋能（复制阶段）、给员工与顾客心理赋能与顾客赋能（进化阶段）；黄砺等（2015）指出，政府对农户的农地还权赋能改革能够促进农地产权由模糊渐进向清晰迈进，减少农地租值的耗散，从而为农民长效增收机制奠定坚实的产权制度基础；刘承昊（2019）主张地方政府在提升自身产业主导作用的同时，更需要回归电商链源头，以互联网技术为新要素赋能乡村产业的长远发展；谢新水等（2019）指出政府既可以通过规划赋能、共享信用信息赋能、诚信教育与诚信文化建设赋能3种方式，提高社会信用建设主体活力，形成完善的社会信用体系结构；还可以通过法的赋能来突破社会信用体系建设的瓶颈。从赋能方式看，赖特等（Wright et al.，2016）指出由于增值农业的构成范围复杂多样，在为女性提供独特赋能环境时，需要经常谈判协商；穆罕默德（Mohammad，2020）发现，通过收集顾客的需求和期望，同时满足这些需求和期望并且引入新的服务来提升顾客使用产品的感知水平，就可以实现顾客赋能，并证明了顾客赋能对顾客满意度有显著影响；孙新波等（2018）引入赋能概念，从数据驱动的视角构建了制造业企业通过数据赋能实现敏捷制造的过程模型；张媛等（2020）将品牌赋能解析为组织通过学习实现知识的转化、消化和利用，最终提升品牌价值以及品牌身份构建能力、品牌渗透能力和品牌涵化能力的过程。从赋能机制看，奥赫等（Auh et al.，2019）发现客户参与将会实现顾客赋能，顾客赋能将影响企业的客户保留率和盈利能力；阿尔塔夫等（Altaf et al.，2019）证明了品牌赋能是以品牌心理所有权、员工品牌意识为中介，作用于员工的行为，以达到品牌一致性；

罗仲伟等（2017）从前提、过程到结果的基本逻辑出发，主张赋能通过能力支持、收益共享、自驱动和共同成长 4 种机制体现；郝金磊等（2018）以滴滴出行平台和猪八戒网为研究对象，将赋能理论与价值共创理论对接，构建了赋能实现的过程机理；刘平峰等（2021）主张通过资源的深度整合，为主体赋予生产、竞争与创新能力，实现产品升级和服务提升，进而提升企业价值；缪沁男等（2022）研究发现，服务型数字平台赋能机制的形成遵循"需求确定—业务布局—赋能实现"的逻辑路线，在整个发展过程中，数字化赋能机制呈现"协同赋能—生态赋能—场景赋能"的动态演化规律。

综观赋能理论的前期研究成果，赋能对象有顾客、农户、乡村产业等，赋能方式有增值农业赋能、顾客赋能、品牌赋能等，赋能机制也多种多样，以上这些成果为深入探究 N – MASSC 价值共创的内在机理提供了扎实的参照理论。本章拟将合作行动主体对本土龙头企业赋能作为 N – MASSC 的行为模式基准，预先界定部分赋能方式与机制构念如下：第一，要素赋能。要素赋能是指政府、供应商、农户等合作行动主体为龙头企业提供土地、设备、劳动力等生产要素，使其突破农产品原料方面的资源瓶颈，实现原料获取能力的提升（Slater，2001；刘源等，2019）。第二，科技赋能。科技赋能是指通过科学技术（苗木繁育、生物科技、信息技术、大数据技术等）的应用，实现被赋能龙头企业生产加工尤其是精深加工能力的提升（何宇鹏等，2019；沈费伟，2020）。第三，品牌赋能。品牌赋能是指企业通过提高产品质量、整合营销渠道、利用品牌文化等行为建设品牌，实现 N – MASSC 公用品牌辐射能力的提升（Altaf et al.，2019；张媛等，2020）。第四，政策赋能。政策赋能是指政府通过政策制定为被赋能主体营造合适的氛围与发展环境、提供发展指导及基础设施等软硬件资源，实现被赋能主体能力的提升（谢新水等，2019）。

二、价值共创理论视角的引入

价值共创理论成为近年来的研究热点，经历了从重视消费者以投入参与共创过程，演化发展到关注整个产业链供应链的价值共同创造。普拉哈拉德等（Prahalad，2000）很早就关注消费者对企业价值主张的协同效应，提出了基于客户体验的价值共创理论。随后，针对商品主导逻辑解释力的不足，瓦格等（Vargo et al.，2004）开创性地提出和完善了服务主导逻辑，将资源划分为有形的对象性资源（如机器设备、土地、原料等）与无形的操作性资源（如知识、技能、解决方案等），认为企业与合作伙伴在特定情境下，通过资源整合和服务交换就可以实现价值共创；古梅松等（Gummesson，2010）发现对话、知识转移和组织学习等网络互动环节可以通过资源整合与匹配促进价值共创；狄克曼等（Diekmann et al.，2019）指出 CSA（社区支持农业）成员关系遵从一个特别的价值模式，即 CSA 成员高度认同自我超越和对变化持开放态度；巴里尔等（Barile et al.，2020）在服务生态系统交换资源和知识的背景下，识别了价值共创和持续创新的主要使能维度和战略驱动力；英达等（Indah et al.，2021）主张利用生产加工副产品提高可可豆的附加值，从而让农户获得多样化的增值份额。

国内研究中，简兆权等（2016）也认为价值共创是一个通过服务交换和资源整合而共同创造价值的动态过程，其研究视角从企业和顾客的二元互动转变为多个社会经济参与者的动态网络互动；杨学成等（2016）将价值共创视为共创系统中各参与主体在协同合作中满足利益需求的活动。随后，在现代农业领域涌现了一批价值共创研究成果。张月莉等（2018）识别了农业集群品牌经营主体价值共创行为的知觉行为控制、共创态度、主观规范、共创意愿等驱动因素；刘刚等（2020）认为，农业龙头企业如果提出切实的价值主张、积极推动价值创造、实现与各利益相关者的价值共享，就能够推动农业产业生态系统持续升级；张月莉等（2022）主张农业集群品牌价值实现需要品牌运营者联合利益相关者共同创造，而社会资本可以推动集群开展品牌与政府、品牌与产业链以及品牌与消费者 3 个界面的互动合作活动。

本土龙头企业带动整个 N – MASSC 实现价值共创，重点在于农产品与农业服务在供应链层面的融合，发端于共同的价值主张，通过服务交换和资源整合而共同创造市场与公共价值。文献分析表明，N – MASSC 的价值共创理论不再囿于单个企业层面，而是扩展到综合考虑了行动主体的价值主张、价值创造和价值获取过程，这就为探索龙头企业主导下 N – MASSC 价值共创过程机制提供了研究机会。基于此，为了便于后续的案例分析与讨论，本章界定 N – MASSC 的资源和能力如下：一方面，资源可以分为对象性资源、操作性资源和组合性资源（Vargo et al.，2004、2008）。其中，对象性资源包括原料、设备、土地、门店等；操作性资源包括品牌、工艺、知识、技能等；组合性资源是对象性资源与操作性资源的快速结合和配置，更多体现为整体解决方案的规划设计和运营实施所需资源。进而，资源瓶颈是指本土龙头企业在种植、加工、销售等活动中受到土地、原料、技术、资金、品牌等单项或多项关键性资源不足的限制，不得不寻求外部赋能以获取所缺乏资源的状态。另一方面，价值共创能力可以分为原料获取能力、品牌辐射能力、精深加工能力和跨界配置能力（Baker et al.，2005；苏敬勤等，2017）。其中，原料获取能力是指本土龙头企业克服生产或种植困难，获取农产品原料等对象性资源的能力；品牌辐射能力是指本土龙头企业为产品注入文化内涵以及将传统文化元素融入包装设计等操作性资源，从而提升品牌影响力和美誉度的能力；精深加工能力是指龙头企业获取研发创新知识、加工制作工艺等操作性资源进行产品研发与加工的能力；跨界配置资源能力是指本土龙头企业获取支持政策、解决方案以及现代服务等组合性资源进行农村产业融合发展的能力。

在外部合作行动主体充分赋能的情境下，被赋能的本土龙头企业如何突破资源瓶颈和升级价值共创能力，进而带动 N－MASSC 实现多元价值共创共享？这一问题迫切需要学界深入解密蕴含其中的理论"黑箱"。为此，本章选取柑橘产业两家本土龙头企业为案例，利用赋能理论与价值共创理论，按照"资源瓶颈（条件）—动态赋能（行动和互动）—价值共创（结果）"的分析框架，力图弥合龙头企业主导下 N－MASSC 价值共创过程的研究缺口，建构龙头企业主导下 N－MASSC 价值共创过程机制模型，为高质量提升县域经济质量效益和竞争力提供新的经验证据和可行路径。

第三节 研究设计

一、研究方法与案例选择

针对正在发生的、外部难以进行控制的 N – MASSC 共生发展新现象，本章采用纵向探索性双案例研究方法探寻龙头企业主导下 N – MASSC 价值共创过程机理。一方面，当对一个研究领域缺乏认识或以新视角进入时，案例研究会具有启发性（Eisenhardt et al.，2007），且通过归纳式案例研究，可以从质性资料中发现潜在逻辑，建构新的理论模型，以深刻理解现实中出现的新现象，清晰地解释"how"类型的问题（Yin，2014）。另一方面，本章的研究对象是 XBT 和 PSB 两家本土龙头企业在生命周期不同阶段的价值共创活动，每个阶段的"被赋能"方式具有明显的共性和差异，对此开展案例内分析和跨案例比较研究，对同一现象进行相互印证、相互补充（李亮等，2020），有助于回答与解构 N – MASSC 的价值共创实现路径，获得更具准确性和普适性的研究结论，而双案例研究适合剖析价值共创过程中的"条件—行动/互动—结果"动态因果关系。因此，本章适宜采用纵向探索性双案例研究方法，从微观层面设计有效的 N – MASSC 价值共创机制。

为了发展和发现 N – MASSC 价值共创理论，本章遵循典型性和理论抽样的原则（Eisenhardt et al.，2007；Yin，2014），选择 XBT 和 PSB 两家本土龙头企业作为案例研究对象，具体理由如下：一是案例选取应具有典型性。区别于实力雄厚的国家重点龙头企业，两家案例企业长期扎根于县域甚至乡镇，依托外部合作行动主体的动态赋能，不断突破资源瓶颈限制，从而实现供应链的价值共创，因而能够完整刻画本土龙头企业的"带动"经验。二是案例选取应满足理论抽样的原则。XBT 始终保持敏锐的市场嗅觉，以企业品牌建设和推广吸引消费者关注，具有明显的市场拉动特征；PSB 围绕特色主营产品开展种植、加工与销售等经营活动，通过开发"产品＋服务"组合满足消费者的多样化需求，具有明显的产品推动特征。二者在发展过程中都面临资源瓶颈，需要通过"被赋能"集聚外部异质性资源，进而提升核心竞争能力，从而获得 N – MASSC 价值共创的效果。可见，以 XBT 和 PSB 为案例对象，与本章的研究主题非常吻合。三是案例数据应具有可获得性。两家案例企业的创始人因为家族世代传统或自身独特经历，对柑橘产业始终报以浓烈的乡土情怀，得到了国内媒体和学术界的持续关注，从网络、数据库、传记等公开渠道可以获得较长年份内的回溯性数据。同时，研究团队与企业管理层建立了紧密的业缘关系，便于开展半结构化访谈和实地观察，这为本章提供了严密的数据三角证据条件。

二、案例描述与阶段划分

XBT 的主要经营范围包括新会柑种植、陈皮批发、食品研发和深加工、连锁专卖、电子商务及生物科技等综合业态，为市场提供新会陈皮、陈皮酵素、柑普茶、陈皮酒等高端产品，具有深厚的品牌文化底蕴。1989 年，XBT 陈皮批发部（XBT 前身）在广东省江门市新会区成立，开始从事陈皮初级加工、收购与批发业务；2004 年，XBT 陈皮批发部吸收优秀新生力量陈柏忠（后文中的受访者 A1）加入，为品牌注入新鲜血液；2008 年，XBT 陈皮有限公司正式完成工商注册，开始代理销售陈皮梅、九制陈皮等休闲健康食品，打破了产品单一的局面；2011 年，伴随线下门店数量的不断增加，XBT 开始创立线上"岭南 XBT"旗舰店，并自建食品加工厂，生产陈皮梅、陈皮酒等食品，开发新会陈皮溯源系统保证产品可靠性，迈向了第一、二产业的融合发展；2014 年，XBT 针对微信平台巨大的用户群体，推出了微信微店，进一步提升产品线上覆盖率；2015 年，XBT 敏锐捕捉消费者的大健康服务需求，与科研院所合作，用生物科技研发陈皮酵素；2020 年，XBT 携手软银（中国）控股有限公司建设陈皮谷田园生态产业智慧城综合体（下文简称"陈皮谷"），全方位推动农村产业融合发展。

PSB 以 NFC 橙汁①为特色主营产品，是国内第一家 NFC 橙汁生产商，目前已经打造成为集"技术研发、种植养殖、农产品初加工深加工、市场销售、研学旅行策划"于一体的完整供应链。1995 年，重庆三峡建设集团（PSB 前身，下文简称"三峡集

---

① NFC 橙汁即非浓缩还原橙汁（Not－From－Concentrate，NFC），是一种集高精尖技术于一身的果汁生产工艺：将鲜橙原果清洗后压榨出果汁，经瞬间杀菌后直接灌装，完全保留了水果原有的新鲜风味。

团")开始在长江三峡库区从事柑橘产业化项目开发,而后与世界五百强美国施格兰公司合作,突破了柑橘育苗与种植的诸多技术难关,形成完整的柑橘种植养护技术体系;2004年,三峡集团独立建成了年加工柑橘5万吨、年产橙汁2.4万吨的中国第一条NFC橙汁加工线,生产出第一杯PSB NFC橙汁,并在年底正式注册为"重庆PSB橙汁有限公司";2007年,在经过多轮的试产试销后,PSB NFC橙汁正式登台大型宴会场合,为重庆直辖十周年献礼;2008年,在经过三年的全流程考察溯源后,PSB NFC橙汁成为国宴接待饮品和重庆市公务接待指定饮品之一;2011年,PSB历经6年及数千次实验,终于攻克皮渣循环利用技术,建成9000余平方米皮渣中试工厂;2016年,PSB建成中国柑橘文化时空馆,开始尝试走三产融合的发展道路;2020年,PSB由重庆忠县政府指定负责运营三峡橘乡田园综合体(下文简称"橘乡园"),由此迈入乡村休闲旅游领域。

本章遵循纵向探索性案例分析的惯常处理方式,以导致"资源瓶颈、赋能方式和价值共创绩效"等研究构念发生剧变的关键事件作为阶段划分标准(吴晓波等,2019;郭芸芸等,2019),把案例企业所在 N - MASSC 的价值共创演进历程分为初创起步期、持续成长期和融合发展期3个阶段(见图5-1)。XBT 在价值共创过程中,始终以市场需求为先导,先后进行了改传统批发为陈皮零售专卖、陈皮系列产品加工、陈皮酵素生物萃取以及陈皮谷运营打造的系列转型升级,在产品品牌建设、研发加工、非遗传承、大健康服务等方面亮点突出,融合了一条"从田间到客户"的全供应链;PSB 在价值共创过程中,始终以核心产品为原动力，先后进行了育苗繁育和果园建设、自建橙汁生产线及皮渣处理技术以及运营打造橘乡园的系列转型升级，在种植育苗技术、产学研合作、采摘榨汁、农旅康养融合等方面亮点突出，延伸了一条"从一粒种子到一杯橙汁"的全供应链。总之，本章界定初创起步期为企业进入农业领域从事初级农产品生产经营的阶段，界定持续成长期为企业进入农产品加工业从事精深加工或品牌连锁经营的阶段，界定融合发展期为企业进入农村产业融合发展的阶段。在各个阶段，两家龙头企业都曾经面临各种资源瓶颈，并积极寻求外部合作行动主体的动态赋能，从而通过"农产品 + 加工品 + 现代农业服务"实现 N‑MASSC 的价值共创，最终提升了县域经济发展的成色。

图 5-1　本土龙头企业发展典型事件及阶段划分示意

三、数据采集与分析策略

N‑MASSC 行动主体众多，价值共创过程时间跨度较长，因而需要研究团队通过半结构化访谈、实地观察、二手资料采集等多样化方式获取案例资料，保证案例数据的相互补充和三角验证，从而确保研究结论的准确性和解释力。

（1）以半结构化访谈和实地观察为主，采集了 XBT 和 PSB 引领价值共创的一手资料。研究团队先后于 2018 年 12 月、2019 年 8 月和 2020 年 11 月赴 XBT 开展了 3 次深入的面对面访谈，并实地观察了种植基地、展示厅和陈皮酵素生产线；于 2019 年 6 月和 2020 年 11 月赴 PSB 开展了 2 次深入的面对面访谈，并实地观察了蔬菜园、橙汁加工线和柑橘文化时空馆，访谈内容涉及柑橘 N－MASSC 的原料生产、科技服务、精深加工、市场营销与品牌建设、农村产业融合等领域，具体的访谈内容及受访人员情况如表 5－1 所示。在每次进入企业访谈之前，研究团队预先收集和阅读大量来自期刊、书籍、报纸和网络的案例资料，围绕研究问题预设相关访谈问题，为现场访谈顺畅开展做好充分准备。在每次进入案例企业生产经营现场后，研究团队都有 3～4 名成员参与，由一名成员主导提问和追问，其余成员辅助提问和详细记录，对每位受访者的单独访谈时间介于 60～90 分钟之间，其余时间用于对企业展厅（馆）、生产设备与产品、种植基地、农户采摘的实地观察，现场调研活动更多的是"边访谈，边观察"。此外，研究团队在预先征得受访者同意后进行全程同步录音，在访谈结束后立即展开内部讨论，对不清晰的录音资料主要通过微信和电话的方式回访相关人员，对疑点或矛盾之处进行修正和补漏，并于两天内将所有录音转录成文字，截至目前，两家案例企业共形成转录文字资料 10 万余字。

（2）研究团队以期刊文献、企业传记和公司资料为辅，收集了 XBT 和 PSB 引领价值共创的二手资料。研究团队自 2016 年开始持续关注和追踪柑橘 N－MASSC 的转型升级，从政府主管部门获得了柑橘产业发展的红头文件、实施方案和规划报告共计 10 余套，从 CNKI 电子数据库收集了相关期刊文献 70 余篇，获赠了企业传记 1 本（与 XBT 有关的《陈皮世家》），多渠道收集了公司资料（包括网站资讯、电商平台评价、新闻报道和宣传册）10 余套（共计 20 万余字），还购买了部分 XBT 陈皮系列产品和 PSB 橙汁等实物。

表 5－1　　　　案例企业访谈的主题内容及受访人员情况

案例企业	编号	职位或职业	性别	年龄	访谈内容	访谈人次	访谈总时长
XBT	A1	董事长	男	46	种植基地、产品系列、带农政策、技术研发、品牌建设、产业振兴、企业荣誉、企业绩效	2	3 小时
	A2	科技研发经理	女	49	产学研合作、合作机构、生产工艺、生物科技	1	2.5 小时
	A3	种植基地理事	男	48	自然气候、种植品种、面积及收成、果农土地流转、植保手段、农技服务、果品销售	1	3 小时
	A4	展示厅导购	女	29	陈皮晾晒鉴定、产品系列、商品包装、酵素功能	2	3 小时

续表

案例企业	编号	职位或职业	性别	年龄	访谈内容	访谈人次	访谈总时长
PSB	B1	总经理	男	48	果园建设、产品序列、带农政策、榨汁工艺、品牌建设与推广、农村产业融合、企业荣誉、企业绩效	2	5 小时
	B2	蔬菜园负责人	女	45	种植情况、游客数量、销售模式、大棚种植技术	1	1.5 小时
	B3	时空馆导游	女	32	企业历程、柑橘典故、各级领导关怀、柑橘品种	1	2.5 小时
	B4	物流部门主管	男	31	冷链流程、运输规模、辐射市场、合作方式	1	1.5 小时

资料来源：本书研究团队根据访谈具体情况总结而得。

在数据编码思路方面，研究团队采用三级编码方案（Miles et al.，1994），形成"关键词→证据事例→理论模型"的证据链。首先，研究团队对所有原始资料进行审核校对①，并识别出两家案例企业发展演变的主要历程和关键事件。其次，根据理论文献和产业实际，结合研究者预先设置的初始代码系统，投入四位研究人员选择、聚焦、转化原始数据，提炼构念的相关维度，生成一级条目库。再次，合并、分类并建立一级条目之

---

① 根据研究惯例和保护隐私，本书出现的所有企业名和人名等均用字母代号作匿名化技术处理。数据来源编码规则为：一手资料用表5-1的编号代替；二手资料（如期刊文献、企业传记和公司资料）都用"SH"统一表示。

间的内在联系，形成资源瓶颈、赋能方式和共创能力等二级条目。遇到编码不一致的情况，展开内部讨论或征求外部专家意见，直到达成统一的二级编码意见。最后，基于已有的构念及它们之间的关系，寻找案例龙头企业的"故事线"，系统整合前两个阶段的编码结果，开展三级编码，形成核心构念及关系连接，构建 N – MASSC 价值共创理论模型，得到严谨而有价值的研究发现。

在数据分析过程方面，采用案例内与跨案例分析的范式（Eisenhardt et al. ，2007；毛基业等，2017）。一方面，在案例内分析时重点论证案例企业在各个发展阶段所产生构念的维度及内在关系。具体而言，研究团队按照案例企业发展历程的阶段划分，着重分析它们在 N – MASSC 价值共创过程中面临的资源瓶颈、采用的赋能方式和生成的价值共创能力的子构念及它们之间关系的事实证据，拓展和建立构念及构念之间的逻辑关系，并通过二维表格等图表工具充分展现数据与子构念的关联。另一方面，在跨案例讨论时注重对比相似构念，凝练和升华构念之间的关系。在不同企业的相同阶段内进行反复对比，寻找构念的共性和差异，基于复制逻辑构建两家案例企业的价值共创过程模型，不断与数据、现有文献及理论对话，提出相应的理论命题，直至理论达到饱和点，最终拓展赋能方式和资源行动对价值共创的作用机理。

第四节 案例内分析及发现

本部分将根据前述的案例企业发展演化阶段划分，归纳展示每个企业在初创起步期、持续成长期和融合发展期3个阶段的资源瓶颈、采用的赋能方式以及生成的价值共创能力，分阶段解读N‑MASSC价值共创过程，为后续跨案例讨论奠定基础。

一、初创起步期：农业资源业内捏合的价值共创

在初创起步期，两家案例企业围绕当地的特色优势农产品开展业务，但市场销售或生产加工所需的农产品相当匮乏。在此情形下，两家企业认真研判自身的资源机会和来源，积极向外部合作行动主体寻求要素赋能，提高了基础性的原料获取能力，实现了与政府、农户等合作行动主体共同创造价值，具体的价值共创过程编码结果如表5‑2所示。

（一）XBT在初创起步期的价值共创过程分析

在1989~2007年，XBT主要面临优质新会柑（陈皮）等农产品原料的供给瓶颈。XBT陈皮批发部依靠祖传的陈皮鉴定与储

存技艺从事陈皮初级加工、收购与批发业务，后期逐步转向零售专卖，无论是批发还是零售专卖，始终离不开优质新会柑的供给。虽然 XBT 陈皮批发部预先与农户签订了柑橘收购合同，但经常遇到农户为了卖高价而违约另卖他人；XBT 陈皮批发部欲自建规模化种植基地，却难以在新会区内转入大片土地，新会柑的市场供给存在较大缺口。正如陈董事长（A1）在受访时说道，"在新会柑市场行情向好时，常面临果农毁约，只好到别处以高价收购。"

表 5 – 2　　　初创起步期案例企业主导下 N – MASSC
价值共创过程编码结果

案例企业	资源瓶颈及事实证据	赋能方式及事实证据	共创能力、绩效及事实证据
XBT（1989～2007 年）	资源瓶颈表现为新会柑（陈皮）供给不足。例如：①尽管提前和农户签订了收购书面协议，但市场行情好时，农户经常高价卖给别人，就只有到别处收购价格贵的柑子；②1993 年新会区的种柑面积只有约 2000 亩，与历史上的种柑面积最多的时候相比，差距很大，造成新会柑供应极不稳定	赋能方式表现为土地和种苗要素赋能。例如：①采用"公司+合作社+农户"、土地流转以及订单合作等模式，解决了新会柑种植用地不足问题；②将黄龙病爆发后未受感染而存活的柑橘树拿来育种，增强新会柑抗病能力	陈皮原料获取能力促进了多家果农增收，创造了多种就业岗位。例如：①2007 年新会柑种植面积达 3000 亩，总产量达 4500 吨；②XBT 平均每年向农户支付约 1000 元/亩的土地流转费用，每月向取皮和晾晒的工人支付工资约 2500 元/人

续表

案例企业	资源瓶颈及事实证据	赋能方式及事实证据	共创能力、绩效及事实证据
PSB（1995～2004 年）	资源瓶颈表现为忠橙①供给不足。例如：①忠橙刚开始都是散户种植，三峡集团决定开展果园标准化、规模化种植，但缺少种苗和成片的土地；② 2003 年，由于果树尚未挂果，三峡集团虽已完成建厂，但缺乏原料投入	赋能方式表现为土地和种苗要素赋能。例如：①通过支付土地租金和征用补偿吸引农户提供忠橙种植用地；②通过与美国施格兰公司合作，培育防病毒种苗满足种植需求	橙汁原料获取能力增加了农户土地流转和征用收入，带动了库区移民安稳致富。例如：①建成种植基地、年产 300 万株的柑橘脱毒容器育苗中心和中国第一条 NFC 橙汁加工线；②三峡库区果农收入在此期间不断增长

资料来源：本书研究团队根据访谈及期刊文献、企业传记、公司资料等编码归类而得。

　　为了突破上述资源瓶颈，XBT 陈皮批发部积极寻求政府的支持，与农户开展长期合作，从种植土地来源和产品品质保障出发，通过要素赋能满足市场销售的需要。一是获得政府支持，适量流转新会柑核心生产乡镇的土地，并以百年品牌为背书，与农户签订长期战略合作协议，构建"公司＋合作社＋农户"的种植组织模式，满足陈皮生产（加工）对新会柑的数量和品质需求。二是配合政府及陈皮行业协会，主动种植抗病柑苗，遵循陈皮晾晒制作工艺和"国家地理标志保护产品"规范，保证陈皮的标准化生产。正如种植基地理事（A3）谈道，"2004 年前后，新会区农业农村局针对无病良种新会柑苗的种植情况进行了一次大普

---

　　① 忠橙，即重庆忠县柑橘，2010 年成为国家地理标志产品。在忠县 16 个乡镇的地标保护范围内出产的"爱媛 38""春见"等多个品种的柑橘是忠橙的代表。

查，发现这种柑苗比普通的新会柑苗生长速度快 20%，而且所有柑苗都没有发现黄龙病。无病良种柑苗的推出从源头上最大程度消除了柑橘黄龙病的威胁，增强了柑农的信心。"

通过要素赋能克服了原料资源瓶颈后，XBT 陈皮批发部获得了稳定的优质新会柑供应渠道，形成了坚实的陈皮原料获取能力，与祖传的传统制作技艺结合，满足了市场客户对高品质产品的需求，几年内连续实现盈利翻番。正如《陈皮世家》（SH）里所述，"陈柏忠在广州市场站稳了脚跟，已经拥有了一批铁杆客户，彼此建立了信任，陈皮卖得很好。"同时，长期稳定的采购订单促进了数家果农的增收，平均每年向果农支付土地流转费用约 1 千元/亩；XBT 还为果农创造了多个就业岗位，仅仅是陈皮的开皮和晾晒环节，每天向每个工人支付约 80 元的工钱。

（二）PSB 在初创起步期的价值共创过程分析

在 1995～2004 年，PSB 主要面临忠橙供给不足的瓶颈。这一时期，三峡集团以三峡柑橘产业化项目为起点，寻求合作伙伴攻克育苗、栽培、养护等技术难关，破解传统小农家庭土地碎片化经营困局，建设连片的标准化果园，从而为后续的橙汁加工提供充足的果源。正如王总经理（B1）在受访时说道，"最开始时一家一户的果农很难管理，经常容易出问题。果子好卖的时候，他就把果子卖给出价高的商贩，一个都收不到；果子不好卖的时候，就用车拉着果子，倒在企业或政府门口，有点不讲游戏规则。"

为了突破上述资源瓶颈，三峡集团借助政府支持项目，多层次利用农户流转土地，通过要素赋能满足橙汁加工的原料需求。一是以支付土地租金、征用补偿的利益承诺吸引农户提供忠橙种植用地，形成"核心区 + 外围区"的种植格局。正如王总经理（B1）在受访时谈道，"政府在土地流转方面帮了我们很大的忙，做了很多农户的工作，我们每年按稻谷市场价支付土地流转费，这样我们加工果园在种植用地方面就没有什么问题了。"同时，三峡集团与种植忠橙的基地或大户签订采购协议，按照市场订单按时保量交付给橙汁工厂进行压榨。二是经过多轮考察谈判，与美国施格兰公司达成柑橘育苗、规模化种植等协议，陆续共建柑橘培训基地，合建柑橘栽培、管护标准示范园，保障优质加工类甜橙的供给。正如王总经理（B1）谈及此事时说道，"美国施格兰公司还是给予了很大的帮助，最大的帮助还是容器脱毒育苗、工厂化育苗，以前我们育苗没有这么规范。全国的容器育苗技术，还是那个时候真正提高的。"

通过农户及合作企业的要素赋能克服资源瓶颈后，三峡集团获得了充足而优质的加工类甜橙原料供给，建成了自有柑橘种植基地、年产300万株的柑橘脱毒容器育苗中心和中国第一条NFC橙汁加工线，形成了稳定的原料获取能力，满足进一步开机榨汁所需的橙子数量和及时性要求，为开展NFC橙汁压榨创造了条件。同时，三峡集团的三峡柑橘产业化项目增加了当地农户的土地流转和征地补偿收入，带动了三峡库区移民的安稳致富，标志着国家支持库区建设取得了初步成果。正如时空馆导游（B3）在受访时谈道，"三峡柑橘产业化项目初步实现了库区移民工作'搬得出、稳得住、要致富'的目标，各级政府部门的三峡移民工作得到较高认可。"

二、持续成长期：农工资源交叉耦合的价值共创

在持续成长期，XBT 和 PSB 立足于已有的农产品原料来源，继续深挖市场品牌和精深加工的价值，但 XBT 面临市场品牌不响的困境，PSB 面临精深加工技术匮乏的困境，此时不得不向外部合作行动主体寻求赋能，以期提升市场品牌能力和技术研发能力，提高产品品牌声誉或产品品质，进而与政府、科研机构、农户等行动主体共同创造价值，具体的价值共创过程编码结果如表 5‑3 所示。

表 5‑3　　　持续成长期案例企业主导下 N‑MASSC

价值共创过程编码结果

案例企业	资源瓶颈及事实证据	赋能方式及事实证据	共创能力、绩效及事实证据
XBT（2008~2014 年）	资源瓶颈表现为品牌影响力不足。例如：①XBT 在新会区步行街的首家零售专卖店生意较冷清，客流量较小；②虽然通过央视推广、大型机场或车站投放广告等方式提高了品牌知名度，但还需要时间	赋能方式表现为以文化为引领的品牌赋能。例如：①将食、茶、药、酒等文化理念融入陈皮系列产品，将传统文化元素融入产品包装设计；②开通企业新媒体账号普及陈皮知识，让更多的人对陈皮有兴趣、有信心	品牌辐射能力丰富了产品的文化内涵，突显了包装风格，成为新会陈皮行业领军者。例如：①至 2014 年，已开设 33 家线下加盟店，陈皮系列食品年销售额达到 1 亿元，平均年纳税额超过 1000 万元；②获得"广东老字号"等荣誉；③2013 年，向农户支付土地租金约 270 万元

续表

案例企业	资源瓶颈及事实证据	赋能方式及事实证据	共创能力、绩效及事实证据
PSB（2005～2015年）	资源瓶颈表现为精深加工技术匮乏。例如：①电商平台约三成的客户反馈PSB橙汁的口味偏苦；②加工产生的皮渣废弃物造成地下水污染，被环保部门罚款和点名批评	赋能方式表现为以合作研发为基础的科技赋能。例如：①直接联通输送管道与存储大罐，减少加热和解冻次数，消除橙汁的苦味；②合作研发皮渣循环利用技术，分等级利用皮渣	产品精深加工能力解决了橙汁偏苦和皮渣处理问题，公司和农户收入不断增长。例如：①建成了皮渣综合处理工厂；②PSBNFC橙汁成为国宴接待饮品和重庆市公务接待指定饮品之一；③合作果农每亩年均增加收入1000元以上

资料来源：本书研究团队根据访谈及期刊文献、企业传记、公司资料等编码归类而得。

（一）XBT在持续成长期的价值共创过程分析

在2008～2014年，XBT主要面临市场品牌影响力不足的资源瓶颈。在这一时期，XBT开始经营品牌连锁店，稳步开展零售专卖业务，同时根据市场需求陆续推出陈皮系列食品，销售代理或自产产品成为企业核心经营领域。但在竞争激烈的陈皮市场中，XBT这个品牌对于消费者来说还比较陌生。因此，企业只得想办法培育推广XBT品牌，增加品牌辨识度，突破品牌暂时"不响不靓"的制约。正如陈董事长（A1）在受访时提到，"做品牌就是不断取得消费者信任的过程，XBT现在做的是品质，但是要做到大家在机场、高铁站可以看到XBT，要做到这样的知名度我们还有很长的路要走。"又如，《陈皮世家》（SH）记载道，"刚开始做专卖店时，XBT只卖陈皮干货的门店在当地很少有人问津，店铺十分冷清，这一新兴品牌在新会当地还不够'响靓'。"

为了突破上述资源瓶颈，XBT 强化品牌管理，大力引进品牌管理人才，向市场推出陈皮零食、陈皮茶、柑普茶等一系列陈皮产品，利用品牌赋能提升企业影响力和美誉度。一是秉承"卖产品就是卖文化"的理念。主动与文化"联姻"，兴建 XBT 陈皮文化会馆，将食、茶、药、酒等多种文化理念融入陈皮产品，积极参与陈皮文化节等交流研讨会。正如陈董事长（A1）提到，"如果我们一成不变，不抓住时机，就会落后，搞品牌零售这个方向肯定是没错的。"二是将中国传统文化元素融入包装。陈皮产品包装既追求外形美观，也要有中国传统气息，又能防范快递过程中的易碎损坏，还要具有长久的收藏价值。正如《陈皮世家》（SH）记载道，"XBT 的'中国风'刮了起来，很猛烈也很温柔，很清凉也很温暖。有国粹青花瓷系列，有明亮玻璃瓶系列，有名陶紫砂系列……林林总总，养眼养心。"三是主动拥抱互联网，打造线上线下整合营销平台。开通企业新媒体账号普及陈皮知识，借助淘宝、天猫等电商平台拓展销售渠道，同时自建岭南 XBT 旗舰店微信小程序，提升品牌网络覆盖率，拓展线下连锁加盟店，整合线上线下营销，提高品牌网络覆盖率。正如陈董事长（A1）在受访时提到，"要迅速打开市场，最快捷的交易通道就是网络，也就是建立电子商务渠道，利用微电脑技术和网络通信技术进行商务营销活动。"

通过品牌赋能突破市场影响力偏弱的资源瓶颈后，XBT 丰富了产品的文化内涵，凸显了包装的精美风格，提升了品牌辐射能力，在业内产生了龙头带动效应。在这一时期，XBT 线下加盟连锁店数量从 1 家增至 33 家（其中直营店 7 家，加盟店 26 家），还在加拿大设有一个总代理，平均年纳税额超过 1000 万元，陆续获得"广东老字号""广东省非物质文化遗产传承人"等荣誉，发展成为新会陈皮行业的领军者；"线上岭南"XBT 旗舰店自 2012 年正式运行以来，始终保持持续增长态势，"双十一"购物节的销售额逐年攀升，2014 年高达 60 万元。2013 年，XBT 整个供应链带动 900 余人就业，向农户支付土地租金约 270 万元；2014 年，XBT 陈皮系列食品销售额达到 1 亿元。

（二）PSB 在持续成长期的价值共创过程分析

在 2005～2015 年，PSB 主要面临精深加工技术匮乏的资源瓶颈。引进美国布朗毛刷自动清洗榨汁生产线后，PSB 开始投入橙汁生产，但压榨出来的橙汁口感偏苦。正如王总经理（B1）在受访时提到，"早期榨出来的果汁要用保鲜袋装起，统一放进储藏桶迅速进入低温库，在零下 19℃保存。在装瓶时拿出来解冻，每解冻一次，口味就会变苦一点"。有部分消费者（SH）也评论道，"有些苦涩味，但是感觉这应该是本身的味道。"此外，废弃皮渣倾倒和填埋造成了严重的水土污染，经常被环保部门罚款和点名批评。正如王总经理（B1）在受访时谈到，"以前就是挖一个坑埋下去，结果造成了地下水污染；或者把皮渣直接撒在水稻田里面去，结果水稻都不长了。"

为了突破上述资源瓶颈，PSB 加强与科研院所联合攻关，通过压榨工艺改进和皮渣循环利用技术等科技赋能手段打破技术瓶颈。一是引进和研发国内外领先的加工工艺。PSB 从日本引进橙汁灌装机，减少了对橙汁的污染；与科研机构合作研发无菌冷链存储大罐生产线，改善橙汁储存条件，并直接用管道输送橙汁到灌装机，以保持鲜橙汁的原汁原味。正如王总经理（B1）在受访时介绍，"我们用 4 个 600 吨的大罐来储存橙汁，现在加工出来的橙汁不经过结冰解冻，想灌装就灌装，口感就不那么苦了。"二是以联合申报项目的形式集中攻关皮渣循环利用技术。PSB 与中国农业科学院柑橘研究所合作攻克了皮渣循环处理难题，建设了皮渣综合处理工厂，将好的皮渣做成陈皮丁出口，中等的皮渣做成猪饲料，差的皮渣做成有机肥料还田，推动了后续循环经济发展。正如蔬菜园负责人（B2）在受访时介绍，"用皮渣肥料改良无法种植蔬菜的山包，改良后的土壤非常松软，有机质含量达 5% 。"

通过科技赋能突破了橙汁加工和废弃物循环利用等方面的技术资源瓶颈后，PSB 为产品加工全过程增加了科技含量，提升了橙汁的精深加工能力。PSB 橙汁荣获"驰名商标"，并成为国内高品质一流饮品，填补了中国生产 NFC 橙汁的空白；2008 年至今，PSB NFC 橙汁是国宴接待饮品和重庆市公务接待指定饮品之一；2014 年，PSB 营业收入达 1.5 亿元，净利润达 5000 多万元，净利润率超过 33.3% 。同时，与之合作的科研院所获得了成果转化所需的经费和试验基地，合作研发成果获得 100 多项专利，也为中小学学生提供了参观学习、课外实践的平台。PSB 周边的农户通过获得土地流转费用和务工工资实现了收入增长。就土地流转费用而言，每亩人均增加收入 1000 元以上；就务工工资而言，王总经理（B1）在受访时说道，"我们每个月仅仅给当地农户发工资就是八九十万元，周围的好多居民都是开上了大车小车。"此外，PSB 利用皮渣循环利用技术解决了橙汁加工带来的环境污染问题，制作的有机肥（饲）料为后续的循环经济模式奠定了基础。

三、融合发展期：三产资源跨界融合的价值共创

在融合发展期，两家案例企业积极响应国家脱贫攻坚和乡村振兴战略部署，引进社会资本以及风险投资，选择走农村产业融合发展道路，业务范围跨界延伸到大健康、休闲观光、文化旅游、养老养生等生活服务业，打造集生产种植、精深加工、技术研发、流通贸易、乡村旅游于一体的全供应链模式。但是，由于全链建设具有开创性、探索性和复杂性，并无多少成功经验可以借鉴，两家企业面临全供应链整体解决方案缺乏的困境。在此情形下，两家企业只得更加频繁地寻求外部合作行动主体的组合赋能，以期提高全供应链的跨界配置资源能力，提高"产品＋服务"的组合效应，从而与政府、科研机构、农户、服务组织和消费者等行动主体共同创造价值，这一时期具体的价值共创过程编码结果如表 5－4 所示。

表 5 – 4　　　　融合发展期案例企业主导下 N – MASSC

价值共创过程编码结果

案例企业	资源瓶颈及事实证据	赋能方式及事实证据	共创能力、绩效及事实证据
XBT（2015～2021 年）	资源瓶颈表现为农村产业融合发展整体解决方案缺失。例如：①缺乏主体参与、运营管理、价值共创等一体化解决方案；②陈皮酵素需要获得保健品和药品许可证的审批认定	赋能方式表现为多方主体的组合赋能。例如：①委托科研院所研发陈皮酵素，提供大健康服务；②推动新会陈皮重新进入国家药典；③软银（中国）控股有限公司投入 500 亿元，合作建设陈皮谷	跨界配置资源能力让企业有信心承担社会责任，助力花农销售鲜花。例如：①陈皮酵素研发成功；②获得 1 项国家发明专利；③2020 年"双十一"成交额约 2000 万元；④捐赠 128.7 万元物资助力抗击新冠疫情
PSB（2016～2021 年）	资源瓶颈表现为农村产业融合发展整体解决方案缺失。例如：①对于建成的橘乡园，不知如何做好龙头企业的运营工作；②不知如何顺应乡村旅游、休闲健康等消费需求的变化	赋能方式表现为多种业态的组合赋能。例如：①与科研院所合作，开展生态蔬菜种植和橘皮香猪饲养；②增强消费者体验感，开展观摩、赛事等活动；③弘扬柑橘文化，开展柑橘论坛，营造热情的待客氛围	跨界配置资源能力提升了周边果农的收入，带动了乡村旅游发展。例如：①构建了柑橘全供应链；②平均每年缴税 800 万元，2019 年带动周边地区实现旅游创收约 2.5 亿元；③带动果农人均年收入超过 1.3 万元

资料来源：本书研究团队根据访谈及期刊文献、企业传记、公司资料等编码归类而得。

（一）XBT 在融合发展期的价值共创过程分析

在 2015～2021 年，XBT 主要面临农村产业融合发展整体解决方案缺失的资源瓶颈。在这一时期，国家出台了脱贫攻坚以及乡村振兴战略的相关政策，再加之市场消费者对休闲观光、文化旅游、健康养生等的需求增加，农村产业融合发展成为

N – MASSC 尤其是现代农业发展的新模式，但对于具体的融合方式，XBT 还缺乏主体投资参与、全链运营管理、技术研发转化、价值共创共享等一体化解决方案的指引。正如陈董事长（A1）在受访时谈道，"供应链融合是大趋势，就是游客来参观生产流程、体验品牌文化。未来产业肯定是朝这个方向走，应该提前筹划。"

为了突破上述资源瓶颈，XBT 继续加大外部引资引智力度，通过多方主体的组合赋能向市场消费者主推陈皮文化，以大健康产业为突破口实现农村产业融合。一是依靠生物科技赋能陈皮酵素研发和加工。XBT 引进人才形成自己的科研队伍，并与中国药科大学、台湾南台科技大学等高校合作，与中国广州分析测试中心、广东省发展中医药事业基金会、仲祐医生集团等成立合作中心，利用生物科技赋能陈皮酵素研发，将新会柑"吃干榨尽"，变废为宝地利用柑肉，充分挖掘陈皮酵素的降血压、降血脂、增进睡眠深度、养颜护肤等功效。二是推动新会陈皮重新进入国家药典。基于利益共享机制，XBT 与中山大学研究团队结盟，开展柑皮陈化及药理的深度论证，使广陈皮标准被写进 2020 版国家药典。正如科技研发经理（A2）在受访时谈道："为了使新会陈皮重新进入国家药典，各级政府、行业协会、高校、科研院所、医院做了非常多的努力。"三是与外部资本运营商合作，打造陈皮谷综合体。软银（中国）控股有限公司极其看好 XBT 的发展势头，投资 500 亿元与 XBT 合作共建陈皮谷。正如陈董事长（A1）在受访时所讲，"有很多财团想和 XBT 合作，但我们只考虑实力强的。"

通过尝试多方主体的组合赋能后，XBT 已经初步构建起农村产业融合发展的初步蓝图，具备了跨界配置资源能力。XBT 研发生产的陈皮酵素充分利用了新会柑的肉、渣、核，具有很高的营养价值，解决了废弃柑肉污染环境问题，满足了消费者对大健康服务的需求。同时，陈皮谷进入有序建设阶段。2020 年，"一种增强免疫力新会陈皮酵素饮料的制备方法"成功申请获得国家发明专利；XBT 受聘为国家南药科技创新联盟副理事长单位，公司产品入选美丽乡村博鳌国际峰会博览会指定商品，销售额实现成倍增长；董事长陈柏忠（A1）获得"国家级非遗传承人"称号。正如科技研发经理（A2）在受访时介绍，"2020 年'双十一'公司的成交额约 2000 万元，位居同行第一。"同时，XBT 积极承担社会责任，捐赠 128.7 万元物资助力抗击新冠疫情，以"买陈皮酸奶赠送年桔年花"的形式帮助湛江市赤坎区花农销售鲜花。此外，XBT 助推新会陈皮高居区域农业产业品牌——中药材产业榜榜首。

（二）PSB 在融合发展期的价值共创过程分析

在 2016～2021 年，PSB 主要面临农村产业融合发展整体解决方案缺失的资源瓶颈。同样，PSB 为了响应国家关于三峡库区（后三峡时期）、脱贫攻坚以及乡村振兴战略的相关政策，顺应乡村旅游、休闲健康等消费者需求的变化，拟从农村产业融合发展中探索 N - MASSC 价值的新增长点，围绕橙汁生产这个核心业务发展相关配套产业，但是具体做什么、怎么做，仍然是"摸着石头过河。"正如王总经理（B1）在受访时说道，"我们在自己的基地可以增强客户体验，但是作为橘乡园龙头企业，如何带动周边发展，还是新问题。"

为了突破上述资源瓶颈，PSB 继续围绕柑橘的"榨干吃尽"做文章，通过多种业态的组合赋能向市场消费者主推柑橘文化，以"橘乡园"模式向农村产业融合迈进。一是继续丰富产品谱系和内涵，培育生态果蔬、橘皮香猪等新产品。在这方面，PSB 与中国农业科学院柑橘研究所、重庆市畜牧科学院等机构合作，充分利用好氧菌发酵皮渣，生成有机肥料和无抗饲料，开展生态果蔬种植和橘皮香猪饲养，还让游客实地观摩果园和生产加工线。就此，正如王总经理（B1）在受访时谈到，"我们给农户小猪仔、饲料，农户负责喂养橘皮香猪，出栏时回购就行了。"二是注重增强消费者全流程参与的现场体验感。为此，PSB 新（扩）建了展示馆、酒店、儿童体验中心、马拉松廊道等休闲和健身设施，借助果园的四季飘香和优质空气，邀请游客实地参观橙汁生产加工线，定期举办田园马拉松、自行车比赛等赛事，开展别具橘乡特色的观光、食宿和亲子教育等体验活动。正如王总经理（B1）在受访时介绍，"这个半程马拉松跑道最近 3 年花了 12 亿元，国家发改委每年给 1 亿元，3 年给了 3 亿元，重庆市人民政府给了 3 亿元，忠县当地政府出资了 6 亿元。"又如蔬菜园负责人（B2）在受访时提到，"客人在四季果园里认领一块柑橘地后，就可以看到果树的整个生长过程，还可以带小朋友来露营，提高游客的参与体验感。"三是大力弘扬柑橘文化，利用政府和网红宣传橘乡园。在这方面，PSB 将国家柑橘工程技术研究中心改建为中国·三峡柑橘文化时空馆，面向社会大众普及柑橘知识，传承中国几千年的柑橘文化；在当地政府引领下，定期开展柑橘论坛和主题活动，邀请意见领袖、网红达人和影视明星共同营造热情的待客氛围。正如王总经理（B1）在受访时说道，"每年举办三峡橘乡文化节时，很多游客通过现场体验加深了对橘乡园的生态绿色印象，相应地推高了 PSB 橙汁的销售体量，有一次活动在一天内就卖了几百万元的橙汁。"

通过尝试多种业态的组合赋能后，PSB 将业务范围迅速延伸到乡村旅游领域，打造出全新的现代乡村产业 3.0 版本，具备了跨界配置资源能力。基于此，PSB 成功构建了包括选种育苗、生产种植、采摘榨汁、皮渣处理、杀菌保存、橙汁销售、观光体验的柑橘 N – MASSC，平均每年向当地政府缴纳税款约 800 万元，2019 年带动周边地区旅游创收约 2.5 亿元。正如王总经理（B1）在受访时所讲，"我们公司要发展产业链供应链，因为我们基础设施很好，一个橙子到变成一杯果汁，你都可以清楚地看到全过程。我们还建了柑橘文化时空馆，可以用来传播柑橘文化，来我们这里旅游的人还是很多的。"他还谈到，"现在很多农旅康养的基础设施，比如儿童体验中心、果蔬园、半马跑道，只有建设好了才能让整个产业循环起来，产生相应的利润。"同时，橘乡园提供了柑橘采摘园管护、橘香猪饲养、果蔬园打造等工作机会，吸引了大量外出农民工返乡务工，2016～2021 年平均每月向当地 PSB 果园务工人员发放工资约 90 万元，带动果农人均年收入超过 1.3 万元。

第五节　跨案例讨论及命题提出

一、案例全程呈现

纵观 XBT 和 PSB 的发展演化历程，两家企业从成立之初就紧跟政策步伐，注重对产品深度和广度的淬炼，充分利用各种赋能方式，尤其是加强内外技术和品牌互动，最终取得了价值共创的效果，具体的价值共创过程编码汇总如表 5 – 5 所示。

表 5 – 5　　　　　N – MASSC 中案例企业 3 个阶段价值
共创过程编码结果汇总

案例企业	阶段	资源瓶颈	赋能方式	共创能力	价值绩效
XBT	初创起步期	新会柑供给不足	要素赋能	陈皮原料获取能力	企业盈利、农户增收、政府绩效突出、产业振兴
	持续成长期	品牌影响力不足	品牌赋能	品牌辐射能力	
	融合发展期	农村产业融合发展整体解决方案缺失	组合赋能	跨界配置资源能力	
PSB	初创起步期	忠橙供给不足	要素赋能	橙汁原料获取能力	企业盈利、农户增收、政府绩效突出、产业振兴
	持续成长期	精深加工技术匮乏	科技赋能	产品精深加工能力	
	融合发展期	农村产业融合发展整体解决方案缺失	组合赋能	跨界配置资源能力	

资料来源：本书研究团队根据案例内分析结果整理而得。

具体而言，在不同发展阶段，XBT 和 PSB 面临不同的资源瓶颈，产生了相应的"被赋能"需求，进而将外部赋能和内部资源紧密结合，打造和提升满足企业发展的各种动态能力，以优质的产品与服务对接市场需求，惠及各个行动主体及社会大众，从而保持和推动所在 N - MASSC 可持续发展。

在初创起步期，XBT 依赖祖传的陈皮鉴定技艺开展陈皮批发业务，但在黄龙病侵害和土地流转不便的双重劣势下遭遇新会柑短缺的瓶颈；PSB 的快速发展得益于三峡库区建设政策利好，但在柑橘种植经验缺乏和土地难以集中的双重劣势下面临橙汁原料短缺的瓶颈。两家企业面对农产品原料的短缺，都结合订单采购、土地流转等方式寻求要素赋能，分别形成了陈皮原料获取能力和橙汁原料获取能力，为后续阶段的发展奠定了资源禀赋基础。

在持续成长期，XBT 因在陈皮业界首创品牌连锁经营模式而独树一帜，但初创品牌的市场辐射范围有限，面临品牌影响力不足的瓶颈；PSB NFC 橙汁成为国宴接待饮品和重庆市公务接待指定饮品之一，奠定了市场口碑，但 PSB 面临精深加工技术匮乏的瓶颈。XBT 为冲破品牌影响力不足的束缚，时刻保持企业品牌建设意识，通过品牌赋能大幅提升了品牌辐射力；PSB 则寻求科研院所的支持，通过科技赋能打破技术瓶颈，从而提高了产品精深加工能力。

在融合发展期，XBT 以雄厚的科研实力助力新会陈皮重入国家药典，以大健康产业为特色推进农村产业融合发展，但建设资金与经验不足，面临农村产业融合发展整体解决方案缺失的综合性瓶颈；PSB 立足于 NFC 橙汁压榨技术和工艺优势，与文化旅游产业相结合推进农村产业融合发展，但同样受到建设资金不足、配套服务业态不全等限制，面临农村产业融合发展整体解决方案缺失的瓶颈。在此情形下，两家案例企业整合协调内外部资源，以更快的频率在多种赋能方式之间切换，通过提升跨界配置资源能力应对新业务新市场的挑战。

在全面推动 N–MASSC 共生发展的进程中，XBT 和 PSB 都取得了企业盈利、农户增收、政府绩效突出的价值共创效果。从表 5–6 的数据看，两家案例企业的价值共创绩效主要表现在以下方面：第一，企业实现年年盈利。两家企业的销售收入和纳税额逐年攀升，有些年份还出现跨越式增长，例如，XBT 2020 年的销售收入较 2019 年翻倍增长，从不到 2 亿元增加到超过 4 亿元。第二，帮助农户实现增收。两家企业通过向周围农户提供就业岗位、支付土地流转费用等，使参与农户充分分享经营性、财产性和工资性等各种收入。XBT 2020 年为 1686 名农民提供了就业机会，向农户共支付土地流转费用 835 万元、务工工资 3392 万元；PSB 2020 年为 345 名农民提供了就业机会，向农户共支付土地流转费用 320 万元、务工工资 1370 万元。第三，推动政府部门获得突出绩效。两家案例企业为地方财政做出了较大贡献，创造了大量的就业岗位，扩大了地域影响力，从而推动了县域乡村特色产业发展，也使得当地政府工作业绩得到上级部门的充分肯定。2020 年，XBT 的合作企业数已达 35 家，获得荣誉和表彰累计 60 项，产品销往全国各地，成为新会陈皮的一张重要名片；同年，PSB 的合作企业数已达到 50 家，获得荣誉和表彰累计 36

项，产品销往除西藏以外的国内其他地区。

表5‐6　两家案例企业主导下 N‐MASSC 价值共创的成效

相关指标	XBT			PSB		
	2007 年	2014 年	2020 年	2004 年	2015 年	2020 年
年销售收入（万元）	12	10200	44468	30	16100	19423
年纳税额（万元）	0	1010	3490	0	1135	1863
土地流转费（万元）	200	270	835	120	200	320
务工农民数（个）	6	285	1686	30	326	345
务工人员工资总额（万元）	21	1000	3392	50	1170	1370
合作企业数（个）	0	20	35	0	18	50

资料来源：本书研究团队根据访谈及期刊文献、企业传记、公司资料等整理而得。

二、理论命题提出

（一）N‐MASSC 价值共创的资源基础

N‐MASSC 是乡镇产业建设的核心内容，只有高质量发展的特色产业才能活跃县域经济，最终实现乡村振兴战略。国内许多乡村依托本乡本土的特色优质资源，打造内联外通的特色产业集群，相较于城市，虽然具有自然资源优势，但在技术研发服务、品牌建设宣传和农村产业融合发展等方面存在明显的短板（Indah et al. ，2021；姜长云，2020）。面对此类资源瓶颈问题，引进国家重点龙头企业带动县域产业发展具有较高的可行性（刘源等，2019）。案例分析表明，本土龙头企业受到自然资源不足、知识技能缺乏和农村产业融合解决方案缺失等一系列因素制约，而且不同区域的本土龙头企业面临差异化的资源瓶颈，即使是同一企业，在不同发展阶段的资源需求也有所不同，这就加剧了达成产业战略目标的难度。因此，这些企业只有与农户、科研机构、服务组织等主体紧密合作，才能利用县域特色优势资源赋予的契机，获得 N – MASSC 发展所需的异质性资源，克服市场辐射面不宽、科技力量薄弱等缺陷，充分激发各方资源的协同效应，从而带动 N – MASSC "从无到有""有中生新"地稳步发展。由此可见，本土龙头企业带动 N – MASSC 价值共创就是一个识别、获取、整合或重构外部异质性资源的过程。基于上述分析，本章提出以下命题：

命题 1：本土龙头企业在带动 N – MASSC 价值共创的过程中，在不同阶段会面临自然资源不足、知识技能缺乏和农村产业融合发展整体解决方案缺失等资源瓶颈，需要从外部合作行动主体转移和链接异质性资源。

（二）N – MASSC 价值共创的赋能演化

在 N – MASSC 价值共创进程中，本土龙头企业成为被赋能的对象，而外部合作行动主体成为"助人一臂之力"的赋能主体，赋能双方搭起价值共创的场景、接口和平台，创生了 N – MASSC 发展所需的某种能力或能量甚至更强的控制力度，为内外部异质性资源高度整合与高效重构创造了机会和条件。赋能行为已在农业领域频繁出现，如还权赋能（Wright et al.，2016；黄砺等，2015）、连接赋能（何宇鹏等，2019）、品牌赋能（Altaf et al.，

2019）等，为弱势的 N－MASSC 解除了技术、品牌等资源要素的束缚。为统一表述，根据服务主导逻辑的基本原理（Vargo et al.，2004、2008），本章将土地、原料和机器设备等要素的赋能统称为"对象性赋能"，将品牌、工艺等知识技能的赋能统称为"操作性赋能"，二者的频繁交叉赋能统称为"组合性赋能"。案例分析表明，本土龙头企业因其阶段性发展目标不同而需要不同的"被赋能"方式，以上三种赋能方式动态地匹配了 N－MASSC 的资源瓶颈演变趋势，大致遵循"对象性赋能—操作性赋能—组合性赋能"的动态赋能路径。具体而言，在初创起步期，案例企业主要通过政府、农户等合作行动主体的对象性赋能获得优质的土地、原料、设备等要素，从而打破农产品原料不足造成的资源瓶颈；在持续成长期，案例企业主要通过科研院所等合作行动主体的操作性赋能获得品牌、技术等知识技能，突破品牌落后、工艺落伍、环境污染等束缚；在融合发展期，案例企业主要通过合作行动主体的组合性赋能获得一体化解决方案，冲破硬件、资金、人才、经验等方面的资源桎梏。基于上述分析，本章提出以下命题：

命题 2：本土龙头企业在带动 N－MASSC 价值共创的过程中，遵循"对象性赋能—操作性赋能—组合性赋能"的动态赋能路径。

本土龙头企业在各个发展阶段获得外部合作行动主体的专门化赋能后，利用累积的资源灵活调整资源行动以实现核心能力跃迁。根据企业的资源状况，资源行动有资源拼凑、资源编排和资源协奏等具体方式（Baker et al.，2005；许晖等，2016；苏敬勤等，2017），本土龙头企业在发展过程中的资源集合并非均衡分布，因而在每个阶段只能采用不同的资源行动方式。案例分析表明，被赋能后的本土龙头企业进一步吸收、整合或重组异质性资源，递进式地采取原料生产、新品开发、品牌打造、农村产业融合发展等资源行动，与多元行动主体共同创造、传递和共享更多的知识技能和产业多元化价值。例如，XBT 经历了工艺传承、品牌建设和陈皮谷打造等行动序列，而 PSB 经历了增加橙汁原料供应、提升加工工艺和打造橘乡园等行动序列。可见，本土龙头企业在初创起步期，采用面向有限资源的简单拼凑行为（Baker et al.，2005）确立企业的发展模式；在持续成长期，采用面向渐增资源的编排行为（许晖等，2016）扩大产品品牌影响力，充实企业的产品谱系；在融合发展期，采用面向富足资源的组合协奏行为（苏敬勤等，2017）优化资源池，高效重组多方互补性资源。基于上述分析，本章提出以下推论：

推论1： 被赋能的本土龙头企业采取资源拼凑、资源编排和资源协奏等行动路径，不断累积和提升原料获取、品牌辐射、精深加工、跨界融合等供应链核心能力。

（三）N－MASSC 价值共创的实现路径

本土龙头企业通过与外部合作行动主体的双向交流互动，可以增强赋能主体参与意愿，顺畅地实现 N－MASSC 全链的价值主张和价值传递。现有关于赋能理论的研究大多强调单向赋能，忽略了赋能活动的互动性与双向性。例如，一些文献只探讨顾客对品牌、企业对小农户的单向赋能活动（何宇鹏等，2019；Mohammad，2020）。然而，被赋能的本土龙头企业获得原料、品牌或技术和解决方案后，可以进一步丰富"产品＋服务"品类，增强核心竞争力，做大做强"蛋糕"，反过来反哺回馈赋能合作行动主体，从而达到内外资源、价值的平衡流动。因此，只有合作行动主体之间形成紧密的互动互利关系，而不是单向赋予或获取，才能促进 N - MASSC 的深入和持久发展。案例分析表明，外部合作行动主体在为本土龙头企业赋能的同时，也得到了龙头企业的反向赋能。这种双向赋能并不是以"被逼无奈"的方式进行，更没有优劣、主次之分，而是资源拥有者对需求者的赋能，其目标就是追求 N - MASSC 的共享共赢。例如，政府在制定政策助力龙头企业发展时，龙头企业反过来推动了地方经济的提升；农户在提供原料与流转土地时，得到了本土龙头企业无偿提供的种植技术；科研院所在向龙头企业转化创新成果时，也得到了成果落地推广、检验试产和传授培训的机会。同时，随着 N - MASSC 的不断发展，时时会有新的合作行动主体卷入，并以双向赋能方式实现 N - MASSC 的经济价值、社会价值和生态价值，共同打造共生共赢的供应链价值共创系统。基于上述分析，本章提出以下命题：

命题 3：本土龙头企业与合作行动主体通过资源整合与服务交换进行双向赋能，形成组织之间的互利共赢型联盟，从而实现 N - MASSC 全链的价值共创。

根据上述基于"条件—行动和互动—结果"逻辑的案例分析与讨论可以发现，本土龙头企业只要借助外部合作行动主体的动态赋能，采取协同有序的资源行动路径，就能够提升供应链核心竞争能力，从而带动整条 N – MASSC 实现价值共创。由此，本章归纳出 N – MASSC 价值共创的过程机制模型，如图 5 – 2 所示。

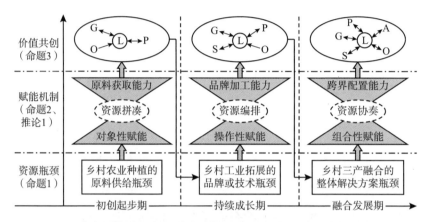

图 5 – 2　本土龙头企业带动 N – MASSC 价值共创的过程机制模型

注：椭圆内箭头表示多元主体之间的赋能方向，包括单向赋能和双向赋能。

第六节　研究结论与政策启示

龙头企业主导下 N – MASSC 如何实现价值共创？本章的双案例研究得出了明确的结论：在企业发展过程的不同阶段，本土龙头企业面临不同的资源瓶颈，将遵循"对象性赋能—操作性赋能—组合性赋能"的动态赋能路径，相应地采用"拼凑→编排→协奏"的资源行动路径，提升原料供给、品牌辐射、精深加工、跨界融合等核心能力，推出"产品＋服务"组合对接市场需求，实现 N – MASSC 价值共创，从而增强本土龙头企业的联农惠农效应，高质量发展县域经济，为乡村振兴尤其是乡村特色产业兴旺提供了可行的路径。

本章的研究结论在以下几方面对龙头企业主导下 N – MASSC 实现价值共创具有理论贡献：第一，对本土龙头企业在不同发展阶段面临的资源瓶颈的重新认识。现有研究主要从静态视角考察企业的资源禀赋（Vargo et al.，2008），强调通过一次性赋能"一劳永逸"地解决企业发展过程中面临的桎梏。本章发现，本土龙头企业的资源瓶颈会随着时间动态存续和变化，这是对资源基础理论的情境化和丰富化。第二，对赋能理论在 N – MASSC 协同中的拓展和深化。现有研究涉及多种赋能方式（Slater，2001；Wright et al.，2016），主要从静态或单一的赋能视角探索资源瓶颈的突破途径。本章研究发现，由于资源瓶颈的动态性存在，外部合作行动主体的赋能也相应地具有动态性（即"对象性赋能—操作性赋能—组合性赋能"），从而揭示了 N – MASSC 发展过程中赋能方式的差异性。第三，为县域 N – MASSC 价值共创提供了新思路。现有研究较多关注乡村产业振兴的理论指导和基本遵循（郭芸芸等，2019；张元洁等，2020），主要从静态视角和宏观层面探索乡村产业振兴的实现路径。本章发现，被赋能的本土龙头企业通过系列资源行动（即资源的"拼凑→编排→协奏"）提升核心能力，并反哺回馈外部合作行动主体，形成资源和服务的双向整合交换，从而进一步明晰了本土龙头企业带动 N – MASSC 价值共创的微观因果逻辑。

基于本章的研究结论与理论贡献，可以得到如下政策启示：

第一，继续加大对本土龙头企业的政策赋能。政府应加快 N－MASSC 发展与配套政策的紧密衔接，开发培育区域公用品牌，为本土龙头企业"松绑"和"扶上马，送全程"。围绕本土龙头企业的服务需求，完善服务要素供给政策体系，将补贴重点向农业服务倾斜，打造示范产业集群，积极培育多种服务经营主体，丰富现代农业服务品类，尤其是在基础设施建设、公用品牌、人才引进、建设用地等领域发力，带动企业产品更快更好地走向市场。第二，加强特色农产品技术研发支持。政府需要因地制宜、分类施策，出台技术研发鼓励政策，助力企业扎根精深加工工艺研究，加强 N－MASSC 科技社会化服务体系建设，完善城乡科技合作机制，搭建科技成果转化平台，更好地契合消费者需求。依托现代农业科技园区、农村创新创业园区，做强做优初加工、精深加工和综合利用加工，培育新品种，开发新工艺，提高农业科技进步贡献率、机械化率、良种覆盖率；推进数字技术下乡，发展"互联网＋农业"，积极开展线上农产品销售，为现代农业振兴注入新动能，实现特色农产品生产、经营、交易的智慧化提升。第三，大力推动农村产业融合发展。政府应加强农产品供应链与新型服务业的高度互融互嵌，推进乡村农业往后延、乡村工业两头连、乡村三产走高端，把第二、三产业切实留在乡村，把就业创业机会和产业链增值收益更多留给农民。为各类经营主体和农户提供财政补贴及项目支持，鼓励农民进行土地流转和劳动力转移，因地制宜搭建农业产业化联合体、利益共同体，大力促进生产种植、农产品加工、乡村旅游、健康养生等产业交叉组合和融合渗透，激活乡村历史文化和民风民俗，持续完善紧密型利益联结机制，不断增加经营主体和农户的各项收益。毋庸置疑，对本土龙头企业加强动态赋能，带动 N–MASSC 全链共创价值，从而高质量发展县域经济，增强联农、带农、惠农效应，是一条切实可行的乡村产业兴旺发展道路。

第六章

N－MASSC 公用品牌协同治理模式构建

前面两章分别从区域产业和龙头企业两种视角探寻了 N－MASSC 价值共创的过程机制，研究发现通过社会动员、资源编排以及动态赋能等手段就可以实现 N－MASSC 的价值共创。本章将针对 N－MASSC 公用品牌共建共享过程中存在的多种机会主义行为，从品牌价值共建共享的视角，采用经济博弈分析方法，厘清"搭便车""公地悲剧"和弱信任等多重困境，构建嵌套"奖惩、声誉和信息"3 种子机制的 N－MASSC 公用品牌协同治理模式，并采用永川秀芽 N－MASSC 公用品牌共建共享案例验证该协同治理模式的适用性和有效性。

第一节 引　言

农业品牌共建共享贯穿于整个产业链供应链，在我国现代农业市场化、品牌化过程中发挥着重要作用。2017 年以来，历次中央一号文件里都强调加强农业品牌①建设；农业农村部于 2018 年发布了《关于加快推进品牌强农的意见》，文件着重强调"建设和管理农产品区域公用品牌是各级政府的重要职责，以县域为重点加强品牌授权管理和产权保护，有条件的地区要与特色农产品优势区建设紧密结合，一个特优区塑强一个区域公用品牌"。面对如此的政策利好，各地纷纷加大了农产品品牌建设力度，涌现了如西湖龙井、丽水山耕、永川秀芽、赣南脐橙等一系列知名优质品牌，有力地增强了农民开拓市场、获取利润的能力，有效地推动了现代农业高质量发展。

全国农产品区域公用品牌建设取得了巨大成绩，但在共建共享过程中因为主体不明、标准不一、管理不善等原因，暴露出以次充好、假冒伪劣、良莠不齐等问题，导致蔬菜和茶叶农药超标、猪牛注水、毒皮蛋、毒生姜、镉大米等品牌危机事件时有发生，直接损坏了原产地的品牌形象，严重阻碍了农产品区域公用品牌（下文简称"公用品牌"）的高质量发展。这些问题已经进入了学者的研究视野，王兴元等（2017）认为公用品牌是现代农业品牌的核心建设内容，属于特定地理区域范围内的政府、企业、农户等主体所共有的公共产品，具有产权不清晰、非竞争性和非排他性等公共物品特征。虽然公用品牌以"区域名称＋产品名称"的方式进行商标注册后就可以获得法

---

① 按照农业农村部《关于加快推进品牌强农的意见》（农市发〔2018〕3 号，2018 年 6 月 29 日发布）的相关内容，农业品牌包括农产品区域公用品牌、农业企业品牌和农产品品牌 3 类。本书认为 N‑MASSC 的品牌协同治理也同样遵循这种分类方式，其中公用品牌建设需要对多元行动主体协同治理。

律保护，但如果规制规范不善，个别主体采取机会主义行为，诸如搭便车、过度使用、异地拼配和假冒伪劣等失德违法行为，将会极大地降低农产品的信任度和美誉度，容易出现劣质产品冲击品牌形象的"柠檬市场"效应（关纯兴，2012），造成区域公用品牌的"公地悲剧"（黄炳凯等，2019）。针对此类问题，王军等（2014）认为需要政府引导企业逐渐形成区域品牌意识，共同维护区域特有农产品品牌形象；楚德江等（2021）采用案例验证后发现，权能共享模式通过构建事前预防的利益联结机制、事中监督的信息沟通机制、事后奖惩的激励约束机制，能够有效遏制绿色农产品品牌建设中的"搭便车"行为。

以上研究从不同视角对公用品牌存在的问题进行了剖析，并提出了相应的治理模式，取得了一定的治理效果，但这些学者多是从单一主体视角出发，所提出的治理模式也比较片面，实施效果并不理想。新时代背景下公用品牌已经演变为产业链供应链之间的全方位竞争，需要在 N–MASSC 的多个行动主体之间展开协同治理。那么，多个行动主体共建共享公用品牌会出现什么困境？如何跳出这些困境，进而更好实现品牌价值？这些问题不仅值得学界高度关注，而且也是本章的重点研究问题。为此，本章采用博弈理论推演与案例验证相结合的分析范式，首先构建委托–代理博弈模型揭示 N–MASSC 公用品牌共建共享面临的多重困境，从奖惩、声誉和信息等视角提出协同治理模式；然后以永川秀芽 N–MASSC 公用品牌为案例研究对象，对协同治理机制假说进行验证，从而拓宽现代农业品牌共建共享思路，为实施品牌强农战略提供新思路新途径。

第二节　问题提出：公用品牌共建共享的多重困境

　　公用品牌的协同治理研究逐步引起学界重视。区域品牌治理是指设计一种有效机制，引导区域品牌行动主体积极、持续地努力投入，使得既能提高行动主体的个体利益，又能提升整个区域品牌的实力与价值（邱爱梅，2017）。N-MASSC公用品牌也是一种区域品牌，具有公共产品属性，其治理机制涉及多个行动主体，呈现出多主体、多模式协同化的趋势，赵卫宏等（2015）认为一个好的品牌化战略应重视利益相关者的价值观教化和理论认知、习惯养成和角色意识的培养，形成一个依靠信任、分享与合作解决协同问题的"文化共同体"；许晖等（2019）在原有市场主体基础上纳入了政府部门、行业协会、大众媒体等非市场主体分析单元，构建了包括形象赋权、关系赋权和杠杆赋权的区域品牌生态系统赋权理论框架；徐娟等（2021）提出了通过多元互动提高农户参与农产品区域品牌的共建意愿；张月莉等（2022）认为实现农业集群品牌价值需要品牌运营者联合利益相关者共同创造，包括品牌与政府、品牌与供应链以及品牌与消费者3个界面的互动活动；周俪等（2021）指出，在茶叶区域公用品牌创建过程中需要利益相关方之间通过竞合行为以及各自的协同方式来促进区域公用品牌的成长，从而避免"公地悲剧"，摆脱"囚徒困境"。可见，公用品牌价值受到多个行动主体的共同影响，需要进一步探索在产品服务供应链层面的协同治理模式。

正是在多元行动主体参与下，N–MASSC 公用品牌将在多个层次产生委托代理关系。为了简化研究又不影响博弈分析实质，本章假设各种类型的 N–MASSC 公用品牌共建共享主体两两构成博弈关系，在特定博弈结构下分别成为委托人和代理人，其中委托人为主动或先期进行 N–MASSC 公用品牌共建共享的博弈参与人，其品牌行动策略表现为投入和漠视；代理人为分享 N–MASSC 公用品牌溢价的博弈参与人，其品牌行动策略表现为遵循与投机。如果委托人和代理人都积极开展 N–MASSC 公用品牌共建共享，将分别付出 I（Investment）和成本 C（Cost），反之则成本为 0。当二者都重视 N–MASSC 公用品牌共建共享时，委托人获得较高的品牌收益 V_h（Value），代理人获得品牌溢价 P（Premium）；当委托人投入、代理人投机时，委托人获得较低品牌收益为 V_l，而代理人"搭便车"仍然获得品牌溢价 P 而不付出成本；当二者都漠视 N–MASSC 公用品牌共建共享时，委托人和代理人只能获得一般农产品的收益 V_0 和 P_0，博弈双方具体的收益矩阵如图 6–1 所示。根据品牌溢价管理的内在规律，因为委托人投入行为的内在动力在于投入后将会产生较高的收益，漠视行为的根本原因在于投入后反而"入不敷出"，所以显然有 $V_h - I > V_0 > V_l - I$，$P > P_0$。

代理人

		遵循	投机
委托人	投入	$V_h-I,\ P-C$	$V_1-I,\ P$
	漠视	$V_0,\ P_0-C$	$V_0,\ P_0$

图 6 – 1　委托人和代理人双方基本博弈的收益矩阵

　　根据以上基本博弈模型可见，N－MASSC公用品牌共建共享中始终存在机会主义行为。机会主义行为就是N－MASSC公用品牌共建共享过程中行动主体存在的失德违法行为，具体表现为不投入的"搭便车"行为，以及具有破坏力的冒用、滥用、盗用等不正当投机行为。为了便于厘清博弈分析层次，本章将博弈参与人分为赋能、供给和需求3种主体类型，其中：赋能主体主要包括政府各级主管部门、行业协会；供给主体主要包括龙头企业、中小企业、服务企业、电商平台、合作社和农户等生产经营主体；需求主体主要包括消费者、酒店餐饮和企事业食堂等终端用户。3种主体的界面之间都存在两两博弈情形，但N－MASSC公用品牌共建共享中最核心的博弈关系是赋能主体与供给主体、供给主体之间以及供给主体与需求主体的博弈。为了简化分析，本章结合实际情况，以上博弈双方都按照图6－1的收益矩阵进行信息不对称情形下的静态或动态博弈，借助求解完全信息静态博弈的占优均衡可知，博弈方委托人的行为策略始终为"漠视"，代理人的行为策略始终为"投机"。此时，品牌共建共享使用中就存在机会主义行为，这就容易造成对守信守法行动主体的利益侵害，从而导致个体理性而非集体理性的帕累托次优困局，最终引发 N – MASSC 公用品牌走向"搭便车""公地悲剧""信任危机"。

一、赋能主体 – 供给主体之间智猪博弈引发"搭便车现象"

在乡村振兴战略全面推进进程中，公用品牌带动原产地农产品的作用日益凸显，各地政府高度重视 N – MASSC 公用品牌共建共享，成为该类公用品牌创建的发起人或推动者。基于此，以政府机构为主导的赋能主体在政策奖补、金融保险、科技创新等方面大力投入，为供给主体提供政策支持、基础设施和公共服务等资源要素，将本地各类企业纳入 N – MASSC 公用品牌共建共享进程中；供给主体在产品质量标准、政策监管指引下按照 N – MASSC 公用品牌共建共享要求，主动参与品牌建设或有序有偿享有品牌使用权。

按照博弈结构可知，赋能主体 – 供给主体之间形成了智猪博弈。在此具有主从关系的博弈中，赋能主体成为按动按钮的"大智猪"，供给主体成为等待进食的"小智猪"。在双方具体博弈时，因为赋能主体响应中央政府或上级主管部门的号召，即使品牌共建共享效果不明显，也能推动地方品牌建设，提升区域影响力，产生一定的公共服务价值，所以 V_l 将大幅增长，此时反而会使 $V_l - I > V_0$，于是赋能主体就会选择"投入"行为，而供给主体仍然会对品牌共建共享采用"事不关己"的态度，甚至浑水摸鱼。因此，该智猪博弈出现（赋能主体投入，供给主体投机）的纳什均衡解，最终的博弈结果是赋能主体积极推动 N – MASSC 公用品牌共建共享，而供给主体出现类似"等靠要"的"搭便车"行为。

二、供给主体－供给主体之间放牧博弈引发"公地悲剧"

在 N－MASSC 公用品牌共建共享进程中，供给主体承担了农产品的生产经营任务，产品质量的好坏直接影响品牌竞争力。一方面，龙头企业具有自身的资源优势，可以将主要精力用于打造企业品牌，如果忽视 N－MASSC 公用品牌的建设，从个体经济理性出发将会选择"个体利己"行为，滥用甚至"竭泽而渔"公用品牌以谋取最大化私利。农户作为"理性小农"，由于自身实力有限，离开或进入品牌生态系统时付出的沉没成本较少，天然地会采取"搭便车"行为应对 N－MASSC 公用品牌共建共享。可见，在供给主体之间容易演变成"囚徒困境"。

按照博弈结构可知，供给主体之间就形成了放牧博弈，长期过度使用将导致 N－MASSC 公用品牌陷入"贬值""零价值"的境地。此处以龙头企业为委托人，中小企业或农户为代理人展开探讨。在双方具有平等关系的放牧博弈中，因为龙头企业需要提高投入 I，专门用于 N－MASSC 公用品牌共建共享，调整自身企业品牌或产品品牌，才能保持或提高市场销售份额，对于 N－MASSC 公用品牌共建共享感到"不堪重负"，此时反而会使 $V_0 > V_h - I$，那么理性的龙头企业将选择"漠视"行为，而中小企业或农户由于自身资源条件，骨子里乐于"搭便车"，不花成本甚至违规生产经营，将一切结果推到龙头企业环节进行纠偏。于是该智猪博弈出现（龙头企业漠视，中小企业或农户投机）的纳什均衡解，最终的博弈结果是所有供给主体都各行其是，在生产经营活动中不珍惜品牌声誉，N – MASSC 公用品牌因道德风险而成为"公地悲剧"。

三、需求主体 – 供给主体之间逆向选择引发"信任危机"

在 N – MASSC 公用品牌共建共享初见成效之后，市场需求主体逐步加深对该类公用品牌的认可度。农产品天然具有信任品属性，只有在被消费者体验后才能产生信任或不信任的判断，此时 N – MASSC 公用品牌发挥了信号传递的作用，从而帮助消费者减少搜寻成本。如果区域内供给主体产品质量意识淡薄，以滥用、串用、冒用、盗用、掺混等行为破坏建立起来的 N – MASSC 公用品牌，将会过度攫取市场机会；邻近区域的外部供给主体也会以假冒伪劣、以假乱真、以次充好等行为冲击 N – MASSC 公用品牌的保护红线。由此，N – MASSC 公用品牌会出现"劣币驱逐良币"现象，建立的品牌知名度和美誉度也会严重受损。根据报道，国内出现了一些使用公用品牌的机会主义行为，最终迫使消费者以"用脚投票"方式远离了该农产品。

按照博弈结构可知，需求主体 – 供给主体之间就形成了不完全信息博弈，供给主体的过度滥用冒用行为导致了 N – MASSC 公用品牌的"信任危机"。此处以需求主体为委托人，供给主体为代理人展开探讨。在双方具有交易关系的不完全信息博弈中，需求主体需要在在市场上投入更大的搜寻成本，或者经过多次反复试错才能信任某一农产品，这样就会提高投入 I；同时因为"柠檬效应"，供给主体的农产品质量也越来越低，这样就会减少需

求主体的收益 V_h，此消彼长的结果就是 $V_0 > V_h - I$，此时意味着无法让委托人产生信任感，那么需求主体选择"漠视"行为已是必然；而供应链中上游的绝大多数供给主体都存在"投机"行为，甚至供应链之外的企业也来滥用品牌。于是该不完全信息博弈出现（需求主体漠视，供给主体投机）的纳什均衡解，最终的博弈结果是需求主体‑供给主体之间出现"信任危机"，导致N‑MASSC 公用品牌信任度恶化，市场走向"逆向选择"的崩塌结局。

从行动主体之间构成的三类博弈来看，N‑MASSC 公用品牌始终无法走出基本博弈面临的困境。农产品的生产受自然环境的影响，并且销售受市场环境的影响，多种随机影响因素导致农产品品质具有不确定性。在区域农产品生产加工过程中，由于委托人与代理人的信息不对称，加之农业行动主体出于"个体利益最大化"的利己考量，必然致使在品牌共建共享中出现目标偏离、道德风险和逆向选择，轻者减少品牌共建共享投入，重者以假乱真、以次充好，严重破坏品牌形象和声誉。因而，在 N‑MASSC 公用品牌管理实践中，由于各类行动主体的有限理性，容易出现"搭便车"甚至过度使用等投机行为，在追求个体利益最大化的情境下无法实现帕累托最优。

第三节　理论分析框架：协同治理模式的引入

面对 N‑MASSC 公用品牌共建共享的多重困境，需要采用协同治理模式，促使委托人和代理人形成合作共赢格局。公用品牌需要各类主体保持品牌共建共享热度，摈弃机会主义行为，根据生产经营需要相机投入资源品类，从而共享公用品牌溢价。周小梅等（2017）通过"丽水山耕"品牌建设为例，发现要想农户生产经营优质安全的农产品，就必须在建设和维护区域声誉方面设计一套行之有效的激励制度；赵卫宏等（2018）发现构建与社会期待相一致的资源环境可以形成区域内相应的制度趋同压力，对企业参与区域品牌化具有正向驱动效应；孙新波等（2019）采用包含主体内部的激励协同、不同主体的活化激励和中介机构的涌现激励的3层协同激励机制模型，通过案例验证了该模型对众包参与主体的整体激励效果。克雷普斯等（Kreps et al.，1982）、张维迎（2002）都认为声誉机制具有自我实施效果，只要具备时间要件、权力要件和信息要件等条件，就能够发挥道德机制、法律机制同样的效果，并且成本低、自我实施容易。基于品牌经济学和信息经济学的理论脉络，本章整合赋能主体的"奖惩"显性激励机制与供需主体的"声誉"隐性激励机制，利用信息披露机制联动显性和隐性激励机制，构建了 N – MASSC 公用品牌协同治理模式（见图 6 – 2）。首先，从外生性角度制定货币和非货币层面的奖惩机制。尽管赋能主体的奖惩机制面临成本高，甚至"监管者失灵"等问题，但对品牌共建共享主体施加第三方规制的制度压力，促使其遵循品牌共建共享底线，可以为 N – MASSC 公用品牌共建共享奠定坚实的基础。其次，从内生性角度制定有关市场交易的声誉机制。声誉源自几千年的农耕文化熏陶，只要充分利用血缘、亲缘和地缘关系，保持农产品一贯的口感风味，激发

N–MASSC 公用品牌的溢价功能，就能增加消费者信任和购买行为。最后，从信息披露角度制定多主体联动的信息机制。奖惩机制和声誉机制要达到治理预期，需要立足于信息披露机制，顺畅地传递检测监督和声誉等品牌信息，避免供给主体滋生机会主义行为，降低需求主体搜寻信息和购买决策的成本。

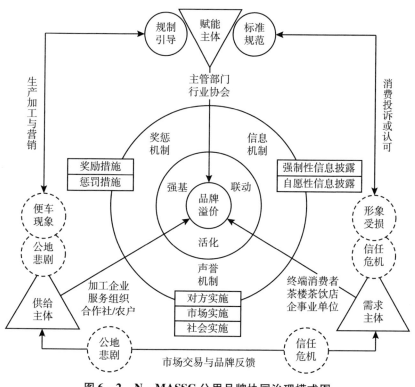

图 6–2　N–MASSC 公用品牌协同治理模式图

一、奖惩机制：赋能主体的强基作用

在赋能主体–供给主体的智猪博弈中，部分企业有可能利用

N – MASSC 公用品牌的非竞争性和非排他性特征，认定该类公用品牌共建共享是政府的行政事务而与己无关，从而导致"搭便车"现象出现。为此，需要政府部门加大检测监管力度，行业协会制定产品质量标准，中介机构提供生态绿色服务，在基本博弈模型中加入奖励或惩罚因子，从而改变博弈双方的收益，引导供给主体以高品质维护公用品牌的美誉度和知名度。

（一）物质奖励

对遵循 N – MASSC 公用品牌共建共享要求的供给主体给予物质奖励 R（Reward）。物质奖励（如政策扶持、金融支持、税收减免、用地用电便利等）向代理人传达委托人的公共服务价值取向，起到"四两拨千斤"的撬动作用，能够发挥显性的政策激励示范效应（胡世霞等，2018），已是国内地方政府推进公用品牌共建共享的惯常做法。在赋能主体 – 供给主体的智猪博弈中，给予物质奖励 R 可以正向引导供给主体遵循 N – MASSC 公用品牌共建共享规范，只要使 $R > C$，就能满足 $P – C + R > P$ 和 $P_0 – C + R > P_0$，从而使"遵循"行为成为供给主体的纳什均衡策略，于是（赋能主体投入，供给主体遵循）成为纳什均衡，如此就走出了困境，全部行动主体的品牌共建共享积极性得以提高，也会一致认同和执行赋能主体的品牌共建共享引导行为。

（二）罚金惩戒

对出现失德违规违法行为的企业收取罚金 F（Fine）。罚金（如追责和索赔代价、伪装成本等）能够打击代理人的冒用滥用等不良行为，改善品牌保护环境，从法律法规层面加大惩处力度，具备负向激励的效果（刘敬伟等，2020），也是国内地方政府推进公用品牌共建共享的惯常做法。在赋能主体-供给主体的智猪博弈中，给予惩戒罚金 F 可以正向引导供给主体遵循 N-MASSC 公用品牌标准规范，只要使 $F > C$，就能满足 $P - C > P - F$ 和 $P_0 - C > P_0 - F$，从而使"遵循"行为成为供给主体的纳什均衡策略（赋能主体投入，供给主体遵循），同样成为纳什均衡，如此就走出了困境，通过惩处冒用滥用等行为增大失德违法企业的经营成本，就能反向促进供给主体遵循 N-MASSC 公用品牌使用的规制规范。

尽管赋能主体的奖惩机制能够减少机会主义行为，但奖励 R 和惩罚 F 都要求政府投入一定的监管人员和设施设备，从而增加监管投入。在实践中，可以委托行业协会、中介机构或大数据分析平台，构建市场与企业的信息交流平台，设置 N-MASSC 公用品牌使用许可等规则标准，加强行业内部的自律和监督，就能纠偏供给主体的失德违规倾向，减少 N-MASSC 公用品牌共建共享的监管投入。

二、声誉机制：供需主体的活化激励

声誉机制是对赋能主体奖惩机制的有效补充，有时甚至还会取得更加明显的诱致效果。声誉是社会公众对某主体过去一贯表现的总体评价，可以敦促供给主体遵循稳定预期的守信守法行为，已经成为提升农产品品质信任度的重要依据。因此，

N - MASSC 公用品牌借助声誉机制，能够帮助消费者给予各个行动主体的信任并与之合作，反过来促使任何一个希望与消费者合作的供给主体都有动力建设和维持良好的声誉。克雷普斯等（Kreps et al., 1982）、米尔格罗姆等（Milgrom et al., 1982）等将动态博弈理论作为委托代理关系的研究工具，并建立发展了现代意义上的声誉模型，认为参与人着眼于长期利益将会自觉遵守承诺、放弃欺诈行为，从而声誉机制具有更低的实施成本，能够发挥法律同样的效果。坎多里（Kandori, 1992）的研究则拓展了克雷普斯等人的声誉模型思想，证明如果存在欺诈行为信息的传播机制并由社会实施机制对欺诈者实施惩罚，社会规范就能够支持合作行为和扩大声誉效应。孙霞等（2009）、蒋玉等（2021）也发现在有限次重复博弈下，参与主体为了获得更大的长期利益，也会变得规矩守法，声誉能够正向引导和促进消费者对优质农产品的溢价支付。由此可见，供给主体有内在动力建立和维持品牌声誉，此时声誉机制不需要外在强制措施而能够自我实施，即使要采用奖惩或监督等管制措施，也必须发挥声誉和管制的互补效应。

当然，声誉机制能够自我实施需要时间、权力和信息 3 个要件。N - MASSC 公用品牌向消费者发出高品质信号，可以赢得消费者信任，提升品牌形象和声誉租金。张维迎（2002）认为信誉机制发生作用的条件可概括为：（1）博弈必须是重复的；（2）博弈双方都有足够的耐心；（3）博弈一方的不诚实行为能被及时观察到；（4）博弈另一方必须有足够的积极性和可能性对交易对手的欺骗行为进行惩罚。吴元元（2012）也强调声誉机制发挥威慑功能需要严格的社会条件。综合学者们的观点，品牌声誉发挥作用的条件可归纳为以下几点：一是满足品牌声誉的时间要件。按照国家的乡村振兴和品牌强农战略，N－MASSC 公用品牌共建共享将会高概率长期持续，那么双方无数个再次相遇的交易机会就会惩罚机会主义行为。同时，行动主体作为社会单元嵌入整体社会结构中，既有耐心又有积极性建立和维持信誉，委托代理人之间"重复博弈"的组织安排就能满足公用品牌声誉的时间要求。二是满足品牌声誉的信息要件。N－MASSC 公用品牌声誉不再局限于特定主体，而是在社会公众中拓展传播，一个高效率的信息沟通传递网络对品牌声誉机制至关重要。社会公众评价供给主体声誉需要及时、准确、客观、完整的信息，借此观察判断该供给主体的行为是否值得可信，由此农产品的全链条信息成为消费者选择购买的决策信息。三是满足品牌声誉的权力要件。N－MASSC 的各个行动主体之间是一种博弈关系，委托人可以发出置信的威胁或承诺，采取"以牙还牙""以眼还眼""针锋相对"等触发策略，代理人的失德违法行为将会导致委托人转向其他高质量高声誉的代理人，或者向有缺陷的农产品支付更低的价格，从而转变博弈双方的"成本－收益"关系，形成声誉惩罚。

根据品牌行动主体的不同博弈情境，声誉可以通过 3 种实施机制保护公用品牌。一是交易对手的个人实施机制。在交易双方的双边博弈中，代理人因机会主义而产生的违约行为会导致委托人的直接报复（比如终止合作协议造成的交易损失），致使后续交易无法达成合作，影响或清零未来的长期收益。二是交易同行的第三方实施机制。将代理人的交易违约行为在行业"圈子"内传播，让交易双方之外的其他委托人知晓，那么在未来交易时圈内委托人就会考察违约代理人的前期交易记录，并对有违约前科的潜在交易对手避而远之，这样因为前期违约行为就会搞坏自身的行业声誉而失去未来获利机会。三是社会关联的社群惩罚机制。农村社群居住着互动密切的本乡本土居民，村民除了地缘关系，大都存在一定的血缘和亲缘关系，易于形成嵌套于更广社会结构中的关联博弈格局。代理人的失德违法行为不仅会在市场交易中受到排斥，还会在社会活动中受到冷遇，最终将增加非货币化的社会支付。

以上 3 种实施机制将一次性博弈转换为重复博弈，都将改变图 6 - 1 中各个博弈方的收益，实现了长期利益大于短期收益的博弈均衡。N – MASSC 公用品牌声誉是一项长期的建立和维护过程，尽管学者们已经证明了有限期重复博弈能满足声誉机制的要求，但此处不妨假设博弈双方开展无限期重复博弈，贴现因子为 δ，结合图 6 - 1 可知代理人违约的收益为 $P - F$，不违约的收益为 $(P - F)/(1 - \delta)$，那么只要 $\delta > 0$，代理人就没有违约的动力，于是降低产品质量感知的不确定性，提高行业信誉和威望，提升消费者的美好印象和积极评价，成为子博弈精炼纳什均衡。可见，声誉机制利用双边和多边实施机制促进供给主体积极为 N – MASSC 公用品牌共建共享守信守法，促使供给主体为了长远利益而抵制机会主义行为的短期诱惑，帮助博弈双方走出了多重困境，起到了类似于赋能主体奖惩机制的效果。由此，供给主体也获得了共享声誉租金的准入机会，从而自觉加大对自身声誉的长期投资。

三、信息机制：多元主体的联动效应

N－MASSC公用品牌信息披露既是一种农产品高质量的信号传递方式，又是一种行动主体之间的信息沟通机制。现代信息披露制度起源于英国和美国，是经济组织出于某种目的向外界公示或公开自身信息的一种制度安排，以满足信息使用者的决策需求（程博，2018）。N－MASSC公用品牌信息需要在供给主体之间以及供需主体之间有效传播，以便充分揭示农产品全链的生产加工品质以及规范标准的满足程度，帮助消费者在购买前确切地知道农产品质量水平，从而获得消费者认同，创造农业竞争优势。曼弗雷德（Manfred，2004）将声誉看成是反映行为人历史记录与特征（效用函数）的信息，相关信息在各个利益相关者之间的交换和传播，形成声誉信息流、声誉系统、信息显示机制等组成的声誉信息网络，有效克服信息扭曲，增加交易透明度，降低交易成本。古川等（2012）认为食品生产企业要获得消费者信任并实现与低质量企业分离，必须披露更多的质量安全信息；龚强等（2013）指出信息披露为社会公众提供了一个监督涉农产业链的平台，也能提高相关部门的监控效力。因此，为了快速传递N－MASSC全链信息，有效阻止供给主体的"逆向选择"行为，避免农产品市场的"柠檬问题"，需要多主体联动的品牌信息披露机制，提高奖惩机制和声誉机制的联动运行效率。

N－MASSC公用品牌可以采取强制性信息披露和自愿性信息披露2种方式，从而有效规避机会主义行为引起的不确定性。一方面，从政府规制层面，强制企业披露农产品生产种植和流通加工等环节的关键信息。在赋能主体的奖惩机制下，赋能主体需要根据不同行业的特性和企业的生产技术特点，明确供给主体的信息披露义务，规范供给主体的信息披露内容、形式、层次、时间和程序，加强监管结果信息公示，将企业的机会主义行为告知社会公众，做到"惩恶扬善"。在必要时，还可以搭建一个 N - MASSC 公用品牌信息披露平台，为信息使用者提供动态的个性化服务。多赫蒂等（Daughety et al.，2005）认为在强制信息披露的情形下，企业为了保证产品质量将会增加研发投入，结果是市场中产品质量水平将高于信息不公开时的情形。因此，强制涉农企业披露产品信息，可以大幅提高劣质供给主体的品牌使用成本，激发劣质供给主体向高质量转型，反过来能给优质企业带来更高的利润，从而保障奖惩机制的监管信息来源，提高品牌政策的精准施策。另一方面，行动主体按照自愿原则，主动披露农产品生产经营信息。在供需主体之间的声誉机制作用下，供给主体有主观意愿准确地披露农产品种植、加工、流通和治理等全过程信息，主动接受社会公众的监督，提高农产品质量和内在品质，增加农产品质量信息透明度，增强消费者对农产品的信任度，从而赢得消费者等需求主体的支持。摩瑟等（Moser et al.，2012）、张正勇等（2013）都认为在利益相关者视角下，自愿性信息披露的目的在于获得市场消费者认同，创造产品核心竞争优势，吸引和激励员工。吴林海等（2012）的研究表明，通过增强质量信息透明度有助于明确供应链内企业的责任，企业发布食品安全信息的前提是收益稳定和能够有效规避机会主义引起的不确定性。

可见，营造 N－MASSC 信息披露的社会氛围，建立一套相应的信息披露"核心参照标准"，对提升 N－MASSC 公用品牌形象和价值至关重要。N－MASSC 信息是其公用品牌共建共享的基础和出发点，基于农产品的信任品属性，既要发挥政府的规范监督作用，又要调动供给主体的主动披露意愿，同时促进奖惩机制和声誉机制发挥作用。通过可信地披露规范标准、种植加工、质量安全等各种信息，减少需求主体的信息搜寻以及选择成本，解决农产品面临的逆向选择和道德风险，从而提升农产品市场效率、降低交易成本，提高农产品的品种品质。

第四节　案例研究：假说检验与分析

为了验证前述的 N－MASSC 公用品牌协同治理模式，本章采用单案例研究方法，遵循典型性和理论抽样的原则（Eisenhardt et al.，2007），选择永川秀芽作为案例研究对象，具体理由如下。一是案例选取应具有典型性。永川秀芽产自重庆市永川区，该区在两汉时期就有种植茶叶的历史，域内宜茶地区比比皆是，品种主要为白茶、苦丁茶和四川中小叶种。2019 年，农业农村部、国家发改委等七部委认定永川区为中国特色农产品优势区，重庆市认定永川区为 7 个百亿级茶叶产业综合示范区之一。二是案例选取应满足理论抽样的原则。永川秀芽品牌的建设使用过程规范，协同治理效果突出，成为重庆市唯一的"中国茶叶优秀区域公用品牌"，具有一定的茶文化内涵，享有较高的知名度和美

誉度。可见，以永川秀芽为案例研究对象，与本章研究主题非常
吻合。

永川秀芽发展历史悠久，公用品牌共建共享成绩斐然。该品
牌茶叶属于早市名优茶，1959 年创始于朱德委员长考察四川中
小叶品种的认可："还是这个茶好！"；1964 年中国著名茶学专家
陈椽教授根据该茶的产地和外形特征将其正式命名为永川秀芽；
随后几十年经过几代科技专家的不断创新和反复实践，形成了独
特的制作技艺；1989 年被农业部评为优质农产品，1999 年和
2001 年先后被认定为中国国际农业博览会知名品牌；2004 年获
得国家发明专利；2006 年"得川牌"永川秀芽被世界茶联合会
评为"国际名茶金奖"；2012 年注册为国家地理标志证明商标；
2015～2020 年期间，被评为"全国最具文化底蕴十大地理标志
名茶""最受消费者喜爱的中国农产品区域公用品牌""中国优
秀茶叶区域公用品牌""中华品牌商标博览会金奖"等称号；
2021 年被列入央视"品牌强国工程—乡村振兴行动"宣传计划。
截至目前，永川秀芽拥有云岭、新胜、云升、永荣等企业品牌 21
个，国际国内共计获奖达 60 项。

一、奖惩并重：夯实品牌基础

（一）政府高度重视永川秀芽品牌的培育建设

一方面，明确公用品牌建设目标。永川区政府（下文简称
"区政府"）把茶叶产业作为全区特色效益农业第一产业来抓，

走"区域公用品牌＋企业品牌"品牌化发展之路,在规划布局上始终坚持品牌发展理念,确立了永川秀芽作为全区绿茶的区域公用品牌进行统一宣传打造,努力把永川秀芽打造成为全国名茶品牌的目标。专门编制了茶叶产业发展及品牌共建共享规划,为抓好品牌共建共享奠定了坚实的基础。另一方面,加大政策奖励力度。区政府大力整合涉农项目资金,对符合要求的茶叶企业在基地建设、设备购买、厂房修建等方面按农业政策实施补助补贴。2015 年先后下发了《永川区整合涉农投资的实施意见》和《永川区加强涉农项目资金整合工作意见》,提出按照"产业与水、电、路配套建设"的要求,整合水利、农村道路、电网改造、土地整治、高标准农田建设、农业综合开发等项目资金,坚持项目性质、资金用途、主管部门"三不变",推进规划、标准、督导考核"三统筹",实施区域、项目、程序"三整合",集中投入,连片开发。永川茶叶产业进入了由"量"到"质"新的变革时期,促进了茶叶产品质量全面提升和效益提高,茶叶产业竞争能力提升。2019 年,区政府以每亩 1500 元的标准直接补助给新建茶园的业主,将总计 1600 万元的涉农资金用于种茶基地基础设施建设、茶叶生产加工厂房及设备更新;区农业农村委以每个店面装修资金 5 万元的标准对 10 余家经销店进行了店面改造装修补助;2020 年,区政府投入财政资金 1500 万元,拉动社会投入2500 余万元,集中打造了永荣、红炉、宝峰、来苏、青峰等英山山脉产业园区,建设良种茶基地 1 万亩,扩大了永川秀芽良种茶基地面积;2021 年,区政府利用产业园发展资金 2500 万元,新发展茶叶生产基地 3500 亩,改建加工厂房 2000 多平方米,新购设备 65 台（套），新建茶园观光步道、观光亭、休闲长廊等旅游基础设施，推进茶旅融合发展。

（二）政府部门和行业协会严格监管产品品质和品牌使用授权

区政府始终将产品质量标准化管理作为品牌共建共享的重要举措，注重从"田间到茶桌"的全链监管，把可靠的原料生产基地和产品加工设施设备作为产品质量的重要保证。一是多部门制定行业规则和标准。永川区茶叶协会①制定了《重庆市永川区茶叶行业协会永川秀芽地理标志证明商标使用管理暂行规则》（下文简称《规则》），还与茶经站和茶研所联合制定了《永川秀芽生产技术规程》《永川秀芽名优绿茶加工技术规程》《地理标志产品永川秀芽》3 个团体标准，要求所有授权企业必须按标准生产永川秀芽产品。二是多部门联合开展质量抽检监测。强调茶叶企业和农户必须作好品种引进、栽植、管理、采收、储藏、加工、销售全过程记录，加强茶叶生产过程中的土地施肥检测、农残检测，严控茶叶农残超标，大力推广使用有机肥、生物防治。定期、不定期对茶叶开展安全执法和品牌使用合法性检查，多次联合开展永川秀芽综合保护专项行动，清理整顿永川秀芽品牌销售市场，近几年全区永川秀芽质量检测全部合格。三是区茶叶协会严把公用品牌授权标准关。凡使用永川秀芽商标的茶叶企业需要满足在永川建厂、符合生产标准、达到质量标准、协会授权等

---

① 永川区茶叶协会归口重庆市永川区经济作物技术推广站管辖，实行"同一个班子，两块牌子"的公用品牌管理模式。

条件，才能张贴茶叶协会统一印制的永川秀芽防伪商标、防伪标识，并标注"某某牌永川秀芽"字样、等级、重量和产地名称等。目前，区茶叶协会根据《规则》授权了 16 家茶叶生产加工企业使用永川秀芽地理证明商标，其中已有 8 家在国家知识产权局备案，另外 8 家也将陆续备案。

二、声誉租金：活化品牌形象

（一）科技创新与服务支撑品牌声誉

茶研所拥有 25 名茶叶研究的高级人才、国家级茶树良种 10 个、50 余亩被誉为国宝的茶树品种基因库、600 余份茶树种质资源。茶研所通过不断的科技创新与提供优质的科技服务，为支撑公用品牌声誉提供了强有力的支持作用。一方面，关键技术创新提升产品品质。经过几代科技专家不断创新和反复实践，茶研所在永川秀芽的传承保护中形成了独特的种植与制作技艺。茶研所搭建了农业部永川茶树种苗繁育中心，茶园生态栽培技术处于全国前列；攻克了夏秋优质绿茶降苦涩工艺技术、夏秋工夫红茶光质萎凋技术；研发了渝红工夫红茶和沱茶新品类；成功建立茶小绿叶蝉、茶尺蠖/灰茶尺蠖和茶毛虫 3 种茶树主要害虫预测模型；成功筛选出化肥减施增效技术模式 3 套；集成了绿色防控技术组合 1 套；成功开发重庆茶树种质资源数字化管理系统 1 套；智慧茶叶生产与加工攻关项目取得阶段性成果。另一方面，科技服务助推 N‑MASSC 公用品牌发展。茶研所积极为产业发展战略规划、区域茶叶产业发展规划、公用品牌创建等方面出谋划策；开展脱贫攻坚与乡村振兴工作，对口帮扶深度贫困乡镇，打造乡村振兴科技引领示范村，围绕永川秀芽品质提升推广新型实用技术；举办各类新型农民培训，解决技术难题，推广茶树良种，优化改进茶叶生产线，免费发放技术资料；培育了自主创业、家庭农场、小微茶叶企业等新型经营主体。

（二）敦促供给主体主动加强产品质量控制

永川秀芽伞系列品牌下面包含多个企业品牌，其中 3 家市级重点扶持龙头企业，余下全部属于区级重点扶持龙头企业。一是龙头企业自建种植基地，少量向合作社或当地茶农采购。龙头企业在自建基地自行开展有机肥和生物杀虫处理，向种植茶农提供技术和培训等服务，并按照产品等级收购茶叶，这样多个供给主体之间就能在生产加工环节实现互助共赢。二是划定产品的采购区域，划分产品的销售等级。永川秀芽茶叶主要分布在云雾山、英山、箕山、巴岳山等五大山脉的永荣、双石、大安、宝峰、茶山竹海等 15 个镇（街），不在此区域的茶叶流通将会在同行交易时严格甄别而剔除。同时，永川秀芽按照传统的"三品一标"和商标划分等级，鼓励企业取得无公害农产品、绿色食品、有机农产品或市级著名商标、知名商标等权威机构认证证书，云岭、新胜、云升、又一春、永荣等品牌的产品质量等级和市场认可度较高，先后获得重庆市名牌产品称号；部分企业结合价格、包装把永川秀芽绿茶产品等级分为高、中、低 3 个档次，对应的市场用途为礼品茶、自饮茶等。通过区域划定和等级划分，永川秀芽杜绝了产品的滥用冒用行为，维护了品牌的原产地声誉。三是利用乡风民俗提升品牌口碑。永川是西部茶都，爱茶、品茶、论茶成风，全区茶叶行业从业人员大多数是本地人，不定期举行各种聚会、交流会、培训会、评比会等活动。在这些活动中，茶叶企业都非常注重传播口碑，追求长远效益。

（三）注重消费者的市场反馈

永川秀芽作为重庆本地绿茶代表，面临着西湖龙井、碧螺春、竹叶青等外地绿茶品牌的激烈竞争，必须高度重视顾客与经销商的市场反馈意见，不断改进产品品质、提升服务水平。一是改善茶叶口味。针对顾客反映夏秋优质绿茶略有苦涩的问题，茶研所经过多年不懈努力，攻克工艺技术难关。二是丰富产品系列。针对市场需求变化，在原来主打高端礼品市场的基础上，与时俱进开发不同等级的自用产品系列，高端产品销售比例逐年下降，中端产品销售额大幅上升，如云岭茶业 2020 年高端茶叶下降到不足 30%，中端茶叶增加到 67%。三是拓宽销售渠道。在自有门市和茶叶市场渠道基础上，顺应市场需求，拓展茶叶专卖店、超市渠道和天猫、京东等网上渠道，全方位方便消费者购买。目前，永川秀芽已在重庆市场绿茶消费者心目中占据优势地位，据不完全统计，八成以上的本地绿茶消费者最常购买的绿茶品牌是永川秀芽。以云岭茶业为例，线下老顾客占比超过 70%，但在旺季或有促销活动时，线上老顾客占比达到 40%～50%。

三、信息披露：联动品牌圈层

（一）赋能主体强制信息披露

一方面，区政府高度重视品牌共建共享的信息披露。区政府严格要求茶叶企业和农户必须作好生产流通全过程记录；通过网络媒体、广播电视等媒体及时宣传和报道区茶叶产业大事记；在2020年"晒旅游精品·晒文创产品"活动中，由区长对永川秀芽直播带货，为永川秀芽带来好口碑高销量。另一方面，茶叶行业协会非常注重品牌信息披露。区茶叶行业协会在全国团体标准平台发布了永川秀芽地理标志品牌的3个团体标准；统一印制了永川秀芽防伪商标，要求使用单位在产品包装上统一使用农产品地理标志图案，张贴防伪标识，并标注公用品牌标准相关规格参数，强制授权茶叶企业披露农产品质量信息，做到茶叶全过程可追溯。

（二）供给主体自愿信息披露

区政府鼓励茶叶企业通过品牌公用网站、企业网站和广播电视等多种媒体自愿披露产品品种品质信息。一方面，在产品包装上披露公用品牌信息。伞品牌下的企业品牌包装都会印上"某某牌永川秀芽"字样，增加消费者信任，增强企业品牌形象，带动众多企业的销售。另一方面，茶叶企业充分利用媒介平台展开宣传与销售。各类茶叶企业在利用天猫、京东、地方电视台、协会网站等公用平台基础上，建设多种多样的自有平台，利用这些平台在宣传与销售企业品牌的同时也宣传了区域公用品牌，积累了永川秀芽的品牌声誉。

（三）多元主体交叉信息披露

近年来，永川秀芽搭建了各种活动平台，促进了多元主体的信息互动。一方面，组织茶园体验、斗茶大会、茶博会等茶事活动，引发利益相关者高度关注。区政府每年举办斗茶大会、两年举办一次茶博会和茶旅游节，邀请全国知名茶叶专家进行茶叶评比，树立行业标杆，促进茶叶品牌发展；邀请消费者实地考察茶叶种植园和加工基地，参与传统茶艺表演、实行开放式生产操作，亲身体验茶叶制作全过程。另一方面，注重品牌信息整合传播，加大品牌宣传力度。区政府制作了多种宣传片、宣传画册、杂志、手绘旅游地图，将永川秀芽作为最重要的旅游产品进行宣传推介，2019 年区政府拍摄的"书记晒文旅"8 分钟专题宣传片中对永川秀芽进行了重点刻画，重庆日报"区县故事荟"专题宣传中详细讲述了永川秀芽的故事；从 2015 年起，全区在市公交车、高速路、高铁站、航站楼等投放永川秀芽形象广告，助推永川秀芽形象推广。

四、三制一体：提升品牌价值

近年来，永川秀芽高度重视发挥奖惩、声誉和信息 3 种机制的协同治理效应，取得了较高的品牌价值和收益。多元主体在品牌共建共享中认识到，奖惩机制能够奠定品牌价值基础，保障品牌价值底线；声誉机制能够提升品牌价值内生动力，驱动品牌共建共享主体自觉维护与提升品牌价值；信息机制助推奖惩机制和声誉机制联动运行，增强品牌市场曝光度与影响力。一方面，奖惩机制和声誉机制齐头并用。区政府对主管部门和乡镇制定考核奖惩办法，将永川秀芽茶叶企业品牌共建共享列入了目标考核内容。区政府、行业协会等赋能主体给予茶叶基地和茶叶加工设备方面奖励支持，奠定了品牌价值基础；同时，每年牵头举办斗茶大会等品牌宣传活动，邀请茶叶专家和消费者意见领袖评选出信誉好、声誉好、积极披露信息的企业，由政府给予表彰和宣传，获奖多、影响大、收益多的企业也就更注重自己的声誉，进入发展的良性循环。另一方面，信息披露机制强化了奖惩机制、声誉机制的联动效应。政府加大品牌标准、获奖企业的宣传力度，声誉好的企业披露信息的积极性就越来越高，消费者对公用品牌的知晓度和认知度也随之提高。目前全区龙头企业 100% 使用了地理标志防伪码，强制性信息披露实现了全覆盖，自主性信息披露积极性越来越高。永川秀芽通过奖惩、声誉和信息 3 种机制整合形成协同治理模式，消除了相关利益者的机会主义行为，形成了品牌共建共享的格局，极大地提升了品牌价值。

通过以上协同治理模式的全面应用，永川秀芽具备了扎实的发展基础和美好的发展前景（见表 6-1）。从 2012 年取得地理标志到 2021 年期间，种植面积扩大近 1 倍，达到 10.89 万亩；产值增加近 9 倍，达到 10.1 亿元；品牌授权企业数量增加近 1.5 倍，达到 17 家；价格同比提升 10%，产值超过 10 亿元，同比增加约 1 亿元，全国区域公用品牌价值评估值达 24.91 亿元。

表 6-1　　　　　　　永川秀芽茶叶产业历年基本发展数据

年份	种植面积 （万亩）	产值 （亿元）	企业品牌数 （个）	授权企业数 （个）	品牌价值 （亿元）
2012	5.00	1.00	7	7	2017 年前没有参加 CARD 公用品牌价值评估
2017	8.00	6.56	9	9	
2018	9.00	7.38	12	12	18.65
2019	10.00	8.30	15	13	19.30
2020	10.54	9.10	18	14	21.98
2021	10.89	10.10	21	17	24.91

资料来源：本书研究团队根据访谈及行业网站、期刊文献等整理而得。

第五节　研究结论与政策启示

N–MASSC 公用品牌创建、使用和保护必然需要协同治理，要求所有行动主体共建共享，全力消除"搭便车""公地悲剧"和信任危机等多重困境。N–MASSC 公用品牌治理模式包含三种子机制：赋能主体采用检测监管结果实施第三方奖惩机制；供需主体之间重视科技创新、产品质量控制和注重市场反馈的声誉机制；整合赋能、供给和需求三种主体，发挥奖惩机制和声誉机制联动效应的信息机制。利用永川秀芽 N–MASSC 公用品牌共建共享实践经验，验证了三种子机制协同治理的应用效果，对增强品牌形象、提升产品竞争优势具有重要的指导意义。

　　为响应国家关于品牌强农的战略部署，根据研究结论提出如下政策建议。第一，继续加大 N – MASSC 公用品牌创建奖补强度。在推进乡村产业振兴战略中，N – MASSC 公用品牌能够提高农产品的知名度和美誉度，帮助农产品尽快走向市场和消费者，从而提升农产品进城的广度和深度，政府可在生产基地建设、质量溯源系统、加工设备购置、市场营销推广等环节予以一定的财政补贴或绩效奖励，加大 N – MASSC 公用品牌共建共享的资金投入。第二，引导健全多元行动主体参与的自组织运行架构。品牌质量来源于整个 N – MASSC 链条，任何环节的纰漏都会"自毁长城"，需要供给主体之间既分工合作又职责透明，建议委托行业协会等第三方机构，给龙头企业或合作社授权，进而鼓励龙头企业自建基地带动农户，以农产品供给系统的自组织运行，自发地摒除破坏公用品牌的机会主义行为。第三，瞄准市场受众提升品牌宣传力度。由于 N – MASSC 公用品牌是一种准公共资源，依靠单个主体的资源无法实现公用品牌的全方位宣传，并且市场声誉累积也是一个漫长的过程，因而需要政府部门牵头，组织相应的品牌体验交流活动，加大媒体宣传力度，尤其要注重新媒体宣传，以优质农产品满足消费者对美好生活的向往。

第七章

N – MASSC 产品服务协同
供给制度创新

在乡村振兴战略背景下，N – MASSC 产品服务协同供给制度对构建协同体系架构、提升协同效率效益发挥着关键作用。自党的十九大提出"实施乡村振兴战略、健全农业社会化服务体系"以来，我国在现代农业服务领域进行了一系列的探索实践和制度变革，但针对 N – MASSC 的制度设计还远远不够，需要顺应新时代的变化，汲取经验智慧进行持续创新。本章将以新制度经济学的制度及制度创新（变迁）理论为基础，以理性选择制度主义的制度变迁为分析范式，围绕政策顶层设计、财政税收政策、金融保险政策、基础设施建设、服务要素配置、各类人才储备 6 个方面，重点阐释 N – MASSC 产品服务协同供给制度的优化建议。

第一节　制度及制度创新相关理论

制度是一种行为规则，这些规则涉及社会、政治及经济行为，包括用于降低交易费用的制度、用于影响生产要素的所有者之间配置风险制度、用于提供职能组织与个人收入流之间的联系的制度、用于确立公共品和服务的生产与分配的框架的制度（舒尔茨，1968）。新制度经济学的代表人物诺斯指出，制度是一个社会的博弈规则，或者更规范地说，它们是一些人为设计的、形塑人们的互动关系的一系列约束，通过界定并限制人们的选择集合来减少不确定性。制度具体由社会认可的非正式约束、国家规定的正式约束和实施机制 3 部分构成（诺斯，1990）。国内学者们认为制度是特定社会范围为达到调节人与人之间社会关系和统一行动所遵循的一系列习惯、道德、法律（包括宪法和各种具体法规）、戒律、规章（包括政府制定的条例）等规范的总和（吴爱东，2020），具有一定的目的性、方向性、强制性（程联涛，2020）。本章所研究的 N－MASSC 产品服务协同供给制度，是指根据乡村振兴战略的时代要求，对供应链多元行动主体协同供给过程中逐渐形成的各种协同制度，包括正式制度和非正式制度。其中，正式制度主要是指在 N－MASSC 产品服务协同供给中的各种制度规范、政策法规，具体包括各种现代农业服务的法律法规和政策文件；非正式制度是指在 N－MASSC 产品服务协同供给中自发形成的民间习惯、习俗、传统、道德、文化等，是对正式制度的有效补充。本章重点研究正式制度中的政策文件以及相应的实施机制，通过补充完善现代农业服务的相关政策和管理办法，最大限度地满足乡村振兴战略的发展要求。

新制度经济学理论中，制度变迁与制度创新是内涵相近的概念，其中，制度变迁是一个表述制度调整、替代以及变化的更为一般的概念，制度创新可以被看作制度变迁的一种具体形态，是一种特殊的制度变迁。一方面，制度变迁是指新制度产生、替代或改变旧制度的动态过程。经济学家诺斯（1990）提出，变迁通常由对制度框架的规则、规范和实施的复杂结构的边际调整所组成；林毅夫（1989）认为，制度变迁是一群（个）人在响应由制度不均衡引致的获利机会时所进行的自发性变迁与由政策法令引起的强制性变迁的过程。另一方面，制度创新是制度的创立、变更及随着时间变化而被打破的方式。吴爱东（2020）主张，制度创新是指改进现有制度安排或引入一种全新制度以提高制度效率及其合理性的一类活动，是一个制度替代、转换和交替的过程，经历了"制度均衡→制度非均衡→制度再均衡"的过程；李中（2016）指出，制度创新的本质就是用一种效率更高、效益更大的制度代替旧的制度，由于制度创新是有成本的，因此一项制度变革是否能算作创新，关键是要看该制度变革能否实现更高的收益；万军（2019）强调，制度创新是指能使创新者获得追加利益的现存制度的一种变革，包括制度的发明、模仿与演进。只有当制度行为的主体为了获取更大利益而主动实施变更或转换制度的行为时，才可以认为制度创新行为已经发生，也才会引发制度创新结果的发生。综合新制度经济学派的观点后发现，不是任何的制度变迁都可被看作制度创新，而制度创新是一种考量制度是否均衡的特殊制度变迁，当制度发生创新时就一定发生了制度变迁。为此，本章不刻意区分制度创新与制度变迁，接下来将统一使用制度创新这一概念展开论证。

第二节　N－MASSC 产品服务协同
供给制度创新分析

新制度经济学形成了历史制度主义、社会学制度主义和理性选择制度主义 3 大流派（许丹等，2021），其中理性选择制度主义由制度变迁的动因、过程和结果 3 个步骤构成，强调制度的功能性演进，深刻揭示了制度的利益属性，适用于解释 N－MASSC 产品服务协同供给的具体制度安排。接下来将采用理性选择制度主义制度变迁分析范式，结合乡村振兴的时代背景，拓展或重构该分析范式的要素内涵，对 N－MASSC 产品服务协同供给制度创新展开研究。

一、制度创新动因分析

N－MASSC 产品服务协同供给制度创新的动因分为制度环境和制度收益两个部分，前者是制度创新的外部动因，后者是制度创新的内在动因，二者旨在廓清"为什么制度会变迁或创新"。

（一）制度环境的变化

制度环境主要用于对制度创新促成因素的解释说明，为 N－MASSC 产品服务协同供给制度创新提供了可能，主要包括社会进步、农业科技、资源要素等因素。一是社会进步的需要。政府是决定制度供给方向和速度的主导力量，拟定的乡村振兴战略影响了 N‒MASSC 产品服务协同供给制度变迁的方向和新制度安排的内容，以乡村振兴推动农业农村现代化是我国经济社会发展中最重要的领域之一，也是全党全国工作的重中之重。二是农业科技的推动。基于"云物移大智"等新一代信息技术的"互联网＋"农业、智慧农业迅猛发展，无人机植保、生物科技、电商微商等服务内容和手段越来越先进，促使观念从"重产品、轻服务"转变为"产品与服务并重"，为 N‒MASSC 产品服务协同供给创造了有利条件。三是资源要素的改变。农村劳动力发生了非农转移，工商资本下乡支持农业发展，政府加大财政支农资金投入，农业信息采集、分析和传播越来越立体，这些趋势改变了"技术、资本、劳动力、信息"等资源要素供给模式，促成现代农业向价值链高端不断攀升，构成了 N‒MASSC 产品服务协同供给的资源情境。总之，以上外部因素的内涵重构，扩大了 N‒MASSC 产品服务协同供给制度的选择集合，从而可能促成 N‒MASSC 产品服务协同供给的制度创新。

（二）制度收益的增长

制度环境仅仅作为制度创新的充分非必要条件而存在，权衡制度收益成本后的潜在利润才是制度创新的直接动力。结合中国集体文化背景，制度的潜在利润包括个体利益和公共利益。一方面，N‒MASSC 行动主体囿于信息不对称、有限理性等现实约束，始终追求个体经济利益的最大化。在制度创新过程中，如果新制度的预期收益超过预期成本，将会引发制度走向非均衡，行动主体就会产生创新的意愿，促成制度创新达到新的均衡状态。N – MASSC 产品服务的协同供给可以调动参与各方的积极性，提高供应链协同运营效率，创造"1 + 1 > 2"的多赢效果。另一方面，乡村振兴中现代农业服务的制度创新更多由政府推动，其行为目标是实现社会公共利益最大化。现代农业服务应由政府在农业农村现代化领域制定和实施一系列具体制度安排，以国家发展战略为中心，摆脱乡村产业的落后状态，满足农村农民的共同富裕要求，符合广大人民群众的根本利益，明显具有公共服务、公共价值的特性。因此，行动主体的自利性动机和政府追求的公共利益成为 N – MASSC 产品服务协同供给制度的直接动力，从微观、中观两个层面构成了制度创新的内在动因。

二、制度创新过程分析

N – MASSC 产品服务协同供给制度创新由初级行动团体发起，得到次级行动团体的正面响应后得以完成。N – MASSC 产品服务协同供给制度创新的行动主体主要包括政府、集成商、供应商和农户。政府部门通常作为初级行动团体，面临现代农业服务业的发展机遇，出台产业发展政策文件，顺应集成商、供应商等次级行动团体的供给愿望，从而满足农户和消费者对现代农业服务的需求，形成两级行动团体的良性互动。

N – MASSC 产品服务协同供给制度创新是一个利益博弈的动态演化过程，体现为行动主体的行为规则的更新。从创新速度来讲，制度创新分为诱致性创新和强制性创新，前者多由市场引致，后者主要来自政府的强制力量。N‑MASSC 产品服务协同供给制度创新一般由政府围绕乡村产业兴旺目标，倡导现代农业服务的规模化、集约化，从而产生政府强制性制度创新。同时，集成商、供应商等次级行动团体根据自身发展需要，通过为农户和消费者提供服务而拓展业务领域，获得更多更广的利润空间；农户因为老龄化、规模化和去市场化，在生产、加工和销售环节产生了相应的服务需求，二者在具体服务供给与需求的融合，会产生市场诱致性制度创新。在强制性创新和诱致性创新的长期作用下，政府、集成商、供应商和农户展开多期动态博弈和演化均衡博弈，生成规范、规制和习惯等制度安排，分别获得公共服务、预期利益等价值，从而不断推动制度"均衡—非均衡—均衡"的迭代式创新。经过上述的制度创新过程，将对 N‑MASSC 产品服务协同供给制度进行不断的修正、完善、调整、补充和更替。

第三节　现代农业服务供给现状及存在问题

一、服务供给现状

现代农业服务能够助力解决"农业兼业化、农民老龄化、农村空心化"等突出问题，助推乡村全面振兴和农业农村现代化。近年来，在中央政策引导和各级政府高度重视下，大量工商资本、专家人才、职业农民进入乡村经济建设领域，促进传统农业服务迅速升级，推动现代农业服务体系不断完善、内容手段不断创新。现代农业服务业成为现代农业产业体系的战略性新兴产业，已经与农业产业链紧密耦合、互动融合，对增强乡村地区的产业发展动力发挥了巨大作用。特别需要说明的是，虽然现行政策文件和理论文献偶有现代农业服务的提法，大多使用农业社会化服务的概念，但二者在内容上大致相同。因此，接下来梳理现代农业服务供给现状时，将二者统一用"现代农业服务"这一术语进行表述。

（一）多元服务主体稳步壮大

在乡村资源要素不断整合优化的情境下，不同类型的现代农业服务主体稳步壮大，初步形成了多主体参与、多元化竞争的服务经营格局。从总体上看，现代农业服务供给主体，既有服务型农户、家庭农场、专业合作社，又有龙头企业、农业产业集团、专业服务组织、电商平台等，还有供销社、农垦、邮政、粮食收储与交割以及行业协会等传统服务组织，具有数量庞大、服务多样、经营灵活、成本较低等特点（部分服务主体情况见表7-1）。由表7-1可见，我国农业服务主体数量较为庞大，其中华东地区、华南地区、西南地区的密度值超过了全国平均水平，说明这些地区的农业服务组织成长较快，支持农业发展的作用较大。2018年，全国种植业、畜牧兽医、渔业、农机、农经管理等系统共有县乡两级公益性服务机构19.6万多个，其中，各类农技推广站（所）占63.0%，农经管理部门占14.5%，疫病防控部门占8.2%，综合服务中心（站）占8.1%，质量监管部门占6.3%；

乡级公共服务机构仍占多数，占比为 78.9%；各级农业公共服务机构人员超过 120 万人。截至 2021 年底，全国各类社会化服务主体超过 90 万个，服务面积超过 16 亿亩次，其中服务粮食作物超过 9 亿亩次，服务带动小农户超过 7000 万户，专业服务公司和服务型农民合作社数量超过服务主体总数的 1/3。从农机服务主体来看，2021 年全国农机服务组织 19.34 万个，其中农机专业合作社 7.6 万个；农机户 3947.57 万个、4678.58 万人，其中农机作业服务专业户 415.90 万个、578 万人；农机维修厂及维修点 15.04 万个，农机维修人员 90.02 万人；全国乡村农机从业人员 4957.36 万人。这些服务主体在参与市场竞争过程中，逐步显现出错位发展和分工协作的格局，为广大农户提供了多种多样的现代农业服务，为专业化、全程化、定制式的服务供给奠定了微观组织基础，成为专业化服务网络、区域性服务联合体和服务协同供应链等方面的重要行动者角色。

表 7－1　　2021 年主要现代农业服务主体及密度推算

地区	龙头企业（个）	合作社（个）	家庭农场（个）	主体数量	播种面积（千公顷）	密度值	农户数（万户）
全国	1429	2043992	3914233	5959654	113060	52.71	20011.7700
华北	185	284068	497026	781279	14835	52.66	2079.9344
东北	163	219769	700807	920739	23791	38.70	1629.7800
华东	424	543449	1171129	1715002	27219	63.01	4727.8541
华中	191	390267	607813	998271	21150	47.20	3839.2305
华南	115	126240	289153	415508	5302	78.37	3229.9300

地区	龙头企业（个）	合作社（个）	家庭农场（个）	主体数量	播种面积（千公顷）	密度值	农户数（万户）
西南	183	277289	355405	632877	11073	57.15	3155.3671
西北	168	202910	292900	495978	9690	51.18	1349.6755

资料来源：本书研究团队对《2021 年中国统计年鉴》《中国农村合作经济统计年报（2021 年）》的统计数据汇总而得。

（二）多种服务领域加速拓展

随着农业服务主体的不断增多变强，现代农业呈现出传统服务与新兴服务并存兼容、服务体系加速协同的发展态势，对农业全产业链及农林牧渔各产业的支撑作用日益突出（见表 7 - 2）。第一，服务领域从产中向产前、产后等环节持续延伸。农业服务主体开始形成网络与组织系统，按照农户或新型经营主体的服务需求，定制化地提供产前供应服务（如农资供给、采购订单等）、产中生产服务（如机耕、机播、机收、田间管理、施肥、灭虫等）、产后流通服务（如粮食晾晒、储藏、加工和销售等），甚至涉及文化旅游、休闲观光、信息集成、流通加工、新型社区、质量安全追溯和信用合作融资等新型服务。根据研究团队实地调研，山西"沁州黄"小米龙头企业配合政府部门，为小米种植户既提供播种施肥、飞机喷药等产中服务，又提供育种选种、精深加工、电商物流等产前产后服务；重庆"永川秀芽"茶叶研究机构为茶叶合作社提供育种、栽培、植保和加工等产业链全程服务，配合政府部门建设维护茶叶区域公用品牌。第二，农业传统服务扩容升级。农技推广、信息服务、疫病防控、质量安全监管等传统服务领域实现全程覆盖，以统一农资供应、统一生产服务、统一购销、统一技术标准为特征的农业合作型服务内容不断丰富，劳动力替代型服务（如机耕、机插、机收等）和技术替代型服务（如代育秧、植保统防统治、机烘、初加工及包装等）越来越普及。以农技推广为例，我国逐步建立了从中央到乡镇的五级政府公益服务组织，跨乡镇建设了区域性农技推广站或统一建设了农业综合服务站，重点围绕新品种新技术新机具的引进、试验、示范和培训开展工作，指导生产经营主体计划，落实技术措施，提供技术咨询。第三，农业新兴服务纷纷涌现。电商服务、市场预测、土地流转、产品开发、品牌营销、人才培训、管理咨询、产业规划、冷链物流、金融保险等新型服务不断涌现。以农村电商服务为例，截至 2020 年，全国已建有电商服务站点的行政村共40.1 万个，共建有电商服务站点 54.7 万个，行政村覆盖率达到78.9%，其中，东部、中部、西部地区的行政村覆盖率分别为80.7%、82.8% 和71.9%，江苏、重庆、湖南的行政村覆盖率均超过95%，有力支撑了农产品网络零售业的快速发展。

表 7－2　　　　　　　全国主要现代农业服务领域概况

序号	服务领域	年份	关键指标描述
1	农机服务	2018	全国总动力约 100372 万千瓦；服务组织 191526 个，人数 2139837 人
		2020	全国总动力约 105622 万千瓦；服务组织 194845 个，人数 2122428 人

续表

序号	服务领域	年份	关键指标描述
2	农技服务	2019	全国农业科研和试验单位 14101 个，专业及辅助单位 51235 个
		2021	全国农业科研和试验单位 22432 个，专业及辅助单位 63490 个
3	电商服务	2019	全国县域农产品网络零售额约 2693 亿元，增长率为 28.5%
		2021	全国县域农产品网络零售额约 3896 亿元，增长率为 7.2%
4	物流服务	2019	全国农产品物流总额约 4.2 万亿元，增长率为 3.1%
		2022	全国农产品物流总额约 5.3 万亿元，增长率为 4.1%
5	植保服务	2015	全国农用化肥施用量约 6023 万吨，农药使用量为 1782969 吨
		2021	全国农用化肥施用量约 5191 万吨，农药使用量为 1239177 吨
6	信息服务	2020	全国农业生产信息化水平为 22.5%，增长率为 1.9%
		2021	全国农业生产信息化水平为 25.4%，增长率为 2.9%
7	质量追溯	2020	全国农产品质量安全追溯信息化率为 22.1%，增长率为 4.9%
		2021	全国农产品质量安全追溯信息化率为 24.7%，增长率为 2.6%

资料来源：本书研究团队根据近五年的《中国农业机械化发展统计公报》《中国农业机械工业年鉴》《中国基本单位统计年鉴》《全国县域数字农业农村电子商务发展报告》《中国商贸物流发展报告》《中国农村统计年鉴》《中国数字乡村发展报告》《全国县域农业农村信息化发展水平评价报告》等统计数据汇总而得。

（三）多种服务模式持续迭代

随着"云物移大智"等新一代信息技术的加速普及以及小农户衔接现代农业的需求拉动，各种服务方式与手段不断推陈出新，多样态现代农业服务模式纷纷涌现。从总体上看，服务模式按照"从被动服务到主动服务、从标准化服务到个性化服务、从单项服务到综合服务、从种养业到多功能农业"的趋势进行演化迭代，从而实现各类服务主体及内容的相互联合、相互协作。

一方面，多主体主导的服务模式。以政府公共服务机构、产业化龙头企业、专业合作社、乡村集体经济组织以及民间团体分别为核心主体，形成"党建＋合作社（家庭农场）＋农户""公司＋合作社（基地）＋农户""村集体＋中介组织＋农户＋基地"等多种服务体系，提供土地托管、产品订单、平台集成和股份合作等服务模式。以农业生产托管服务为例，该服务在山东、山西、吉林、安徽、四川、福建、重庆等多个省市开展，据统计，2019 年全国农业生产托管服务面积超过 15 亿亩次，其中服务粮食作物面积 8.6 亿亩次，托管服务组织达 44 万个，服务小农户 6000 多万户。其中，重庆市奉节县多品农业发展有限公司的"全程托管＋农业综合服务"具有典型性，该公司与高校和企业结成战略合作关系，邀请专家教授为果农讲解脐橙科学种植技术，解答果农在生产种植过程中遇到的各类问题；成立全程社会化服务工作领导小组，有针对性地对年轻种植能手、返乡农民工、退伍军人、职校学生等 40 余人开展职业化教育，进而专门成立脐橙技术服务部，联合上下游产业合作单位，利用"全程托管"服务、"私人订制"服务和"订单"服务解决了产品质量差、种植成本高以及农户收入低等问题。2020年，公司服务果园面积达 1 万余亩，对接销售脐橙 3 万余吨，覆盖周边 20 个行政村 3500 多户果农，开展集中技术培训 211次、讲座活动 143 场，解决农业技术难题 356 个；为奉节县 45户贫困户提供全程社会化服务，销售脐橙 1000 余吨，人均增收3000 元以上。

　　另一方面，多环节协同的服务模式。部分地区在推进农业经营和服务方式创新的过程中，整合不同环节、不同类型的服务业务，组建了区域性服务综合体、联合体、综合型平台等服务供应链体系，有效整合了农业产前、产中和产后各个环节的服务资源，激发了服务主体的创新驱动能力、多阶动态能力和价值共创能力，加强了小农户和新型农业经营主体的衔接。以农村产业融合服务为例，如前述章节案例显示，该服务在全国多个省市取得了产业兴旺的效果，如山东省东营市河口区天河湾生态农业农民专业合作社主要从事水果、蔬菜、农作物种植和销售，建立"五统六化"的经营模式为成员提供全方位服务，具体包括配套现代化、智能化种植管理设施设备；聘请省农业科学院、省果树研究所的专家教授定期讲解种植管理技术；严格控制化肥、农药和激素的使用，推广运用病虫测报灯、黑光灯、防虫网、测土配方施肥等新技术；加快推进产品质量认证，借助微博、抖音等新媒体平台宣传推介"天河湾"品牌；建设了500平方米的果品分拣配送中心，建成1000吨冷鲜库，构建起集果品质量溯源、分选包装、仓储物流为一体的现代化果品流通体系；探索"金蝉＋有机果品"立体种养模式，与认养者签订协议，认养费每年500元；打造集生态示范、科普教育、户外休闲、民宿度假于一体的综合性度假景区。以上服务措施提高了农民的组织化程度，提升了农户的种植技术水平，截至2021年底，合作社有成员340人，年经营收入1460万元，向成员分配盈余750余万元，成员人均分红2.2万元；2022年，累计接待游客1700人次，通过住宿、餐饮实现创收50万元。

二、服务供给存在的问题

随着乡村振兴、促进农业农村共同富裕等国家战略的持续推进，现代农业服务的主体、内容和模式不断推陈出新。从总体上看，现代农业服务的层次和内容与国家战略目标相比还有较大的差距，集中体现在政策支持不精准、服务主体"小散弱"、服务领域创新不足、服务模式比较陈旧等方面。

（一）政策支持有待走深走实

政策支持是现代农业服务高质量发展的基础条件，尽管国家及相关部委出台了一系列相关服务配套政策，但在县乡（镇）等基层部门落实部分政策时存在一定的偏差。第一，部分支持政策的发力点不够精准。各级政府对农业服务的补贴重点更多是农机和植保等产中环节，对产前产后服务环节的支持力度偏弱，尤其是全产业链薄弱环节的投入不足，需要进一步建好跨区作业道路、通信网络等服务设施，因地制宜地补贴地方特色农业发展项目。第二，公益性服务存在明显的能力缺口。现代农业发展既要满足小农户的传统服务需求，又要满足新型经营主体的现代服务需求，目前大多数公益性服务的服务对象仍然仅限于小农户，需要转向新型经营主体和新型服务主体，满足服务市场多样性和异质性需求。同时，现有的公益性服务力量比较分散，不容易形成合力，政府购买经营性服务制度仍需要建设完善，还存在较大的服务能力缺口。第三，基层农业公共服务机构的执行效率偏低。

基层公共服务机构负责的事项多、任务重，服务人员知识结构较老化、部门借调较频发，服务队伍出现空编、空岗现象，因而在承担农机、农技、良种、植保、水利、农经、供销、信用等多项职能时，无法组织高效的服务执行过程，更无法系统串联产前、产中和产后等服务环节。

（二）服务主体仍需做专做精

服务主体是现代农业服务体系的基本组成元素，承担着服务内容的提供功能，成为系统运行的能动性因素，目前在服务供需方面还存在较大的缺口。第一，小农户和新型经营主体的服务需求无法统筹提供。小农户规模小、土地碎，对农业服务认可度较低，导致集中连片生产种植面临困难，而村集体经济组织、农民合作社、中介机构不能有效组织小农户对接专业化服务，面向小农户的服务组织成本和供给成本居高不下；面对新型经营主体的高质量、专业化、增值性服务需求，服务组织还不能很好地满足，供需结构不合理的问题更加突出。第二，专业化、集成化服务能力有待提升。新型服务主体的市场发育不完善，相关领域专业人才匮乏，同质化现象较严重，个别领域有明显短板，供应链全局意识不足，导致行业中既缺乏产业集中度高的"航母"型集成服务商，又缺乏组成"联合舰队"的功能专业化服务商，未来还需结合农业服务特点和区域特色，打造适应能力强的跨区域集成服务商和"专精特"功能服务提供商。第三，服务创新生态系统尚未形成。农业服务企业传承和模仿的多，针对特色作物、畜禽水产养殖和丘陵山区的拓展业务偏少，个性化、定制化服务供给比较稀缺，提供全程、综合服务的创新能力有待加强，远未形成社会资本高度青睐的技术研发和转化的良性格局；农民对农业科技的采纳意愿和动力不足，企业学习能力和员工培训机会欠缺，无法铸就服务组织持续发展动能。

（三）服务领域亟待抓全抓细

现代农业服务领域涵盖产业链供应链的不同生产经营活动，尽管已经从产中环节向产前产后环节不断拓展，但在新型服务、高端服务等内容开发上仍显薄弱单调。一方面，信息服务水平仍处于起步阶段。全国县域信息服务集中体现为区域发展不平衡、总体发展水平不充分，互联网普及、家庭宽带入户、5G 基站建设都滞后于城市，落后于农业现代化发展的需求；信息化还停留在一般、单一技术的应用阶段，缺乏高精尖的精准技术，集成度也不高，挖掘和释放农业数字经济潜力的作用尚不明显。全国农业生产信息化水平仅为 22.5%，而美国 80% 的大农户实现了大田生产全程数字化、平均每个农场拥有约 50 台连接物联网的设备，相比而言差距还很大。另一方面，产前产后服务环节亟须完善充实。农业特别是山区农业的机械化集中于机耕机播等产中环节，机收、加工设备工艺等产前产后服务水平不高；金融保险等服务的担保和审批流程较繁琐，社会资本对农业服务业投入的积极性不高，"融资难、融资贵" 依然存在；农业科技服务缺乏针对性，选种育种依然是薄弱环节，冷链生鲜技术支撑不够；农产品初级加工居多，精深加工能力明显不足；品牌营销仍需加强，东中西部电商服务发展不均衡，乡村快递物流下沉不深，"卖难、滞销"现象时有发生,需要提高农产品的辐射范围和市场价值。

(四)服务模式尚需共建共享

随着农业现代化水平的不断提高,农业功能不断拓展,对全面而系统的农业服务需求愈加强烈,但目前服务模式还不能适应新时代的需要。第一,农业服务标准仍有较多空白。农业服务标准是推进规范化运营的前提,但目前在生产种植、精深加工、质量监测、品牌维护、地理标志等产业服务环节均未制定服务标准,已有的国家标准、行业标准、地方标准、企业标准和产品标准不成体系,甚至出现相互矛盾之处,导致服务交易价格无参考依据,服务交付质量缺乏衡量尺度,服务补救纠纷时而出现,无法支撑服务供给双方的运作规范性要求,存在"一事一议"的市场低效合作现象。第二,农业服务新型组织融合模式亟待推广。大部分服务机构的供给方式较为落后,提供全程、综合服务的能力有待加强;农科教分离、产学研脱节、科技成果转化率低等农业科技问题一直没有得到根本解决;生产托管、联耕联种、农业共营制等新型服务模式受农户思维和行为的局限,在范围和受众等方面还需要扩大影响;各类市场服务主体需要整合不同环节、不同类型的服务业务,不断创新经营和服务组织形式,尽快成长为区域农业综合服务或农业产业链集成服务的组织载体。第三,农业服务供应链模式还没有高效率运转。现代农业需要以"云物移大智"新一代信息技术为驱动,集中集聚服务资源,打通农业服务的全部领域,构建定制化、集成化的一站式农业服务供应链体系。目前农户与农户间、农户与服务主体间以及服务主体间的跨组织连接松散、没有进行有效渗透融合，供应链长期稳定的战略合作关系需要加强巩固，服务过程中的资源损耗和风险控制缺乏对小农户和服务分包商的包容性；公益性和经营性服务综合平台的集成能力还没形成，整合信息、土地、人才等资源乏力，其中政府涉农服务部门、供销等服务系统按照条块化设置不同职能或业务，导致服务资源要素的优化配置效果不明显，不容易形成服务运行合力，制约了乡村新型服务业高质量发展。

第四节 N – MASSC 产品服务协同供给制度优化建议

N – MASSC 产品服务协同供给制度既可以是指某一特定类型的活动和关系的行为准则（即具体的制度安排），也可以是指一个社会中各种制度安排的总和（即制度结构）。该协同供给制度既需要全社会构造全局最优的制度结构，又需要共商共建具体领域的制度安排，主要涉及顶层设计、财税政策、基础设施、金融资本、要素配置、人才储备等方面。

一、顶层设计先行

政府应加强政策顶层设计和规划设计，明确服务主体、服务内容和服务模式，增强涉农服务网络的系统性和指导性，营造良好的服务生态环境，充分发挥政府在 N – MASSC 的主导作用。

一是进一步明确支持政策。梳理阻碍现代农业服务发展的制度和规定，加大服务政策支持力度，打破制约 N－MASSC 运行的各类梗阻，营造开放、有序、合作的环境，减少和优化项目立项、工商登记、资格认定、土地利用等方面的审批程序，促进 N－MASSC 健康发展。二是成立综合管理机构。消除条块分割、部门交叉和多头管理的现象，整合农机、农技、植保等服务部门，建立由涉农服务部门主管的归口管理组织，紧密联动乡村产业振兴相关部门，协调解决实施过程中的重大问题，形成资源共享、协调推进的工作格局。三是设置分工合作机制。厘清政府和市场的关系，科学定位公益性服务和经营性服务的职能分工，将政府的工作中心放在"创新服务机制、提高人员素质、改善营商环境"等方面，重点抓好国家和省（直辖市/自治区）政府的政策落实、主体壮大、园区示范、机制创新等工作，构建全程化、多元化、集成化、智能化的供应链体系。

二、财政税收扶持

研读并衔接国家和省（直辖市/自治区）政府相关财税优惠政策，从财政投入、财政补贴和税收优惠等方面加大扶持力度，有效建立产业、用地、用电、资金、绿色通道等各类补贴和扶持措施。一方面，创新财政资金投入机制。将 N－MASSC 建设列为公共财政投入的重点领域，结合中央预算内投资计划，创新财政专项资金的滚动投入，按规定分配使用农业综合开发资金，通过贷款贴息、以奖代补、补助（引导）资金、农机购置补贴、保费补贴等财政补贴方式，支持涉农服务内容开发及重大项目培育，新增仓储与加工能力以及技术改造升级，合理购买社会化服务，帮扶涉农服务集成商、供应商快速成长，不断扩大 N－MASSC 行动主体规模。另一方面，加大税收优惠支持力度。进一步落实 N－MASSC 的税收优惠政策，如税收豁免、纳税抵扣、优惠税率、延期纳税等政策，让涉农服务集成商、供应商切实享受所得税免征优惠政策、国家简并增值税税率相关政策；对积极参与服务合作及创新的企业实行抵增值税率或者返还部分所得税，以利于加大服务研发投入。

三、基础设施建设

加大乡村基础设施设备的建设投入，发挥现有涉农服务网络的协同运营潜能，提高服务行动主体的运营转换效率，为 N－MASSC 奠定坚实的物质基础。一是加强农田水利、作业道路等生产性基础设施建设。改造传统农田水利设施、农村供水工程，提高水利灌溉水平和供水效能；统一规划、投资和建设农机化生产道路，构建"入村、进组、到村"的作业道路网络，实现农机作业区域的互联互通，便于开展农机跨区域、大面积作业。二是加强仓储烘干、精深加工、分拣配送、示范园区、批发市场等流通型基础设施建设。优化"村村通"道路网络，构建"县乡（镇）村"三级区域性配送网络，重点建设综合示范加工区，合理布局仓储烘干、电商快递、冷链配送、集拼分拣等功能区。积极培育发展批发市场、交易市场，鼓励与农产品供应链结合，完善市场流通服务功能。三是加强"云物移大智"等新一代信息技术设施建设。加强通信网络、光纤宽带等信息基础设施建设，建设开放式、多功能、多层次的综合公共信息服务平台，整合现有涉农服务行业基础数据并开展大数据场景应用，大力发展"互联网＋"服务供应链模式，着力提升 N－MASSC 的信息化、智能化、网络化、标准化水平，构建互联互通的现代农业智慧服务体系。

四、金融资本支持

建立健全涉农服务行业金融支持长效机制，开辟拓宽 N－MASSC 基础设施建设和规模化发展的融资渠道，支持金融机构发展信用贷款，大力发展贸易金融、供应链金融，并尽量给予优惠利率为服务集成商、供应商融资减负，切实缓解涉农龙头企业"融资难""融资贵"问题。一方面，倡导金融机构加强资金支持。继续加大国家开发银行和农业发展银行等政策性金融机构对现代农业建设项目的贷款支持力度；积极引导其他商业性银行，为涉农服务龙头企业的科技创新、新服务开发提供多元化金融服务；探索建立涉农贷款担保中心，采取企业互联互保方式为服务企业贷款提供担保，推广订单、抵押、质押、应收账款等现代农业供应链融资业务。另一方面，建立多元化投融资机制。积极探索政府资金引导社会资金资本参与涉农服务设施建设的新路径新机制，引导产业发展投资基金、创业投资基金、私募股权投资基金及各类投资机构投资服务设施建设项目，撬动民间资本、金融资本和社会资本加大对 N－MASSC 全链的投入，形成多元化、多渠道、多层次的投融资体系。

五、服务要素配置

整合政府资源和社会资源，统一调配和优化配置供应链服务要素，尽快补齐薄弱服务的短板弱项，为 N－MASSC 提供全程化的综合配套服务。一是积极推动涉农服务标准体系建设。引导行业组织制定统一的服务价格和流程规范，为小农户和新型经营主体提供标准服务单元；打造区域涉农服务平台，重点推进 N－MASSC 全链服务数据采集、传输、交换和处理的标准化，逐步形成相互配套、有机结合、互为支撑的涉农服务标准体系。二是强化涉农科技服务体系。提高涉农科研院所的联农惠农积极性，增强新型职业农民科技服务意识和素养，提升服务组织科技创新能力，继续发挥"产学研"联动优势，完善科技信息共享服务机制，高效转化利用科技创新成果，与小农户形成紧密联动的服务共同体，使涉农服务定制化、规模化沿着供应链顺畅推广。三是提高参与企业合作供给水平。强化新型农业服务主体功能与角色定位，鼓励通过参股控股、合资合作等方式组成联合社、服务联盟或产业综合体，加快升级改造步伐和配套协作，加强现代农业品牌共建共享，打造高品质生态有机农产品，采纳现代经营管理方式，拓宽涉农服务推广范围，提高 N－MASSC 整体质量与效率，加快形成现代农业服务新质生产力。

六、各类人才储备

坚持"内培外引"相结合原则，深化涉农服务人才发展体制机制改革，采用多样化、多层次、多渠道培养和引进专长型技术人才和复合型管理人才，为 N – MASSC 高效运行培育和储备不同层次、不同专业的人力资本。一是依托高等院校、科研机构、职业学校等机构开展专业人才培养。结合涉农服务企业的人才需求，推动农业院校涉农服务相关学科建设，着力完善有文化、懂技术、会经营人才的专业培养体系。以提高实践能力为授课重点，探索形成院校与有关部门、科研院所、行业协会和企业联合培养涉农服务人才的新模式，拓展管理理念视野，提高业务技能水平。二是构建涉农服务专业人才的在岗职业培训体系。与国内相关院校、科研院所、行业协会等联合建立服务技能实训基地和操作示范区，共同制定服务专业人才持续学习的培训体系，将专业知识与行业实践结合，通过在职学习、短期培训、定期培训、参观考察、产学研合作办学、职业技能竞赛等多种形式，全面提升涉农服务管理者和从业者的技术、管理和知识水平。三是鼓励各地根据自身需求出台人才引进机制。搭建涉农服务专业人才工作平台，支持服务型企业创新人才引进机制，建设相互配套的员工晋升和激励管理制度，增强对涉农服务人才的吸引力。按需定制化引进高级人才，在科研经费、职称评定、住房交通补贴、医疗保险、配偶就业、子女入学、家属落户以及专项奖励等方面给予优惠政策，为县域乡村经济社会发展提供高素质专业人才支撑。

第八章

研究结论与展望

以上章节深入研究和详细呈现了 N – MASSC 的相关协同机制，提出了相应的制度创新建议。本章将对前面的研究内容做出总结，归纳阐述本书的主要研究结论，并对其局限性进行解释说明，同时指出需要进一步深入研究的问题。

第一节　主要研究结论

乡村振兴战略已经成为国家推动农业农村现代化的主要抓手，其中现代农业服务扮演着重要角色，而"产品＋服务"组合模式必然催生 MASSC 合作网络的盛行。正是在这种时代背景之下，为了探索一种适合我国乡村产业尤其是现代农业的运营决策模式，本书遵循"以服务带产品，用产品载服务，产品服务融合"的基本思路，围绕国家乡村振兴战略定方向，述评理论文献找不足，以经济管理理论为借鉴，以深入访谈调研为基础，以多种研究方法为工具，以协同机制构建为主线，延伸拓展服务供应链相关理论，重点研究了 N – MASSC 的协同体系架构、价值共创机制、协同治理模式以及协同供给制度等问题，为提升我国乡村产业发展水平找到了一条可行的途径。根据前述章节的研究工作，本书得出如下主要研究结论。

第一，N – MASSC 的合作伙伴在产品服务供给过程中需要协同一致。白兔草莓、沁州黄小米、德江天麻、新会陈皮、永川秀芽等实践个案调查表明，现代农业服务呈现出服务组织更加多元化、服务内容逐步组合化、服务供给凸显科技化、服务价值日趋市场化等特征。在乡村振兴战略背景下，现代农业服务供给对促进乡村产业兴旺越来越重要，只有构建服务供应链网络组织模式，理顺产品流、信息流、服务流，明确组成构件的协同机理，制定合理的制度安排，才能为多元主体资源协同整合、价值共创共享奠定基础。

第二，合理配置 N – MASSC 的资源能够促进区域产业的价值共创。通过对新会陈皮 N – MASSC 的纵向单案例分析后发现，利用双向社会动员成功构建 N – MASSC 协同体系，并按照市场规律科学编排产业资源和能力，为现代农业培育新产业新业态，就能够实现现代农业的价值共创。本书认为：在社会动员方面，自上而下的行政动员可以调动多层级的政策资源，为农业产业化发展营造良好的氛围；自下而上的组织动员能够吸纳龙头企业与农户，共同催生"共赢共享"的 N – MASSC 协同体系，从而助力小农户有效衔接现代农业，给农户以及新生代的新型农民提供多元价值创造和分享的机会。在资源编排方面，要想赢得持续的竞争优势，还需要跨界聚集 N – MASSC 全链内部和外部资源，紧密衔接"聚集→聚变→聚焦"3个资源编排包含阶段，通过聚集关键资源、聚变资源形成动态能力，才能精准聚焦市场个性化需求，真正发挥市场机制在资源配置中的决定性作用，从而为现代农业共同创造多元价值。基于此，建议地方政府打好"行政＋组织"双向动员的组合拳，调动各行动主体的主动性和积极性；注重特色农产品的市场需求，合理编排自然、人力、社会和经济等资源，创造 N－MASSC 全链协同动态能力，深挖供应链潜在价值；结合地方特色、历史文化等先天优势定位供应链主导产品，通过企业受益和农户增收发展可持续性产业。

第三，双向动态赋能 N－MASSC 的核心企业能够实现全链价值共创。通过对 XBT 和 PSB 两家龙头企业的纵向双案例分析后发现，利用动态赋能能够满足龙头企业在成长过程中的资源能力需求，进而采用匹配的资源行动路径，就能以双向赋能带动 N－MASSC 多元主体的价值共创。本书认为：首先，本土龙头企业在资源瓶颈及市场环境双重驱动下，为突破生命周期不同发展阶段面临的资源束缚，主动寻求外部多元行动主体赋能，遵循"对象性赋能—操作性赋能—组合性赋能"的动态路径；其次，被赋能的本土龙头企业采用"拼凑→编排→协奏"的资源行动路径，不断累积和拓展原料供给、品牌辐射、精深加工、跨界融合等核心能力，推出"产品＋服务"组合对接市场需求；最后，本土龙头企业与外部多元行动主体形成了双向赋能格局，通过资源和服务的交叉整合实现 N－MASSC 价值共创。基于此，建议继续加大对本土龙头企业的政策赋能，紧密衔接供应链运营与配套政策；加强特色农产品技术研发支持，助力龙头企业扎根精深加工工艺研究，加强 N – MASSC 科技服务体系建设；加强农产品供应链与新型服务业的高度互嵌互融，把就业创业机会和供应链增值收益更多留给农民，进而增强联农带农惠农效应，高质量繁荣县域经济，推动乡村振兴尤其是乡村特色产业兴旺。

第四，融合奖惩、声誉和信息 3 种子机制的 N – MASSC 公用品牌协同治理模式能够更好地提高品牌溢价。通过经济博弈分析，发现在 N – MASSC 公用品牌共建共享过程中存在多种机会主义行为，导致"搭便车""公地悲剧"和弱信任等多重困境；同时，梳理品牌价值治理的文献发现，第三方奖惩机制、市场声誉机制以及品牌主体信息披露机制能够分别提高公用品牌价值。本书认为：N – MASSC 公用品牌创建、使用和保护必然需要协同治理，从奖惩、声誉和信息等子机制的嵌套角度，构建公用品牌协同治理模式，对现代农业品牌营销实践有用且有益。这种公用品牌协同治理模式必然包括赋能主体采用检测监管结果实施第三方奖惩机制；供需主体之间重视科技创新、产品质量控制和注重市场反馈的声誉机制；整合赋能、供给和需求 3 种主体，发挥奖惩机制和声誉机制联动效应的信息机制。永川秀芽 N – MASSC 公用品牌案例的分析结果显示，整合赋能主体对供给主体的奖惩机制、供需主体之间的声誉机制和多主体联动的信息机制，可以共同消除 N – MASSC 公用品牌共建共享过程中面临的多重困境，使品牌溢价得以顺利实现。基于此，建议政府可在生产基地建设、质量溯源系统、加工设备购置、市场营销推广等环节予以一定的财政补贴或绩效奖励，加大公用品牌共建共享的资金投入；委托行业协会等第三方机构授权龙头企业或合作社使用公用品牌，鼓励龙头企业自建基地带动农户，自发地摒除破坏公用品牌的行为；瞄准市场受众提升品牌宣传力度，组织品牌体验交流活动，不断累积市场声誉，以优质农产品满足消费者对美好生活的向往。

第五，N－MASSC产品服务协同供给制度需要拓展创新。通过理性选择制度主义的制度变迁分析后发现，N－MASSC产品服务协同供给制度创新的动因主要来自外部的制度环境和内在的制度收益，前者主要包括社会进步、农业科技、资源要素等因素，为制度创新提供了可能，而后者包括个体利益和公共利益，成为制度创新的直接动力；同时，产品服务协同供给制度创新是一个利益博弈的动态演化过程，由初级行动团体发起，得到次级行动团体的正面响应后得以完成，将对协同供给制度进行不断的修正、完善、调整、补充和更替。基于此，建议围绕政策顶层设计、财政税收政策、金融保险政策、基础设施建设、服务要素配置、各类人才储备6个方面，对N－MASSC产品服务协同供给制度进行优化。

第二节　未来研究展望

目前，尽管服务供应链的理论与应用研究开始逐步增多，但关于MASSC的基础与应用研究仍显单薄，尤其是乡村振兴战略情境下N－MASSC的研究还处于萌芽期或起步阶段。本书系统探究了N－MASSC的协同体系架构、价值共创机制、协同治理模式以及协同供给制度等内容，相应的研究目标已经实现。但受时间和经费的限制，加之新冠疫情阻碍了实地调研，随着乡村振兴战略的全面推进，还有很多问题可以进一步深入研究与探讨，主要包括以下研究内容。

其一，MASSC 协同机制需要进一步开展大样本实证检验。虽然本书的案例数据采集采用了多种形式，力图增强研究结果的信度和效度，但仍然主要属于"分析归纳"的研究范式。未来通过大样本实证调查和统计分析，在案例研究形成的理论框架下，对MASSC 进行计量分析，搞清楚资源、能力、价值等变量的内在联系以及中介或调节变量的作用，充分验证本书提出的 MASSC 相关协同模型及结论。

其二，N‒MASSC 产品服务协同供给制度需要进一步整合正式制度、非正式制度和实施机制。价值观念、伦理道德、文化传承、意识形态等非正式制度在 N‒MASSC 产品服务协同供给中有着非常重要的作用，同时用来保障 N‒MASSC 产品服务协同供给制度的相关实施机制建设也值得关注。从博弈论、不合作契约等角度，整合发挥正式制度、非正式制度和实施机制的联动效果，亟待后续展开深入研究。

其三，N‒MASSC 协同需要进一步加强绩效评价研究。乡村振兴绩效问题已经引起学术界关注，但全面推进乡村振兴战略刚刚起步，同时 N‒MASSC 涉及的主体以及设施设备的布局范围广且分散，为系统采集评价数据带来了较大难度，导致绩效评价数据不完整、质量低。随着乡村振兴战略的深入实施，数据采集更加全面完善，为 N‒MASSC 协同绩效评价创造了条件。

　　其四，N - MASSC 协同需要进一步探讨风险管理问题。N - MASSC 在具体协同过程中也存在系统性、操作性等风险因素，为了使 N - MASSC 的所有行动主体都能在协同整合中积极参与，并从合作中获得满意结果，还可以从风险识别、风险评估、风险决策和风险监控等方面规避 N - MASSC 在协同中面临的风险，通过全链风险的控制和消除加强彼此合作。

　　此外，随着我国乡村产业及配套服务业建设不断走深走实，一些新的问题和新的现象必然不断涌现（如纯服务供应链、产业服务供应链、龙头企业服务创新、无人机智能服务、跨界跨区域融合等），因此 MASSC 协同机制这一研究领域值得长期关注。

附录一 乡村振兴战略有关现代农业
及相关服务的政策论述

序号	政策文件	主要论述摘选
1	中共中央：党的十九大报告，2017.10	首次提出实施乡村振兴战略；构建现代农业产业体系、生产体系、经营体系，健全农业社会化服务体系，加快发展现代服务业；促进农村一二三产业融合发展
2	中共中央　国务院：2018～2022年中央一号文件	打造特色农业全产业链，构建现代农村一二三产业融合发展体系，延长产业链、提升价值链、完善利益链；加快推进农村流通现代化，延伸乡村物流服务网络，完善县乡村三级农村物流体系；促进农村电子商务发展，深入推进电子商务进农村和农产品出村进城；发展乡村新型服务业，大力发展生产托管服务，健全农业社会化服务体系，提高为农服务能力
3	中共中央　国务院：国家乡村振兴战略规划（2018～2022年），2018.09	发展壮大特色优势乡村产业，推进农村一二三产业深度融合，完善紧密型利益联结机制创新收益分享模式，推动乡村产业全面振兴；建立现代农业经营体系，壮大新型农业经营主体，促进小农户生产和现代农业发展有机衔接；完善农业支持保护制度，完善紧密型利益联结机制，让农民更多分享产业融合发展的增值收益
4	中共中央　国务院：关于促进小农户和现代农业发展有机衔接的意见，2019.02	建立健全农业农村社会化服务体系，发展农业生产性服务业，加快推进农业生产托管服务，创新农业生产服务方式；加快建设农产品冷链运输、物流网络体系，完善农产品物流服务，建立农产品流通渠道，加大对农产品产销对接扶持力度，推进面向小农户产销服务

续表

序号	政策文件	主要论述摘选
5	国务院：关于促进乡村产业振兴的指导意见，2019.06	坚持农业农村优先发展，突出优势特色培育壮大乡村产业；围绕农村一二三产业融合发展，突出集群成链，延长产业链、提升价值链，加快构建现代农业产业体系、生产体系和经营体系；培育乡村新型服务业，发展农业生产性服务业，改造传统农村生活性服务业；推动农村电子商务公共服务中心发展，加强农产品物流骨干网络和冷链物流体系建设，提升农产品加工流通业；深入推进"互联网＋"现代农业，实施"互联网＋"农产品出村进城工程
6	农业农村部：全国乡村产业发展规划（2020～2025年），2020.07	加快农业与现代产业要素跨界配置；发展乡村新型服务业，提升生产性服务业，拓展生活性服务业，发展农村电子商务，优化乡村休闲旅游业，推进农业产业转型升级与融合发展；以加工流通延伸产业链，以信息技术打造供应链，以业态丰富提升价值链，大力提升乡村产业附加值，促进农业多环节增效、农民多渠道增收；构建全产业链，培育知名品牌
7	农业农村部：关于落实好党中央　国务院2021年农业农村重点工作部署的实施意见，2021.02	"三农"工作重心转向全面推进乡村振兴、加快农业农村现代化；大力发展农业专业化社会化服务；推进农机作业社会化服务，强化农业科技支撑服务；加快发展智慧农业，推进信息技术集成应用，深入推进"互联网＋"农产品出村进城工程；提升产业链供应链现代化水平，打造农业全产业链，加强农产品流通体系建设
8	中共中央　国务院：关于实现巩固拓展脱贫攻坚成果同乡村振兴有效衔接的意见，2021.03	统筹推进脱贫地区县乡村三级物流体系建设，实施"快递进村"工程；加快脱贫地区农产品和食品仓储保鲜、冷链物流设施建设，支持农产品流通企业、电商、批发市场与区域特色产业精准对接
9	国务院：国务院政府工作报告，2021.03	创新供应链金融服务模式，健全公共服务体系，实施提升就业服务质量工程；发展服务消费，加快发展专业化社会化服务；加快发展乡村产业，壮大县域经济，创新发展服务贸易，推动服务业有序开放，增设服务业扩大开放综合试点

续表

序号	政策文件	主要论述摘选
10	中共中央　国务院：第十四个五年规划和2035年远景目标纲要，2021.03	坚持农业农村优先发展，全面推进乡村振兴，加快农业农村现代化；推动现代服务业与现代农业深度融合，推动生产性、生活性服务业延伸升级，推进服务业改革开放，构建服务产业新体系；提高现代物流、采购分销、生产控制、运营管理、售后服务等发展水平，加强农产品仓储保鲜和冷链物流设施建设，提高农业生产性服务业发展水平；健全农业专业化社会化服务体系
11	农业农村部：关于推动脱贫地区特色产业可持续发展的指导意见，2021.04	强化产业发展服务支撑，优化提升特色产业链供应链；实施"互联网＋"农产品出村进城工程，完善农产品产销对接公益服务平台；提升特色产业电子商务支撑服务水平，培育发展农产品网络品牌；优化县域批发、集散、物流布局，布局一批区域性冷链物流骨干节点，支持开展农业生产性服务，引导各类服务网点延伸到乡村；打造知名产品品牌，培育区域公用品牌与企业品牌
12	农业农村部：关于加快农业全产业链培育发展的指导意见，2021.05	建立社会化、专业化、市场化服务体系；贯通产加销、融合农文旅，构建完整完备的农业全产业链；搭建体系化物流网络，开展品牌化市场营销，推进社会化全程服务；融合创新链，优化供应链，提升价值链，畅通资金链
13	财政部　商务部：关于进一步加强农产品供应链体系建设的通知，2021.05	开展农产品供应链体系建设，着力完善农产品流通骨干网络加快建设农产品现代流通体系；发展农产品冷链物流，重点抓住跨区域农产品批发市场和干线冷链物流；完善产区"最初一公里"初加工设施设备，提升农贸市场、菜市场"最后一公里"惠民功能，畅通农产品流通"微循环"；强化产销对接长效机制，拓宽农产品营销渠道
14	农业农村部：关于加快发展农业社会化服务的指导意见，2021.07	培育战略性农业服务业，构建农业社会化服务体系，加大引导支持力度培育服务主体、创新服务机制、拓展服务领域，发展多层次多类型的专业化服务，以服务带动型规模经营的快速发展，引领农业转型升级实现高质量发展，促进小农户和现代农业有机衔接

续表

序号	政策文件	主要论述摘选
15	农业农村部：关于拓展农业多种功能　促进乡村产业高质量发展的指导意见，2021.11	产业振兴是乡村振兴的重中之重，形成现代乡村产业体系。做大做强农产品加工业，创响知名农业品牌，打造农业全产业链，引导农产品加工重心下沉县城、中心镇和物流节点；实施"互联网＋"农产品出村进城工程，打造农产品供应链，建立运营服务体系，提升电商服务功能，做活做新农村电商
16	国务院："十四五"推进农业农村现代化规划，2021.11	"十四五"时期我国"三农"工作重心历史性转向全面推进乡村振兴，加快中国特色农业农村现代化进程。提升产业链供应链现代化水平；强化产业链供应链建设，构建重要农产品供给保障体系；加快发展农业生产托管服务，健全农业专业化社会化服务体系；发展乡村新型服务业，发展生产性服务业并延伸到乡村，拓展提升乡村生活性服务业；实施"数商兴农"，加快农村电子商务发展，深入推进"互联网＋"农产品出村进城工程；推进农业全产业链开发，推动农业向第二、三产业延伸，健全产业链、打造供应链、提升价值链，提高农业综合效益
17	农业农村部：关于落实党中央　国务院2022年全面推进乡村振兴重点工作部署的实施意见，2022.03	推动农村一二三产业融合发展；加强农产品流通体系建设，加快发展农业社会化服务；全域全面推行农业生产"三品一标"，开展农业品牌公益帮扶，支持各类展示展销活动，促进与农产品流通企业、电商平台精准对接；拓展农机社会化服务能力
18	国务院：国务院政府工作报告，2022.03	促进农业丰收农民增收，推进乡村全面振兴；强化乡村振兴重点帮扶县帮扶措施，支持脱贫地区发展特色产业，加强劳务协作与职业技能培训，促进脱贫人口持续增收，增强脱贫地区自我发展能力

附录二　N‑MASSC 协同运行情况调查表

（一）N‑MASSC 集成商或供应商等涉农企业调查表

填写说明：此表围绕国家社科基金项目《乡村振兴战略下现代农业服务供应链协同机制研究》（编号：18BGL017）设计相应指标，请企业有关负责人如实填写，后续与您共享调研与分析报告。（1）如其中部分指标超出您所掌握的信息范围而需要您的同事提供数据，烦请与您的同事合作共同完成；（2）此表中年份不一定非要固定选择所列年份，可以根据数据可得性，在前后 1～3 年内变动调整。谢谢！

问卷收集人：　　　　联系方式：QQ　　　　手机：

单位：吨、万元、项、个

年份	总产量	销售收入	年纳税额	荣誉及表彰	土地流转费	就业岗位	带农户数	农户就业薪酬	合作企业	客户范围
2017										
2018										
2019										
2020										
2021										
合计										

受访人姓名：　　　　电话：　　　　QQ：

（二）永川秀芽 N‑MASSC 公用品牌发展基本数据调查表

填写说明：此表围绕国家社科基金项目《乡村振兴战略下现代农业服务供应链协同机制研究》（编号：18BGL017）设计相应指标，请茶经站或企业有关负责人如实填写，后续与您共享调研与分析报告。谢谢！

问卷收集人：　　　联系方式：QQ　　　手机：

单位：吨、万元、个

年份	种植面积	总产量	总产值	销售总额	品牌质量标准（技术工艺等）推广			涉农企业数	企业品牌数	品牌价值
					标准名称	农户数量	企业数量			
2000										
2005										
2010										
2018										
2019										
2020										
2021										

受访人姓名：　　　电话：　　　QQ：

附录三 N‑MASSC 半结构化访谈提纲

（一）政府与行业协会版

（1）全区（县）农业主导产业发展情况。如产业规模（产量、产值等）；涉及的乡（镇/街道）；龙头企业、合作社情况；市场辐射范围；助推乡村振兴进展。

（2）各级政府部门的帮扶和奖补等管理措施。如推动产业发展的具体做法；主要服务机构；考核与激励政策；联农富民效果。

（3）产业园区或交易市场等平台运营情况。如园区或交易市场现状（特色产品规模、入驻企业、外部智库、支持政策）；产业集群互动交流；市场经营状况；上/下游伙伴合作状态；信息化智能化建设。

（4）农村产业融合情况。如三产综合体建设资金来源；建设主体、运营主体状态；文化、旅游、大健康、电商等助力产销对接；企业和农户等积极性与参与度。

（5）涉农服务供给情况。如育苗繁育、科技创新、加工工艺、信息共享、电商销售、金融保险和物流配送等生产性服务；文化休闲、大健康、销售渠道等生活性服务；服务资源整合。

（6）行业协会建设推进情况。如会员企业构成；主要职能活动；助力政策推进；行业标准；品牌共建共享；品牌授权；品牌保护；质量监控。

（7）在全面推进乡村振兴过程中，所面临的机遇和挑战以及未来的战略构想。

（二）涉农企业版

（1）涉农企业基本情况。如产品层次；总产量；销售总额；员工构成及来源；精深加工；物流仓储设施；市场辐射范围。

（2）涉农企业供应链情况。如与政府、服务提供商、农户和消费者的合作关系；联农带农惠农方式及效果；核心竞争能力；战略构想；行业协会合作。

（3）涉农服务供给情况。如针对农机、科技、信息、物流、金融、营销及流通加工等，采取的服务供需、服务采购（价格、质量、期限）等经营活动；网红、电商及抖音快手等新零售合作；农村产业融合路径。

（4）品牌建设情况。如企业品牌和产品品牌建设；公用品牌建设；行业标准建设；市场销售渠道建设；行业协会对品牌的使用授权；主管部门监管。

（5）带农联农惠农情况。如与农户合作模式；土地流转或涉农服务；技术培训指导；订单采购；种苗、植保、农机、农技等供给；利益联结方式；带农联农惠农特别措施。

（6）终端消费者等客户互动情况。如客户信息获取；客户沟通；客户体验；客户满意度和忠诚度；线上线下互动；服务质量保障；品牌宣传。

（7）在全面推进乡村振兴过程中，所面临的机遇和挑战以及所需支撑保障措施。

附录四　区域产业视角下 N–MASSC 价值共创案例初始编码

构念	维度	证据事例（典型援引）（以龙头企业 LGSP 为例）	关键词	条目数
社会动员	行政动员	● 区政府以财政资金引导社会投资，整合中央财政奖补资金，项目资金等共投入 4200 万元，用于全供应链科研项目；每年预算安排 500 万元贷款项目"茅乡惠农贷"等合作贷款项目（FZF） ● 新会陈皮行业协会对协会成员进行行业自律，建立了从种植、加工到销售的统一质量技术标准及检测机制，打造了追溯网络平台，发布了全球打假公告，谴责"自杀"式的经营短期行为，对农民进行文化教育和科技培训（FZF） ● 产业发展需要政府做战略、做公共基础、方向一定要明确，要与市场配合。我们出台了很多奖励办法，新企业进来、科技投人等都有奖励。还引导每两年都有陈皮文化节，之前为此还去过上海金融大厦大会堂，上海人民大会堂……（FZF） ● 一家庭农场主说，"政府对这个产业链的支持很大，农民要感谢政府。纯农业板块的营销是免税的，农产品的粗加工和深加工是按正常的税收政策来进行的，还有这边的水、电、金融会有补贴。农业用电价格是 0.62 元，比工业用电低一些，这个是公家系统对农业板块的支持（FZT）。建设领导小组，制定扶持新型经营主体的政策措施，分管副区长任常务副组长，建设公共服务中心打造"大服务"格局，提供"一门式"行政服务，健全产业园体制机制（SH） ● 区政府近几年出台了促进经济发展"黄金十条"及其修订版，用以扶持相关产业和鼓励企业发展，每年最高安排奖励资金 2 亿元，部分重点单项奖 500 万元，项目落户，科技创新，转型升级到企业上市等全供应链，为产业发展注入新鲜活力（SH） ● 区政府通过电视台，广播电台，报刊杂志，门户网站等媒体开展"立体式"宣传，加大对外推介推广力度；借助举办文化大众讲坛、文化美食节、交流会等大型展销活动，提升提高"新会陈皮"品牌知名度	奖补政策，金融支持，用电优惠，行业自律，地标申报，媒体宣传等活动	13 条

续表

构念	维度	证据事例（典型援引）（以龙头企业 LGSP 为例）	关键词	条目数
社会动员	组织动员	● 果农动员（租金、入股和工资）：一合作社理事长说，"如果是单一的农民，那我们就给租金；如果他们要求入股，也可以 6000 块钱直接股份分配，以后就按照股份比列分配。另外他们也可以在这个农场上班，每天 130 元"（FZT） ● 年轻人动员：现在很多研究生、海归，企业老板的孩子等在念完大学后都回来开展创新创业，接棒家族的种植、加工，电商等业务，年轻人们都知道这个产品有价值，对身体好，对青好，这是一个大事业（FZF&FQY） ● 一企业创建人说，"很多新会人都对陈皮有特殊的情感。记得小时候的每年 10 月、11 月夏末秋收时节，只要不下雨大街小巷都在晾晒金黄柑皮，到处弥漫着柑果的香味，由此种下了一个个解不开的陈皮情结"（FQY） ● 全区新会柑橘种植面积达 10 万亩，涉及种植户 5000 户，种植点分布在 11 个乡镇 193 个行政村（FZF）。以陈皮村企业为平台建成了陈皮产业中小微企业创新孵化基地，孵化陈皮企业近 200 家，带动规模化种植户 900 多户（FZT）。XBT 公司与 300 多家农户联合成立新会柑种植合作社，种植面积近 1 万亩，合作社严格执行无公害产品、绿色食品标准种植，确保新会柑源头质量（FQY） ● 一入社农户说，"加入合作社之后，在专家指导下，学会了无人植保的现代化种植，工作不累，收入翻倍。跟着龙头企业越做越大，以前我们自己种一年净一两万，现在一社一年至少都有几十万，好的时候有一百万了"（FNH）	家族传承、儿时情怀、返乡创业、企业家、新农人等角度	16 条

续表

构念	维度	证据事例（典型援引）（以龙头企业 LGSP 为例）	关键词	条目数
资源编排	资源聚集	● 土地：产业园规划建设了会城、三江和双水等三大种植基地，坚持"依法、自愿、有偿"的原则推动农户土地承包经营权有序流转，目前园区土地流转率达 70% 以上，90% 植面积都是规模经营（FZF） ● 平台：全区正以陈皮村、丽宫、XBT 等龙头企业为集聚平台，积极推进"陈皮小镇"建设，跨界打造品牌连锁加盟以及文旅平台，深挖新会陈皮生态、休闲、健康和文化价值，推动产业链深度开发、创新产品形态，丰富产业体系（FQY） ● 人脉和智力：实践证明，陈皮日常召开座谈会征询专家学者意见外，还大张旗鼓地举办论坛，加大新会陈皮及其文化的研究和宣传，汇集专家学者对新会陈皮产业发展的一项有效措施（FZF） ● 苗木：1996 年黄龙病爆发后初步建立新会柑无病毒苗木繁育基地（FZF）；区里农业农村局措定保护工厂提供种苗，但我们自己到第五年时，也要与科研机构合作做品种优化，让树苗抗病毒更强，油泡点更大更密集（FQY） ● 金融：陈皮村公司与中行、工行、农商行这三家金融机构先后签订银企战略合作协议，成立全国首家"陈皮银行"，探索产品质押、农产品质量安全保险等金融服务（FQY） ● 资金：我建立柑之林这个公司，柑普茶加工是从小青柑一直做到大红柑，种植加工是一条龙，投资整条供应链需要启动资金大约 1 个亿（FZT）；其实我们整个陈皮发酵素生产的投入是两个多亿，包括厂房、人工、科研等，目前这是第一阶段我们还要继续投入 1.8 亿元（FQY） ● 陈皮发酵素就是利用了新会柑的柑果肉榨汁作为母液发酵，进行 720 天发酵，加入要同源的药材，包括山楂、枸杞、红糖、中药黄精、新会陈皮，打造一拨拨大精神，有情怀核心团队，站在发展体系的角度，懂得国民经济，区域经济怎么做，懂得怎么去融合，怎么抓平台，既懂农业，又懂工业、文化、商业的人才体系是非常重要的（FZF） ● 人力资源：需要注意加强人才培养，打造一拨拨大精神…… ● 在新会陈皮加工都利用了新技术工艺，存装水平等领域实现重大创新突破，开皮、烘干、包装等各个环节广泛使用机械化，自动化设备，在柑果清洗、开皮、加工等产品加工生产的优质和高效（FQY）	气候、水土、种苗、园区、机力、农资、设备、仓储、人脉、技艺等资源	22 条

续表

构念	维度	证据事例（典型援引）（以龙头企业 LGSP 为例）	关键词	条目数
资源编排	资源聚变	• 质量溯源能力：新会陈皮建立了统一的种植标准、加工标准、仓储标准等，结合产业大数据平台建设，整合所有的种植单元、空间和信息，引领全国陈皮行业品质，建立从种苗源头到规范种植加工直至消费终端的全供应链可追溯系统（FZF&FQY） • 产品创新能力：龙头企业 LGSP 推出自有品牌"侨宝"，其中包括陈皮月饼、陈皮花式饼、陈皮酒类、陈皮醋以及多项金奖陈果系列。从 2011 年开始研发柑橘类产品发酵积累，2 项国家发明专利，已经形成了针对不同镇区、气候和品种的 24 种工艺，以及包含 48 道工序的规模化生产标准流程（FQY） • 陈皮产业以陈皮为核心，通过整合各种资源，形成新的格局，形成三产高度融合，推动新会陈皮产业与旅游、教育、大健康等产业深度融合（FQY） • 跨界整合能力：现在新会大益集团、下关集团、普洱集团、七彩云南等国内知名各茶企业界整合他们打造拿着他们贴牌销售（FQY） • 文化软实力：人脉和资历，我们从 2005 年开始组织了很多与大学、研究机构、文化机构的研讨会，积累讨论会发展到全国性的论坛，成为走向产业化一个非常重要的基础。按照这个思路，又从从研讨会发展走向新会陈皮文化节"中国·新会陈皮文化节"（FZF） • 平台整合能力：利用丽宫等创新孵化平台，吸引外来投资者及国外企业入园集聚发展，形成大加工集聚合力，产业园区国内加工企业数量从 2016 年的 50 家上升至 2018 年的 1503 家（FZF） • 产品创新能力：目前陈皮产业已形成茶、饼、酒、酱和酵素、调料、凉果等系列产品 35 大类 100 多个品种，涵盖"药、食、茶、健"四个领域，延伸产业链同时也提升了产业价值，新会陈皮产业从 1996 年产值不足 300 万元，到 2019 年全产业产值达 70 亿元（FZF） • 生物研发能力：XBT 公司投入 3.8 亿元，加强与科研院所合作，多项创新科技尝试对废弃柑肉进行深度开发利用，已成功开发出新会陈皮酵素生产线，以生物健康食品研发孵化平台，多项创新产品成功上市，走出大健康产业新路。在生产时，用一吨成功开发出第一年的发酵，然后放进容量十吨的不锈钢大缸进行灌装，容量分别为 750mL、10mL（FQY） • 陈皮储藏能力：我们还有个理念，从种子开始实现"本地种、本地存、本地造"等流程，都在 XH 区完成，于是我们就打造了 XH 区本土最大、最标准的陈皮仓库，用户在我们这里存储，一年每斤只收取三元的费用（FQY）	产品创新、文化传承、仓储、陈皮溯源、银行、科技、安全溯源、药食茶健服务、同源、精深加工等能力	29 条

续表

构念	维度	证据事例（典型援引）（以龙头企业 LGSP 为例）	关键词	条目数
资源编排	资源聚焦	• 经过政府和行业的推动，在全社会关注和生产经营者努力下，新会陈皮的药食文化、食俗文化、礼俗文化以及生产经营文化得以弘扬光大，近期更唤起新会陈皮文化热，尤其是 2007 年龙头企业 LGSP 开发的陈皮月饼荣获"中华名小吃"称号，成为北京"人民大会堂指定月饼"，正式进入国宴而成为"现代贡品"。（FZF） • 市场三问：南方基本是小农国情，但市场不跟你讲小农，你进不进来由你，想进场就必须遵循市场规律，把农业种植的地位和市场基地环节……只是作为现代农业的原料基地环节……其次是定位和市场方向是否正确。（FQY） • 一个长久的事业，首先是要看产品是这个产品的生命力才强不强；最后是最后是产品是否能增值，整个过程要做好风险规避。（FQY） • 我们的酵素口服液虽然只有 10mL，但粗多糖和总黄酮都比国内一线品牌都少，营养价值及女士们的四倍以上。根据消费者的大健康需求，比如降血脂、降血压、降尿酸以及美白解毒、养颜、改善睡眠等，在珠江三角洲、香港、澳门及美国利用中药人药调佐料、食精和色素排毒重有限，销量自然不高。要打开新会陈皮的市场销路，由于用量不大，市来会针对省会陈皮的产业链延伸，调整产业链鉴别的问题具有满足北方新市场需求。（FQY） • 北方天气干燥气候，把市场的打开，整个结构和促进农民消纳，解决北方污染环境等问题具有相当"陈皮与药材"的产业意义。（FQY） • 随着新会陈皮的产业身份"身价"水涨船高，"山寨版"陈皮迅速流入市场，针对外地陈皮充斥市场，陈皮协会和工商部门加强监管力度，因而产品质量营造日年陈皮的真假陈皮鉴别的问题重要。（FZF） • 通过"陈皮文化"名商标"地方文化"的营销组合，形成独特的陈皮食养文化；通过"地理标志证明商标"驰（著）名商标"的营销组合，开展区域性品牌运营。（SH） • 龙头企业 LGSP 从新会陈皮、药食同源"天然健康"的理念出发，研究开发了一系列以新会陈皮为原料的特色菜肴，自推出市场之后，以其"健康、清新"的风格，受到了消费者的一致好评，在省市场级市场价格大赛中多次荣获大奖，还带动了江门以及周边地区的餐饮行业，提升了新会陈皮销量和市场价值。（FQY） • 市场要求质量安全：我们的要保证不能影响客户身百亿元的品牌，那我们就要做到出货 1 万斤，也都有专门负责质量管控的人员，直接就在我们公司上班，其干陈皮厂的标准，对产品质量的要求更高，对质量要求相当（FQY）	市场开拓、绿色有机、文化市场、品牌保护、交易渠道、流通运营、市场定位、产品定价等转化	26 条

续表

构念	维度	证据事例（典型援引）（以龙头企业 LGSP 为例）	关键词	条目数
共创价值	公共价值	• 今年全国现代农业产业园区工作推进会在 XH 召开，国家部委以及省市相关部门领导来调研后，都说一个产业该有的都有了，有了的表现还不错，大木大不是以规模来感动别人，而是它的产业态是否齐全，新会陈皮产业有的都有了，有了的表现还不错（FZF） • 新会陈皮产业吸引社会投资超过 30 亿元，相关企业年纳税额超过 30 亿元，拥有 12 家龙头企业，加工产品品种 100 多个，支付物业租金超过 1 亿元，带动陈皮产业就业 5 万人（SH） • 产业发展：2019 年新会陈皮（企业）产业总产值 70 亿元，产业园联农带农效益显著，推动地方经济增长和实现农民（企业）增收的"双赢"局面，助力乡村振兴战略的实施（SH） • 在 2018 中国品牌价值评价中，"新会陈皮"以 877 的品牌强度排在全国地理标志产品第 41 位，品牌价值 89.1 亿元，同比增加 31.82 亿元（SH） • 新会陈皮使涉农主体都享有收益，基本实现了生态产业、健康产业，关键是扶民产业，体现了核心价值和品牌文化（FZF）	政治认同、领导调研、绩效考核、税收增加、解决就业、乡村振兴等价值	13 条
	私有价值	• 2017 年，龙头企业 LGSP 年产值超过 1 亿元，年纳税总额超过 1000 万元，还在新三板上市，成为 XH 区第一家以新会陈皮为主营业务的挂牌公司，获得"新会陈皮第一股"称号（FQY） • 2019 年，产业园区创建带动全区农民直接收益超过 10 亿元，其中加工种植领域提供劳务收入达 6 亿元以上，支付农地租金超过 1 亿元，实现农民人均增收 1.88 万元（FZF） • 园区新会柑种植面积 5.5 万亩，合作社 300 多家，种植户达 6660 户，实现园区农户均增收 7.5 万元，各类新型经营主体和适度规模经营占的土地面积占 80% 以上（FZF） • 2019 年，陈皮村带动 1500 户农民从事产业化经营，共同增收 4900 万元，其中辐射带动 22 户新会贫困家庭种植新会柑，面积 100 亩，新会柑加工季带动贫困人员临时就业超过 200 人次，带动贫困户增收约 1.4 万元（FQY） • 消费者普遍认同新会陈皮的收藏价值，认为新会陈皮越陈越香、越陈越贵	企业盈利与上市、果农增收、收藏增值、情怀满足、事业传承等价值	15 条

参 考 文 献

［1］Acar O A, Puntoni S. Customer Empowerment in the Digital Age ［J］. Journal of Advertising Research, 2016, 56 (1): 4 – 8.

［2］Altaf M, Mokhtar S, Mustafa F, Shahzad A. Brand Empowerment and Brand Consistent Behavior: Mediating Role of Brand Psychological Ownership and Employee Brand Understanding ［J］. Pakistan Journal of Psychological Research, 2019, 34 (3): 477 – 496.

［3］Auh S, Menguc B, Katsikeas C S, Jung Y S. When Does Customer Participation Matter? An Empirical Investigation of the Role of Customer Empowerment in the Customer Participation-performance Link ［J］. Journal of Marketing Research, 2019, 56 (6): 1012 – 1033.

［4］Badrinarayanan V, Ramachandran I, Madhavaram S. Resource Orchestration and Dynamic Managerial Capabilities: Focusing on Sales Managers as Effective Resource Orchestrators ［J］. Journal of Personal Selling & Sales Management, 2019, 39 (1): 23 – 41.

［5］Baker T, Nelson R E. Creating Something from Nothing: Resource Construction through Entrepreneurial Bricolage ［J］. Administrative Science Quarterly, 2005, 50 (3): 329 – 366.

［6］Baltacioglu T, Ada E, Kaplan M d, Yurt O, Kaplan Y C. A New Framework for Supply Chains［J］. The Services Indurstries Journal, 2007, 27（2）: 105 – 124.

［7］Banerjee S, Puneka R M. A Sustainability-oriented Design Approach for Agricultural Machinery and Its Associated Service Ecosystem Development［J］. Journal of Cleaner Production, 2020, 264（8）: 121642 – 121659.

［8］Barile S, Grimaldi M, Loia F, Sirianni C A. Technology, Value Co-creation and Innovation in Service Ecosystems: Toward Sustainable Co-innovation［J］. Sustainability, 2020, 12（7）: 1 – 25.

［9］Cai B Z, Shi F, Huang Y J, Abatechanie M. The Impact of Agricultural Socialized Services to Promote the Farmland Scale Management Behavior of Smallholder Farmers: Empirical Evidence from the Rice – Growing Region of Southern China［J］. Sustainability, 2022, 14（1）: 316 – 332.

［10］Carnes C M, Chirico F, Hitt M A, Huh D W, Pisano V. Resource Orchestration for Innovation: Structuring and Bundling Resources in Growth-and Maturity – Stage Firms［J］. Long Range Planning, 2017, 50（4）: 472 – 486.

［11］Cen T, Lin S, Wu Q. How Does Digital Economy Affect Rural Revitalization? The Mediating Effect of Industrial Upgrading［J］. Sustainability, 2022, 14（24）: 1 – 13.

［12］Chen J, He S W, Li X Y. A Study of Big Data Application in Agriculture［J］. Journal of Physics: Conference Series, 2021, 1757

（1）：1 − 6.

［13］Chen S J. Research on Cultivation Ways of New Type Professional Farmers under the Background of Rural Revitalization Strategy ［J］. Finance and Market, 2020, 5 （4）：248 − 251.

［14］Chen S, Zhou F, Su J, Li L, He Y. Pricing Policies of a Dynamic Green Supply Chain with Strategies of Retail Service ［J］. Asia Pacific Journal of Marketing and Logistics, 2020, 33 （1）：296 − 329.

［15］Chen T, Rizwan M, Abbas A. Exploring the Role of Agricultural Services in Production Efficiency in Chinese Agriculture：A Case of the Socialized Agricultural Service System ［J］. Land, 2022, 11 （3）：347 − 364.

［16］Chirico F, Sirmon D G, Sciascia S, Mazzola P. Resource Orchestration in Family Firms：Investigating How Entrepreneurial Orientation, Generational Involvement, and Participative Strategy Affect Performance ［J］. Strategic Entrepreneurship Journal, 2011, 5 （4）：307 − 326.

［17］Choi S B, Dey B K, Kim S J, Sarkar B. Intelligent Servicing Strategy for an Online − to − Offline （O2O） Supply Chain Under Demand Variability and Controllable Lead Time ［J］. RAIRO − Operations Research, 2022, 56 （3）：1623 − 1653.

［18］Choi T M. Facing Market Disruptions：Values of Elastic Logistics in Service Supply Chains ［J］. International Journal of Production Research, 2021, 59 （1）：286 − 300.

［19］Chu R L, Tang G H. Internet + Agriculture：An Empirical

Perspective of the Internet Effect in Agricultural Economy [J]. Journal of Physics: Conference Series, 2020, 1578 (1): 1 – 7.

[20] Cui M, Pan S L. Developing Focal Capabilities for e – Commerce Adoption: A Resource Orchestration Perspective [J]. Information & Management, 2015, 52 (2): 200 – 209.

[21] Daughety A F, Reinganum J F. Secrecy and Safety [J]. American Economic Review, 2005, 95 (4): 1074 – 1091.

[22] Demirkan H, Cheng H K. The Risk and Information Sharing of Application Service Supply [J]. European Journal of Operation Research, 2008, 187 (3): 756 – 784.

[23] Deutsch K W. Social Mobilization and Political Development [J]. The American Political Science Review, 1961, 55 (3): 493 – 514.

[24] Diekmann M, Theuvsen L. Value Structures Determining Community Supported Agriculture: Insights from Germany [J]. Agriculture and Human Values, 2019, 36 (4): 733 – 746.

[25] Dirkde W, Steve K. 5 Steps to Service Supply Chain Excellence [J]. Supply Chain Management Review, 2004, (1): 28 – 35.

[26] Dovbischuk I. Innovation – Oriented Dynamic Capabilities of Logistics Service Providers, Dynamic Resilience and Firm Performance During the COVID – 19 Pandemic [J]. The International Journal of Logistics Management, 2022, 33 (2): 499 – 519.

[27] Edward G, Anderson J R, Douglas J, Morrice A. A Simulation Game for Teaching Service Oriented Supply Chain Management: Does

Information Sharing Help Managers with Service Capacity Decisions？［J］. Production and Operations Management，2000，9（1）：40 – 55.

［28］Eisenhardt K M，Graebner M E. Theory Building from Cases：Opportunities and Challenges［J］. Academy of Management Journal，2007，50（1）：25 – 32.

［29］Ellram L M，Tate W L，Billington C. Understanding and Managing the Services Supply Chain［J］. Journal of Supply Chain Management，2004，40（3）：17 – 32.

［30］Fahimeh A N，Mohsen S N，Laya O. Developing the Framework of Sustainable Service Supply Chain Balanced Scorecard（SSSC BSC）［J］. International Journal of Productivity and Performance Management，2019，68（1）：148 – 170.

［31］Fahimeh A N，Mohsen S N，Laya O. Sustainable Service Supply Chain Practices（SSSCPs）：A Framework Development［J］. International Journal of Productivity and Performance Management，2020，69（4）：813 – 833.

［32］Fernando Y，Chidambaram R R M，Wahyuni – TD I S. The Impact of Big Data Analytics and Data Security Practices on Service Supply Chain Performance［J］. Benchmarking An International Journal，2018，25（9）：4009 – 4034.

［33］Fu Y L，Wang X. Research on Rural Grassroots Governance from the Perspective of Rural Revitalization Strategy［J］. The Frontiers of Society，Science and Technology，2020，2（2）：61 – 65.

［34］Giannakis M. Management of Service Supply Chains with a

Service-oriented Reference Model: The Case of Management Consulting ［J］. Supply Chain Management: an International Journal, 2011, 16 (5): 346 – 361.

［35］ Gong J Z, Jian Y Q, Chen W L, Liu Y S, Hu Y M. Transitions in Rural Settlements and Implications for Rural Revitalization in Guangdong Province ［J］. Journal of Rural Studies, 2022, 93 (7): 359 – 366.

［36］ Grönroos C. Conceptualising Value Co-creation: A Journey to the 1970s and back to the Future ［J］. Journal of Marketing Management, 2012, 28 (13 – 14): 1520 – 1534.

［37］ Gummesson E, Mele C. Marketing as Value Co-creation through Network Interaction and Resource Integration ［J］. Journal of Business Market Management, 2010, 4 (4): 181 – 198.

［38］ Guo Y Z, Liu Y S. Poverty Alleviation through Land Assetization and Its Implications for Rural Revitalization in China ［J］. Land Use Policy, 2021, 105 (3): 1 – 9.

［39］ Hannachi M, Fares M, Colenoa F, Assens C. The "New Agricultural Collectivism": How Cooperatives Horizontal Coordination Drive Multi-stakeholders Self-organization ［J］. Journal of Co-operative Organization and Management, 2020, 8 (2): 1 – 8.

［40］ He P, He Y, Shi C M, Xu H, Zhou L. Cost-sharing Contract Design in A Low-carbon Service Supply Chain ［J］. Computers & Industrial Engineering, 2020, 139 (1): 1 – 50.

［41］ He P, He Y, Tang X Y, Ma S G, Xu H. Channel Encroachment and Logistics Integration Strategies in an E – Commerce Platform Service Supply Chain ［J］. International Journal of Production Economics, 2022, 244 (2): 1 – 15.

［42］Houssou N, Diao X S, Asante – Addo C, Kolavalli S. Development of the Capital Service Market in Agriculture: The Emergence of Tractor-hire Services in Ghana ［J］. The Journal of Developing Areas, 2017, 51 (1): 241 – 257.

［43］Huang Y N, Li X, Zhang G S. The Impact of Technology Perception and Government Support on e – Commerce Sales Behavior of Farmer Cooperatives: Evidence from Liaoning Province, China ［J］. SAGE Open, 2021, 11 (2): 1 – 10.

［44］Indah P N, Setiawan R F, Hendrarini H, Yektingsih E, Sunarsono R J. Agriculture Supply Chain Performance and Added Value of Cocoa: A Study in Kare Village, Indonesia ［J］. Bulgarian Journal of Agricultural Science, 2021, 27 (3): 487 – 497.

［45］Jamkhaneh H B, Ghadikolaei A H S, Madhoushi M, Yahyazadehfar M. Excellence Criteria of Services Supply Chain in Management Consulting Institutes of Iran ［J］. Journal of Science and Technology Policy Management, 2018, 9 (1): 42 – 65.

［46］Johnson M, Mena C. Supply Chain Management for Servitised Products: A Multi-industry Case Study ［J］. International Journal of Production Economics, 2008, 114 (1): 27 – 39.

［47］Ju Y J, Hou H P, Yang J L. Integration Quality, Value Co-creation and Resilience in Logistics Service Supply Chains: Moderating

Role of Digital Technology [J]. Industrial Management & Data Systems, 2020, 121 (2): 364 – 380.

[48] Kampker A, Jussen P, Moser B. Industrial Smart Services: Types of Smart Service Business Models in the Digitalized Agriculture [J]. IEEE International Conference on Industrial Engineering and Engineering Management, 2019, (12): 1081 – 1085.

[49] Kandori M. Social Norms and Community Enforcement [J]. Review of Economic Studies, 1992, 59 (1): 63 – 80.

[50] Kim S H, Cohen M A, Netessine S. Performance Contracting in After-sales Service Supply Chains [J]. Management Science, 2007, 53 (12): 1843 – 1858.

[51] Kreps D, Wilson R. Reputation and Imperfect Information [J]. Journal of Economic Theory, 1982, 27 (2): 253 – 279.

[52] Kumari S, Bharti N, Tripathy K. Strengthening Agriculture Value Chain through Collectives: Comparative Case Analysis [J]. International Journal of Rural Management, 2021, 17 (1): 40 – 68.

[53] Kumpulainen K, Soini K. How Do Community Development Activities Affect the Construction of Rural Places? A Case Study from Finland [J]. Sociologia Ruralis, 2019, 59 (2): 294 – 313.

[54] Kumpulainen K. The Discursive Construction of an Active Rural Community [J]. Community Development Journal, 2017, 52 (4): 611 – 627.

[55] Leena A S, Elina J. Value Co-creation in Knowledge Intensive Business Services: A Dyadic Perspective on the Joint Problem Solving

Process [J]. Industrial Marketing Management, 2012, 41 (1): 15 –26.

[56] Li G, Huang F, Cheng T C E, Zheng Q, Ji P. Make – or – Buy Service Capacity Decision in a Supply Chain Providing After-sales Service [J]. European Journal of Operational Research, 2014, 239 (2): 377 –388.

[57] Li J F, Sun M X, Ren L, Li B. Dynamic Evolution and Co-ordination Mechanism of RSSC under the Steady-state Quality Constraints: Based on System Dynamics and Markov Chain Model [J]. Kybernetes, 2020, 49 (12): 3019 –3045.

[58] Li L, Ma S J, Han X, Zheng C D, Wang D. Data-driven Online Service Supply Chain: A Demand-side and Supply-side Perspective [J]. Journal of Enterprise Information Management, 2020, 34 (1): 365 –381.

[59] Li L. Assessing the Relational Benefits of Logistics Services Perceived by Manufacturers in Supply Chain [J]. International Journal of Production Economics, 2011, 132 (1): 58 –67.

[60] Lin Y, Chen A L, Yin Y H, Li Q, Zhu Q N, Luo J. A Framework for Sustainable Management of the Platform Service Supply Chain: An Empirical Study of the Logistics Sector in China [J]. International Journal of Production Economics, 2021, 235 (5): 108112 –108128.

[61] Liu W H, Wang M L, Zhu D L, Zhou L. Service Capacity Procurement of Logistics Service Supply Chain with Demand Updating and Loss-averse Preference [J]. Applied Mathematical Modelling, 2019, 66

（2）: 486 – 507.

［62］ Liu W H, Wang Q, Mao Q M, Wang S Q, Zhu D L. A Scheduling Model of Logistics Service Supply Chain Based on the Mass Customization Service and Uncertainty of FLSP's Operation Time ［J］. Transportation Research: Part E: Logistics and Transportation Review, 2015, 83 (11): 189 – 215.

［63］ Liu W H, Wang S Q, Chen L J. The Role of Control Power Allocation in Service Supply Chains: Model Analysis and Empirical Examination ［J］. Journal of Purchasing and Supply Management, 2017, 23 (3): 176 – 190.

［64］ Liu X, Gou Q L, Layth A, Liang L. Option Contracts: A Solution for Overloading Problems in the Delivery Service Supply Chain ［J］. Journal of the Operational Research Society, 2016, 67 (2): 187 – 197.

［65］ Liu Y S, Li Y H. Revitalize the World's Countryside ［J］. Nature, 2017, 548 (7667): 275 – 277.

［66］ Mainiero L A. Coping with Powerlessness: The Relationship of Gender and Job Dependency to Empowerment-strategy Usage ［J］. Administrative Science Quarterly, 1986, 31 (4): 633 – 653.

［67］ Manfred S. Components and Parameters of Corporate Reputation – An Empirical Study ［J］. Schmalenbach Business Review, 2004, 56 (1): 46 – 71.

［68］ McCarthy J D, Zald M N. Resource Mobilization and Social Movements: A Partial Theory ［J］. The American Journal of Sociology,

1977, 82 (6): 1212 – 1241.

[69] Miles B M, Huberman A M. Qualitative Data Analysis: An Expanded Sourcebook [M]. Sage Pulications, Inc., 1994.

[70] Milgrom P, Roberts J. Predation, Reputation, and Entry Deterrence [J]. Journal of Economic Theory, 1982, 27 (2): 280 – 312.

[71] Mitchell C J A, Shannon M. Exploring Cultural Heritage Tourism in Rural Newfoundland through the Lens of the Evolutionary Economic Geographer [J]. Journal of Rural Studies, 2018, 59 (4): 21 – 34.

[72] Mohammad A. The Effect of Customer Empowerment and Customer Engagement on Marketing Performance: The Mediating Effect of Brand Community Membership [J]. Business: Theory & Practice, 2020, 21 (1): 30 – 38.

[73] Morri E, Santolini R. Ecosystem Services Valuation for the Sustainable Land Use Management by Nature – Based Solution (NBS) in the Common Agricultural Policy Actions: A Case Study on the Foglia River Basin (Marche Region, Italy) [J]. Land, 2021, 11 (1): 57 – 80.

[74] Moser D V, Martin P R. A Broader Perspective on Corporate Social Responsibility Research in Accounting [J]. The Accounting Review, 2012, 87 (3): 797 – 806.

[75] Murfield M, Boone C A, Rutner P, Thomas R. Investigating Logistics Service Quality in Omni-channel Retailing [J]. International Journal of Physical Distribution and Logistics Management, 2017, 47 (4): 263 – 296.

[76] Ouyang M K, Li J F, Li B, Tang K, Huang F H. Quality Cooperation and Retail Service Supply Chain Model Selection: Based on the Perspective of Service Quality Concerns [J]. Journal of Enterprise Information Management, 2021, 34 (1): 624 – 644.

[77] Prahalad C K, Ramaswamy V. Co-creation Experiences: The Next Practice in Value Creation [J]. Journal of Interactive Marketing, 2004, 18 (3): 5 – 14.

[78] Prahalad C K, Ramaswamy V. Co-opting Customer Competence [J]. Harvard Business Review, 2000, 78 (1): 79 – 87.

[79] Prasad S K, Shankar R. Service Capacity Coordination in IT Services Supply Chain [J]. Journal of Modelling in Management, 2018, 13 (4): 952 – 972.

[80] Qian L, Lu H, Gao Q, Lu H L. Household – Owned Farm Machinery vs. Outsourced Machinery Services: The Impact of Agricultural Mechanization on the Land Leasing Behavior of Relatively Large – Scale Farmers in China [J]. Land Use Policy, 2022, 115 (8): 18 – 29.

[81] Rahimi – Ghahroodi S, Ai H A, Zijm W H M, Timer J B. Multi-resource Emergency Supply Contracts with Asymmetric Information in the After-sales Services [J]. International Journal of Production Economics, 2020, 229 (11): 107761 – 107777.

[82] Ray C. Culture, Intellectual Property and Territorial Rural Development [J]. Sociologia Ruralis, 2010, 38 (1): 3 – 20.

[83] Rodrigue J P, Wang G W Y. Cruise Shipping Supply Chains and the Impacts of Disruptions: The Case of the Caribbean [J]. Research

in Transportation Business & Management, 2022, 45: 1 - 9.

[84] Rogers T, Goldstein N J, Fox C R. Social Mobilization [J]. Annual Review of Psychology, 2018, 69 (1): 357 - 381.

[85] Sakhuja S, Jain V, Kumar S, Chandra C. A Structured Review of Service Supply Chain Discipline: Potentials, Challenges, and Integrated Framework [J]. Journal of the Academy of Business Education, 2016, 17 (4): 270 - 295.

[86] Sampson S E, Spring M. Customer Roles in Service Supply Chains and Opportunities for Innovation [J]. Journal of Supply Chain Management, 2012, 48 (4): 30 - 50.

[87] Sarkar B, Bhuniya S A. Sustainable Flexible Manufacturing - Remanufacturing Model with Improved Service and Green Investment under Variable Demand [J]. Expert Systems with Applications, 2022, 202: 15 - 30.

[88] Shabnam R, Allen J K, Farrokh M. Reliable Product-service Supply Chains for Repairable Products [J]. Transportation Research: Part E: Logistics and Transportation Review, 2016, 95 (11): 299 - 321.

[89] Shan H B. The Hindrance and Countermeasure of Rural Logistics Development under Rural Revitalization Strategy [J]. International Journal of Higher Education Teaching Theory, 2021, 2 (3): 25 - 26.

[90] Shen J, Chou R J. Rural Revitalization of Xiamei: The Development Experiences of Integrating Tea Tourism with Ancient Village Preservation [J]. Journal of Rural Studies, 2022, 90 (2): 42 - 52.

［91］ Sillitoe B. 'Salad as a Service': Retailers' Interest in Vertical Farming Grows ［J］. Computer Weekly, 2021, 26 （1）: 28 – 32.

［92］ Sirmon D G, Hitt M A, Ireland R D, Gilbert B A. Resource Orchestration to Create Competitive Advantage: Breadth, Depth, and Life Cycle Effects ［J］. Journal of Management, 2011, 37 （5）: 1390 – 1412.

［93］ Slater R J. Urban Agriculture, Gender and Empowerment: An Alternative View ［J］. Development Southern Africa, 2001, 18 （5）: 635 – 650.

［94］ Smania G S, de Sousa Mendes G H, Godinho Filho M, Osiro L, Cauchick – Miguel P A, Coreynen W. The Relationships Between Digitalization and Ecosystem – Related Capabilities for Service Innovation in Agricultural Machinery Manufacturers ［J］. Journal of Cleaner Production, 2022, 343 （8）: 1 – 13.

［95］ Solomon B B. Empowerment: Social Work in Oppressed Communities ［M］. New York: Columbia University Press, 1976.

［96］ Sun Y L, Zhu Z Y, Yang H. Fairness Perception, Trust Perception, and Relationship Quality in Agricultural Supply Chains ［J］. Journal of Food Quality, 2021, 10 （3）: 1 – 10.

［97］ Tseng M L, Chen C C, Wu K J, Tan R. Eco-efficient Sustainable Service Supply Chain Management Hierarchical Model Based on Qualitative Information and Quantitative Data ［J］. Management of Environmental Quality: An International Journal, 2020, 31 （4）: 961 – 984.

［98］Tu S, Long H. Rural Restructuring in China：Theory, Approaches and Research Prospect ［J］. Journal of Geographical Sciences, 2017, 27 （10）: 1169 – 1184.

［99］Ukko J, Saunila M, Rantala T. Connecting Relational Mechanisms to Performance Measurement in A Digital Service Supply Chain ［J］. Production Planning & Control, 2020, 31 （2 – 3）: 233 – 244.

［100］Vargo S L, Lusch R F. Evolving to a New Dominant Logic for Marketing ［J］. Journal of Marketing, 2004, 68 （1）: 1 – 17.

［101］Vargo S L, Lusch R F. Service-dominant Logic: Continuing the Evolution ［J］. Journal of the Academy of Marketing Science, 2008, 36 （1）: 1 – 10.

［102］Wang B, Kang Y F, Childerhouse P, Huo B F. Service Supply Chain Integration: The Role of Interpersonal Relationships ［J］. Industrial Management & Data Systems, 2018, 118 （4）: 829 – 849.

［103］Wang Y L, Wallace S W, Shen B, Choi T M. Service Supply Chain Management: A Review of Operational Models ［J］. European Journal of Operational Research, 2015, 247 （3）: 685 – 698.

［104］Wang Y. Research on Construction and Management of Intelligent Agriculture Cloud Platform ［J］. 2020 International Conference on Computer Information and Bigdata Applications Cibda Proceedings, 2020 （8）: 340 – 343.

［105］Wright W, Annes A. Farm Women and the Empowerment Potential in Value-added Agriculture ［J］. Rural Sociology, 2016, 81 （4）: 545 – 571.

［106］Wu Y Y, Li X C. Is Human-capital Investment Necessary to Modernization? The Effect of Rural Polytechnic Training in Dual Agriculture［J］. International Journal of Finance & Economics, 2021, 26 (2): 3028 – 3039.

［107］Xu Y N, Zhao Y X, Sui P, Gao W S, Li Z J, Chen Y Q. Emergy-based Evaluation on the Systemic Sustainability of Rural Ecosystem under China Poverty Alleviation and Rural Revitalization: A Case of the Village in North China［J］. Energies, 2021, 14 (13): 1 – 16.

［108］Yadav S, Garg D, Luthra S. Development of IoT Based Data-driven Agriculture Supply Chain Performance Measurement Framework［J］. Journal of Enterprise Information Management, 2021, 34 (1): 292 – 327.

［109］Yanbykh R, Saraikin V, Lerman Z. Cooperative Tradition in Russia: A Revival of Agricultural Service Cooperatives?［J］. Post – Communist Economies, 2019, 31 (6): 750 – 771.

［110］Yang J, Yang R X, Chen M H, Su C H, Zhi Y, Xi J C. Effects of Rural Revitalization on Rural Tourism［J］. Journal of Hospitality and Tourism Management, 2021, 47 (4): 35 – 45.

［111］Yin R K. Case Study Research: Design and Methods (The fifth edition)［M］. Thousand Oaks, CA: Sage Publications, 2014.

［112］Yin X M, Chen J, Li J Z. Rural Innovation System: Revitalize the Countryside for a Sustainable Development［J］. Journal of Rural Studies, 2022, 93 (7): 471 – 478.

［113］Yu X F. Let Local Villagers Be the Main Target of Rural Revitalization—Taking "Future Rural Experimental Zone" in Qingshan Village for an Example [J]. Academic Journal of Humanities & Social Sciences, 2021, 4 (3): 6 – 9.

[114] Yuan Q. The Dilemma and Outlet of Villagers' Autonomy in the "Three Governance in One" System in the New Era [J]. World Scientific Research Journal, 2021, 7 (8): 90 – 94.

[115] Zang L Z, Wang Y H, Ke J K, Su Y Q. What Drives Smallholders to Utilize Socialized Agricultural Services for Farmland Scale Management? Insights from the Perspective of Collective Action [J]. Land, 2022, 11 (6): 930 – 954.

[116] Zhang D S, Gao W, Lv Y Q. The Triple Logic and Choice Strategy of Rural Revitalization in the 70 Years since the Founding of the People's Republic of China, Based on the Perspective of Historical Evolution [J]. Agriculture, 2020, 10 (4): 1 – 19.

[117] Zhang R Y, Yuan Y, Li H B, Hu X. Improving the Framework for Analyzing Community Resilience to Understand Rural Revitalization Pathways in China [J]. Journal of Rural Studies, 2022, 94 (8): 287 – 294.

[118] Zhang S W, Bi C C, Zhang M. Logistics Service Supply Chain Order Allocation Mixed K – Means and Qos Matching [J]. Procedia Computer Science, 2021, 188 (2): 121 – 129.

[119] Zhi Z L, Zhao F Y. Route Study on Patterns of Poverty Alleviation through Vocational Education under the Background of Rural Vitalization [J]. Poverty & Public Policy, 2021, 13 (1): 69 – 92.

［120］蔡键，苏柳方．规模化经营对农户农业保险购买意愿的影响［J］．地域研究与开发，2020，39（5）：121－125.

［121］蔡淑琴，梁静．供应链协同与信息共享的关联研究［J］．管理学报，2007，4（2）：157－179.

［122］曹铁毅，周佳宁，邹伟．规模化经营与农户农机服务选择——基于服务需求与供给的二维视角［J］．西北农林科技大学学报（社会科学版），2021，21（4）：141－149.

［123］曹峥林，王钊．中国农业服务外包的演进逻辑与未来取向［J］．宏观经济研究，2018（11）：116－127.

［124］柴国生．科技精准供给驱动乡村振兴的时代必然与现实路径［J］．科学管理研究，2021，39（1）：132－141.

［125］陈惠芳．价值网络视角下医疗服务价值共创模式研究——基于某三甲医院的案例分析［J］．上海管理科学，2018，40（2）：83－90.

［126］陈靖，冯小．农业服务规模化供给之道：来自国有农场的启示［J］．农村经济，2018（8）：90－97.

［127］陈美球，廖彩荣，朱美英，等．如何构筑龙头企业与小农户命运共同体？——基于江西乐安"绿能"模式的实践分析［J］．中国软科学，2020（5）：32－40.

［128］陈向明．质的研究方法与社会科学研究（第1版)［M］．北京：教育科学出版社，2000.

［129］陈学云，程长明．乡村振兴战略的农村产业融合路径：逻辑必然与实证判定［J］．农业经济问题，2018，39（11）：91－100.

［130］陈志钢，周云逸，樊胜根．全球视角下的乡村振兴思考

[J]. 农业经济问题，2020，41（2）：87－96.

[131] 程博. 非营利组织信息披露及其治理机制研究 [M]. 北京：经济科学出版社，2018.

[132] 程国平. 供应链管理中的协同问题研究 [D]. 天津：天津大学，2004.

[133] 程国强，马晓琛，肖雪灵. 推进巩固拓展脱贫攻坚成果同乡村振兴有效衔接的战略思考与政策选择 [J]. 华中农业大学学报（社会科学版），2022（6）：1－9.

[134] 程联涛. 我国农村扶贫开发制度创新研究 [M]. 贵阳：贵州人民出版社，2020.

[135] 程莹莹，张开华. 龙头企业创新农业社会化服务模式的探索与启示——以湖北省老农民高新农业科技有限公司为例 [J]. 农村经济，2015（4）：116－119.

[136] 楚德江，张玥. 权能共享：绿色农产品品牌建设中"搭便车"行为的治理 [J]. 西北农林科技大学学报（社会科学版），2021，21（6）：52－62.

[137] 崔海云，施建军. 服务创新、顾客体验价值与休闲农业企业绩效 [J]. 南京社会科学，2013（11）：33－38.

[138] 戴其文. 中国乡村民宿高质量发展的策略研究 [J]. 西南民族大学学报（人文社会科学版），2022，43（10）：41－50.

[139] 但斌，李文博，石雨婷. 匹配水平影响下第三方平台多价值链的协同运作模型及仿真分析 [J]. 计算机集成制造系统，2022，28（3）：1－28.

[140] 但斌，刘墨林，罗骁. 面向产品与服务差异化集成的产

品服务供应链模式与发展对策［J］. 重庆大学学报（社会科学版），2017，23（3）：45－51.

［141］但斌，罗骁，刘墨林. 基于制造与服务过程集成的产品服务供应链模式［J］. 重庆大学学报（社会科学版），2016，22（1）：99－106.

［142］道格拉斯·C. 诺斯，1990：制度、制度变迁与经济绩效［M］. 杭行，译. 上海：格致出版社、上海三联书店、上海人民出版社，2008.

［143］邓世名，王田，魏冬娟，等. 分布式服务链中顾客满意度激励机制研究［J］. 管理科学学报，2015，18（8）：12－19.

［144］董欢. 农机服务体系：模式比较与政策优化——基于农业经营主体分化视角的考察［J］. 农村经济，2018（10）：116－122.

［145］杜姣. 乡村振兴背景下乡村留守精英及其组织化的公共参与路径［J］. 中国农村观察，2022（5）：140－152.

［146］杜念宇. 供应链金融服务乡村振兴的路径研究［J］. 物流工程与管理，2021，43（8）：72－74.

［147］杜占河，魏泽龙，谷盟. 大数据环境特征对IT外包项目绩效的影响——基于资源编排理论视角［J］. 科技进步与对策，2017，34（4）：23－30.

［148］范建华，邓子璇. 数字文化产业赋能乡村振兴的复合语境、实践逻辑与优化理路［J］. 山东大学学报（哲学社会科学版），2023（1）：67－79.

［149］冯庆华，刘通. 考虑权力结构的产品服务供应链服务渠道选择及协调研究［J］. 运筹与管理，2022，31（8）：31－38.

[150] 冯小. 多元化农业经营背景下农业服务模式的创新与农业发展道路——基于三个典型案例的实证研究 [J]. 南京农业大学学报（社会科学版），2018，18（3）：75－83＋154.

[151] 付秋芳，王文博. 服务业企业的新型运作模式：服务供应链协同——以广东省服务业为例 [J]. 国际经贸探索，2010b，26（3）：24－29.

[152] 付秋芳，赵淑雄，王文博. 服务供应链协同运作模式研究 [J]. 嘉应学院学报（哲学社会科学），2010a，28（10）：41－45.

[153] 高志军，刘珊. 服务主导逻辑下服务生态系统的价值创造研究 [J]. 服务科学和管理，2017，6（2）：83－97.

[154] 耿松涛，张伸阳. 乡村振兴背景下乡村旅游与文化产业协同发展研究 [J]. 南京农业大学学报（社会科学版），2021，21（2）：44－52.

[155] 龚强，张一林，余建宇. 激励、信息与食品安全规制 [J]. 经济研究，2013，59（3）：135－147.

[156] 古川，安玉发. 食品安全信息披露的博弈分析 [J]. 经济与管理研究，2012（1）：38－45.

[157] 顾鸿雁. 日本乡村振兴转型的新模式："地域循环共生圈"的实践与启示 [J]. 现代日本经济，2020，39（6）：48－59.

[158] 关纯兴. 区域农产品品牌协同管理研究 [J]. 学术研究，2012（6）：74－79.

[159] 官子力，张旭梅，但斌. 需求不确定下制造商服务投入影响销售的供应链信息共享与激励 [J]. 中国管理科学，2019，27（10）：56－65.

[160] 郭海红. 互联网驱动农业生产性服务创新: 基于价值链视角 [J]. 农村经济, 2019 (1): 125 - 131.

[161] 郭金金, 刘微, 程道平. 新时代打造中国特色乡村振兴之路的实践探索 [J]. 山西农经, 2021 (18): 17 - 18 + 21

[162] 郭笑然, 周李, 虞虎, 等. 日本乡村振兴政策演变及其效果分析 [J]. 世界地理研究, 2020, 29 (5): 905 - 916.

[163] 郭英, 刘志学, 覃雪莲. 考虑质量成本的物流服务供应链纵向整合策略研究 [J]. 中国管理科学, 2022, 30 (9): 1 - 13.

[164] 郭芸芸, 杨久栋, 曹斌. 新中国成立以来我国乡村产业结构演进历程、特点、问题与对策 [J]. 农业经济问题, 2019, 40 (10): 24 - 35.

[165] 郝金磊, 尹萌. 分享经济: 赋能、价值共创与商业模式创新——基于猪八戒网的案例研究 [J]. 商业研究, 2018 (5): 31 - 40.

[166] 何明珂, 王文举. 现代供应链发展的国际镜鉴与中国策略 [J]. 改革, 2018 (1): 22 - 35.

[167] 何宇鹏, 武舜臣. 连接就是赋能: 小农户与现代农业衔接的实践与思考 [J]. 中国农村经济, 2019, 35 (6): 28 - 37.

[168] 胡国栋. 管理范式的后现代审视与本土化研究 [M]. 北京: 中国人民大学出版社, 2017.

[169] 胡凌啸. 中国农业规模经营的现实图谱: "土地 + 服务" 的二元规模化 [J]. 农业经济问题, 2018, 39 (11): 20 - 28.

[170] 胡瑞法, 王润, 孙艺夺, 等. 农业社会化技术服务与农户技术信息来源——基于 7 省 2293 个农户的调查 [J]. 科技管理研

究, 2019, 39 (22): 99 - 105.

　　[171] 胡世霞, 祁睿, 沈祥成. 蔬菜品牌创建实现路径、机制创新和支撑政策研究——基于乡村振兴战略视角 [J]. 农村经济, 2018 (7): 44 - 48.

　　[172] 胡新艳, 张雄, 罗必良. 服务外包、农业投资及其替代效应——兼论农户是否必然是农业的投资主体 [J]. 南方经济, 2020 (9): 1 - 12.

　　[173] 胡月, 田志宏. 如何实现乡村的振兴?——基于美国乡村发展政策演变的经验借鉴 [J]. 中国农村经济, 2019, 35 (3): 128 - 144.

　　[174] 黄炳凯, 耿献辉. 基于质量异质性的农产品品牌策略选择 [J]. 农村经济, 2019 (10): 109 - 114.

　　[175] 黄季焜. 乡村振兴: 农村转型、结构转型和政府职能 [J]. 农业经济问题, 2020, 41 (1): 4 - 16.

　　[176] 黄砺, 谭荣. 农地还权赋能改革与农民长效增收机制研究——来自四川省统筹城乡综合配套改革试验区的证据 [J]. 农业经济问题, 2015, 36 (5): 12 - 21 + 110.

　　[177] 黄秋怡, 郑小平, 王瑞梅. 农村交通基础设施改善能够缓解农业要素错配吗? [J]. 中国农业大学学报, 2023, 28 (3): 279 - 292.

　　[178] 黄延信. 构建乡村振兴的思路框架和政策体系 [J]. 财经问题研究, 2020 (9): 9 - 11.

　　[179] 黄祖辉. 全面推进乡村振兴的十大重点 [J]. 农业经济问题, 2022, 43 (7): 15 - 24.

［180］黄祖辉．准确把握中国乡村振兴战略［J］．中国农村经济，2018，34（4）：2－12．

［181］纪志耿，罗倩倩．习近平关于乡村振兴重要论述的发展脉络与创新性贡献［J］．经济学家，2022（4）：5－16．

［182］简兆权，李雷，柳仪．服务供应链整合及其对服务创新影响研究述评与展望［J］．外国经济与管理，2013，35（1）：37－46．

［183］简兆权，令狐克睿，李雷．价值共创研究的演进与展望——从"顾客体验"到"服务生态系统"视角［J］．外国经济与管理，2016，38（9）：3－20．

［184］简兆权，肖霄．网络环境下的服务创新与价值共创：携程案例研究［J］．管理工程学报，2015，29（1）：20－29．

［185］姜长云．关于发展农业生产性服务业的思考［J］．农业经济问题，2016，37（5）：8－15＋110．

［186］姜长云．科学理解推进乡村振兴的重大战略导向［J］．管理世界，2018（4）：17－24．

［187］姜长云．推进乡村振兴背景下农业产业化支持政策转型研究［J］．学术界，2020（5）：120－127．

［188］蒋和平，郭超然，蒋黎．乡村振兴背景下我国农业产业的发展思路与政策建议［J］．农业经济与管理，2020（1）：5－14．

［189］蒋永穆，戴中亮．小农户衔接现代农业中的价值创造与价值获取［J］．社会科学研究，2019（4）：52－59．

［190］蒋玉，于海龙，丁玉莲，等．电子商务对绿色农产品消费溢价的影响分析——基于产品展示机制和声誉激励机制［J］．中国农村经济，2021，37（10）：1－20．

[191] 孔凯，杨桂华. 民族地区乡村文旅融合路径研究 [J]. 社会科学家，2020 (9)：72-77.

[192] 孔祥智，穆娜娜. 实现小农户与现代农业发展的有机衔接 [J]. 农村经济，2018 (2)：1-7.

[193] 孔祥智，徐珍源，史冰清. 当前我国农业社会化服务体系的现状、问题和对策研究 [J]. 江汉论坛，2009 (5)：13-18.

[194] 寇军，张旭梅，周茂森，等. 产品服务供应链中产品与延保服务的联合定价与协调 [J]. 系统管理学报，2020，29 (3)：601-607.

[195] 雷明，于莎莎. 乡村振兴的多重路径选择——基于产业、人才、文化、生态、组织的分析 [J]. 广西社会科学，2022 (9)：1-14.

[196] 黎家远. 统筹城乡背景下财政支持新型农业社会化服务体系面临的挑战及对策 [J]. 农村经济，2013 (10)：59-61.

[197] 李晨阳，朱卫平，王兴茹. 基于多任务委托代理模型的物流服务供应链激励机制研究 [J]. 物流工程与管理，2021，43 (4)：69-72.

[198] 李丹阳，钟楚原. 驻村第一书记何以助推乡村产业振兴？——基于"差序嵌入-协同赋权"的分析框架 [J]. 农林经济管理学报，2022，21 (5)：602-609.

[199] 李瑾，郭美荣. 互联网环境下农业服务业的创新发展 [J]. 华南农业大学学报（社会科学版），2018，17 (2)：11-21.

[200] 李亮，刘洋，冯永春. 管理案例研究：方法与应用 [M]. 北京：北京大学出版社，2020.

［201］李世杰，刘琼，高健. 关系嵌入、利益联盟与"公司 +
农户"的组织制度变迁——基于海源公司的案例分析［J］. 中国农
村经济，2018，34（2）：33 - 48.

［202］李天阳，何霆，徐汉川. 面向价值的服务供应链运作过
程模型［J］. 计算机集成制造系统，2015，21（1）：235 - 245.

［203］李新明，廖貅武，陈刚. 基于 ASP 模式的应用服务供应链
协调分析［J］. 系统工程理论与实践，2011，31（8）：1489 - 1496.

［204］李毅. 管理研究方法［M］. 北京，经济日报出版社，2020.

［205］李运美，王大庆，佟光霁. 粮食安全视角下北大荒农业
社会化服务能力评价分析［J］. 中国农业资源与区划，2024，45
（3）：1 - 13.

［206］李中. 制度创新与我国经济发展方式转变［M］. 北京：
人民出版社，2016.

［207］李周. 乡村振兴战略的主要含义、实施策略和预期变化
［J］. 求索，2017（12）：44 - 48.

［208］林家宝，鲁耀斌，张龙. 移动服务供应链的收益分配机
制研究［J］. 管理学报，2009，6（7）：906 - 909.

［209］林毅夫，1989：《关于制度变迁的经济学理论：诱致性
变迁与强制性变迁》，载 R·科斯，A·阿尔钦，D·诺斯等（著）.
《财产权利与制度变迁——产权学派与新制度学派译文集》［M］. 刘
守英，译. 上海：上海三联书店、上海人民出版社，1994.

［210］林志炳，郭耿，陈蕾雯. 考虑需求扰动及零售商公平关切
行为的服务供应链决策［J/OL］. 中国管理科学，2023（在线出版）.

［211］刘承昊. 乡村振兴：电商赋能与地方政府外部供给的困

境与对策 [J]. 西北农林科技大学学报（社会科学版），2019，19（7）：122 – 130.

[212] 刘东霞，陈红. 产品服务供应链定价决策：数据资源挖掘与共享策略的影响分析 [J]. 中国管理科学，2024，32（2）：129 – 140.

[213] 刘刚，张泠然，殷建. 价值主张、价值创造、价值共享与农业产业生态系统的动态演进——基于德青源的案例研究 [J]. 中国农村经济，2020，36（7）：24 – 39.

[214] 刘敬伟，蒲勇健. 区域品牌过度使用与投入不足的风险防范及规避 [J]. 经济数学，2020，37（4）：96 – 101.

[215] 刘楠. 我国农业生产性服务业发展模式研究 [D]. 北京：北京科技大学，2016.

[216] 刘念，简兆权，刘洋. 服务供应链整合战略演进与服务创新能力升级 [J]. 科学学研究，2020，38（1）：145 – 157.

[217] 刘平峰，王雨婷，苏超超. 大数据赋能企业知识管理创新机理与路径研究——基于华为案例 [J]. 科技进步与对策，2021，38（1）：122 – 131.

[218] 刘伟华，刘希龙. 服务供应链管理 [M]. 北京：中国物资出版社，2009.

[219] 刘新梅，赵旭，张新星. 企业高层长期导向对新产品创造力的影响研究——基于资源编排视角 [J]. 科学学与科学技术管理，2017，38（3）：44 – 55.

[220] 刘彦随. 中国新时代城乡融合与乡村振兴 [J]. 地理学报，2018，73（4）：637 – 650.

[221] 刘燕飞. 婴幼服务供应链结构模型构建 [J]. 常州工学院学报, 2019, 32 (4): 57-61.

[222] 刘源, 王斌, 朱炜. 纵向一体化模式与农业龙头企业价值实现——基于圣农和温氏的双案例研究 [J]. 农业技术经济, 2019 (10): 114-128.

[223] 刘征驰, 石庆书, 张晓换. 知识协作背景下电子商务服务供应链关系治理——一个分而治之的组合激励机制 [J]. 软科学, 2015, 29 (1): 110-114.

[224] 芦千文, 高鸣. 农业生产性服务联结机制的演变与创新 [J]. 华南农业大学学报 (社会科学版), 2019, 18 (6): 23-34.

[225] 芦千文, 姜长云. 农业生产性服务业发展模式和产业属性 [J]. 江淮论坛, 2017 (2): 44-49+77.

[226] 芦千文, 姜长云. 欧盟农业农村政策的演变及其对中国实施乡村振兴战略的启示 [J]. 中国农村经济, 2018, 34 (10): 119-135.

[227] 芦千文. 农业生产性服务业发展研究述评 [J]. 当代经济管理, 2019, 41 (3): 38-44.

[228] 芦千文. 涉农平台经济: 典型案例、作用机理与发展策略 [J]. 西北农林科技大学学报 (社会科学版), 2018, 18 (5): 63-71.

[229] 鲁其辉. 基于成本共担策略的服务供应链协调研究 [J]. 控制与决策, 2011, 26 (11): 1649-1653.

[230] 罗必良. 中国农业现代化的战略定位 [J]. 中国农村经济, 2022 (12): 20-24.

[231] 罗建强，姜亚文，李洪波. 农机社会化服务生态系统：制度分析及实现机制——基于新制度经济学理论视角 [J]. 农业经济问题，2021，42（6）：34-46.

[232] 罗仲伟，李先军，宋翔，李亚光. 从"赋权"到"赋能"的企业组织结构演进——基于韩都衣舍案例的研究 [J]. 中国工业经济，2017（9）：174-192.

[233] 马士华，林勇. 供应链管理（第3版）[M]. 北京：机械工业出版社，2010.

[234] 毛基业，陈诚. 案例研究的理论构建：艾森哈特的新洞见——第十届"中国企业管理案例与质性研究论坛（2016）"会议综述 [J]. 管理世界，2017（2）：135-141.

[235] 毛敏，贾乐林，鲍震天. "公司+合作社+农户"型供应链竞争与结构研究 [J]. 系统科学学报，2022，30（2）：59-64.

[236] 孟韬，姚晨，胡海洋. 共享办公情境下创业者资源编排路径——基于资源编排理论 [J]. 技术经济，2019，38（2）：91-99.

[237] 缪沁男，魏江，杨升曦. 服务型数字平台的赋能机制演化研究——基于钉钉的案例分析 [J]. 科学学研究，2022，40（1）：182-192.

[238] 穆娜娜，孔祥智，卢洋啸. 新时代中国农业社会化服务模式创新研究——以江西绿能公司为例 [J]. 科学管理研究，2020，38（4）：98-105.

[239] 穆娜娜，孔祥智，钟真. 农业社会化服务模式创新与农民增收的长效机制——多个案例的实证分析 [J]. 江海学刊，2016（1）：65-71.

［240］穆娜娜，周振，孔祥智．农业社会化服务模式的交易成本解释——以山东舜耕合作社为例［J］．华中农业大学学报（社会科学版），2019（3）：50－60＋160－161．

［241］南江霞，张莉，张茂军，等．云服务供应链多人合作与技术创新决策的两型博弈模型［J］．系统工程理论与实践，2021，41（7）：1771－1783．

［242］农业部政策体改法规司《农业社会化服务组织制度建设研究》课题组．农业社会化服务组织制度建设研究［J］．经济研究参考，1992（Z1）：40－55．

［243］彭会萍，李雅梦，顾振辉．考虑服务质量竞争的物流服务供应链契约协调机制研究［J］．商学研究，2021，28（2）：83－95．

［244］彭建仿，胡森森．农业社会化服务供应链的商业模式创新［J］．华南农业大学学报（社会科学版），2019，18（6）：1－11．

［245］彭建仿，胡霞．农业社会化服务供应链构建：管理框架与组织模式［J］．华南农业大学学报（社会科学版），2021，20（4）：24－32．

［246］彭建仿．农业社会化服务供应链的形成与演进［J］．华南农业大学学报（社会科学版），2017，16（4）：45－52．

［247］彭凌凤．农业科技推广模式的创新探索——新农村发展研究院服务农业科技推广的模式比较［J］．农村经济，2017（2）：104－109．

［248］彭永涛，李珂，罗建强．考虑集成水平的多期产品服务供应链网络均衡［J］．工业工程与管理，2022，27（4）：97－106．

［249］秦星红，李海南，曹园园．多服务商竞争环境下考虑利

润公平分配的网购服务供应链激励契约 [J]. 工业工程与管理，2020，25（6）：144－153.

[250] 秦星红，苏强，洪志生. 考虑顾客期望与质量成本的网购物流服务供应链的竞争合作策略研究 [J]. 管理工程学报，2019，33（3）：136－146.

[251] 秦星红，苏强，李贵萍. 考虑双边服务水平的网购服务供应链协调契约 [J]. 运筹与管理，2016，25（1）：15－24.

[252] 邱爱梅. 消费者视角的区域品牌治理机制研究 [J]. 广东社会科学，2017（5）：35－42.

[253] 屈学书，矫丽会. 乡村振兴背景下乡村旅游产业升级路径研究 [J]. 经济问题，2020（12）：108－113.

[254] 任常青. 产业兴旺的基础、制约与制度性供给研究 [J]. 学术界，2018（7）：15－27.

[255] 塞缪尔·P. 亨廷顿. 变化社会中的政治秩序 [M]. 王冠华等译，上海：上海人民出版社，2008.

[256] 申云，洪程程. 数字普惠金融与农业绿色低碳发展：水平测度和机制检验 [J]. 金融理论与实践，2023（1）：45－60.

[257] 沈费伟. 农业科技推广服务多元协同模式研究——发达国家经验及对中国的启示 [J]. 经济体制改革，2019（6）：172－178.

[258] 沈费伟. 乡村技术赋能：实现乡村有效治理的策略选择 [J]. 南京农业大学学报（社会科学版），2020，20（2）：1－12.

[259] 沈雨辰. 考虑双边努力的服务供应链质量协调研究 [J]. 现代商业，2021（16）：9－11.

[260] 宋保胜，杨贞，李文，等. 科技创新服务乡村振兴的内

在逻辑及有效供给路径研究［J］．科学管理研究，2020，38（5）：116－124.

［261］宋才发，宋强．乡村振兴制度建设的内涵及路径探讨［J］．贵州民族研究，2020，41（1）：25－33.

［262］宋洪远．新型农业社会化服务体系建设研究［J］．中国流通经济，2010，24（6）：35－38.

［263］宋华，于亢亢．服务供应链的结构创新模式——一个案例研究［J］．商业经济与管理，2008，201（7）：3－10.

［264］宋华．服务供应链［M］．北京：中国人民大学出版社，2012.

［265］宋远方，宋华．协同价值创造能力对服务供应链关系绩效的影响研究［J］．经济理论与经济管理，2012（5）：91－102.

［266］苏敬勤，林菁菁，张雁鸣．创业企业资源行动演化路径及机理——从拼凑到协奏［J］．科学学研究，2017，35（11）：1659－1672.

［267］苏菊宁，杨泽君，王奕婷，等．智联产品服务供应链研发运维多阶段联合优化与协调［J］．中国管理科学，2022，30（9）：162－171.

［268］孙霞，赵晓飞．基于KMRW声誉模型的渠道联盟稳定性研究［J］．科研管理，2009，30（6）：100－106.

［269］孙骥．农业规模化经营负面效应的消解——以建国后农业改革史为视角［J］．东岳论丛，2019，40（5）：147－157.

［270］孙蕾．共同富裕目标下乡村振兴的理论逻辑与实现路径——基于政治经济学的分析［J］．经济问题探索，2022（11）：

54 – 65.

[271] 孙新波，苏钟海. 数据赋能驱动制造业企业实现敏捷制造案例研究 [J]. 管理科学，2018，31（5）：117 – 130.

[272] 孙新波，张明超，林维新，等. 科研类众包网站"Inno-Cenlive"协同激励机制单案例研究 [J]. 管理评论，2019，31（5）：277 – 290.

[273] 孙新华. 村社主导、农民组织化与农业服务规模化——基于土地托管和联耕联种实践的分析 [J]. 南京农业大学学报（社会科学版），2017，17（6）：131 – 140.

[274] 谭涛. 农产品供应链组织效率研究 [D]. 南京：南京农业大学，2004.

[275] 唐红涛，李胜楠. 电子商务、脱贫攻坚与乡村振兴：作用及其路径 [J]. 广东财经大学学报，2020，35（6）：65 – 77.

[276] 唐健雄，李奥莎，刘雨婧. 旅游城镇化驱动乡村振兴的影响效应研究 [J]. 华中农业大学学报（社会科学版），2023（1）：174 – 185.

[277] 唐润，关雪妍，于荣. "互联网 + 农业"产业链协同平台建设 [J]. 中国科技论坛，2018（9）：121 – 127.

[278] 滕春贤，范开源，张超. 服务供应链三级结构的竞争优势 [J]. 系统工程，2011，29（12）：46 – 50.

[279] 田毅鹏. 东亚乡村振兴的社会政策路向——以战后日本乡村振兴政策为例 [J]. 学习与探索，2021（2）：23 – 33 + 174.

[280] 田宇. 物流服务供应链构建中的供应商选择研究 [J]. 系统工程理论与实践，2003（5）：49 – 53.

［281］万崇华，许传志．调查研究方法与分析［M］．北京：中国统计出版社，2016．

［282］万军．职业教育服务农村劳动力转移的制度创新研究［J］．广西社会科学，2019（2）：179－183．

［283］王博，王亚华．县域乡村振兴与共同富裕：内在逻辑、驱动机制和路径［J］．农业经济问题，2022，43（12）：73－81．

［284］王聪，郎坤，朱雷，等．"公司＋农户"订单农业供应链信息共享决策研究［J］．工业工程与管理，2020，25（6）：191－198．

［285］王大飞，张旭梅，周茂森，等．考虑消费者策略行为的产品服务供应链动态定价与协调［J］．系统工程理论与实践，2017，37（12）：3052－3065．

［286］王国峰，邓祥征．乡村振兴与发展中的产业富民：国际经验与中国实践［J］．农业现代化研究，2020，41（6）：910－918．

［287］王洪煜，胡伦，陆迁．小农户参与农业价值链活动对生产绩效的影响［J］．西北农林科技大学学报（社会科学版），2021，21（2）：130－139．

［288］王军，李鑫．区域特有农产品品牌整合的政府行为研究——以长白山人参品牌为例［J］．农业经济问题，2014，36（5）：21－26．

［289］王宁．电子化供应链管理协同机制研究［D］．上海：同济大学，2006．

［290］王鹏，刘勇．日韩乡村发展经验及对中国乡村振兴的启

示 [J]. 世界农业, 2020 (3): 107 - 111 + 121.

[291] 王瑞峰. 涉农电商平台对我国农业经济发展的影响效应评估——以农村淘宝为例 [J]. 中国流通经济, 2020, 34 (11): 68 - 77.

[292] 王诗宗, 杨帆. 基层政策执行中的调适性社会动员: 政控制与多元参与 [J]. 中国社会科学, 2018 (11): 135 - 155.

[293] 王新利. 人文社会科学研究方法与技巧 [M]. 北京: 高等教育出版社, 2018.

[294] 王兴元, 朱强. 原产地品牌塑造及治理博弈模型分析——公用品牌效应视角 [J]. 经济管理, 2017, 39 (8): 133 - 145.

[295] 王艳玲, 张广胜. 农户电商创业意愿实证研究——基于技术接受、感知风险与主观经验 [J]. 北京交通大学学报 (社会科学版), 2021, 20 (2): 90 - 100.

[296] 韦英琴. 新业态下广西农产品供应链协同的框架与模式研究 [J]. 物流工程与管理, 2022, 44 (2): 56 - 58.

[297] 魏后凯, 郜亮亮, 崔凯, 等. "十四五" 时期促进乡村振兴的思路与政策 [J]. 农村经济, 2020 (8): 1 - 11.

[298] 魏后凯. 实施乡村振兴的目标及难点 [J]. 社会发展研究, 2018 (1): 2 - 8.

[299] 魏后凯, 叶兴庆, 杜志雄等. 加快构建新发展格局, 着力推动农业农村高质量发展——权威专家深度解读党的二十大精神 [J]. 中国农村经济, 2022 (12): 2 - 34.

[300] 魏建国, 卿菁, 胡仕勇. 社会研究方法 [M]. 北京: 清

华大学出版社，2016.

［301］魏智慧. 乡土性与现代性：集镇社区动员机制的可行性分析［J］. 社会科学战线，2016（8）：194－201.

［302］温涛，何茜. 全面推进乡村振兴与深化农村金融改革创新：逻辑转换、难点突破与路径选择［J］. 中国农村经济，2023（1）：93－114.

［303］吴爱东. 中国现代物流产业发展与制度创新研究［M］. 经济科学出版社，2020.

［304］吴林海，卜凡，朱淀. 消费者对含有不同质量安全信息可追溯猪肉的消费偏好分析［J］. 中国农村经济，2012，28（10）：13－23.

［305］吴晓波，付亚男，吴东，等. 后发企业如何从追赶到超越？——基于机会窗口视角的双案例纵向对比分析［J］. 管理世界，2019（2）：151－167.

［306］吴亚玲，杨汝岱，吴比，等. 中国农业全要素生产率演进与要素错配——基于2003－2020年农村固定观察点数据的分析［J］. 中国农村经济，2022（12）：35－53.

［307］吴元元. 信息基础、声誉机制与执法优化——食品安全治理的新视野［J］. 中国社会科学，2012（6）：115－133.

［308］武舜臣，钱煜昊，于海龙. 农户参与模式与农业规模经营稳定性——基于土地规模经营与服务规模经营的比较［J］. 经济与管理，2021，35（1）：30－35.

［309］西奥多·W. 舒尔茨，1968：《制度与人的经济价值的不断提高》，载R·科斯，A·阿尔钦，D·诺斯等（著）.《财产权利

与制度变迁——产权学派与新制度学派译文集》[M]．刘守英，译．上海：上海三联书店、上海人民出版社，1994.

[310] 西奥多·W. 舒尔茨．改造传统农业（第9版）[M]．梁小民译．北京：商务印书馆，2018.

[311] 谢新水，吴芸．新时代社会信用体系建设：从政府赋能走向法的赋能 [J]．中国行政管理，2019（7）：31－35.

[312] 邢鹏，尤浩宇，樊玉臣．考虑平台营销努力的直播电商服务供应链质量努力策略研究 [J]．控制与决策，2022，37（1）：1－8.

[313] 徐娟，邢云锋，鄢九红．多元互动对农户参与农产品区域品牌共建意愿的影响：心理契约的中介效应 [J]．农林经济管理学报，2021，20（1）：42－50.

[314] 徐亚东，张应良．脱贫攻坚与乡村振兴有效衔接的制度供给研究：以重庆S乡农村"三变"改革为例 [J]．农林经济管理学报，2021，20（2）：256－266.

[315] 徐应翠，司国锦，苗瑞，等．服务供应链中产品质保与预防维护联合优化策略 [J]．计算机集成制造系统，2023，29（3）：824－832.

[316] 许丹，陈果．中国农村公共文化服务制度变迁研究——以制度变迁为分析框架 [J]．社会科学，2021（3）：28－39.

[317] 许芳，田雨，沈文．服务供应链动态能力、组织学习与合作绩效关系研究 [J]．科技进步与对策，2015，32（11）：15－19.

[318] 许晖，薛子超，邓伟升．区域品牌生态系统视域下的品牌赋权机理研究——以武夷岩茶为例 [J]．管理学报，2019，16

（8）：1204 - 1216.

[319] 许晖，张海军. 制造业企业服务创新能力构建机制与演化路径研究 [J]. 科学学研究，2016，34（2）：298 - 311.

[320] 许伟. 中国特色社会主义乡村振兴的特质和实践路径 [J]. 中南民族大学学报（人文社会科学版），2020，40（3）：145 - 151.

[321] 许秀川，高远东，梁义娟. 借贷能力、风险收益与新型农业经营主体经营效率 [J]. 华中农业大学学报（社会科学版），2019（1）：54 - 67 + 165.

[322] 许应楠. 推动乡村振兴的我国农村电子商务区域品牌形成及演进机制——基于案例的实证研究 [J]. 江苏农业科学，2018，46（21）：361 - 366.

[323] 闫贝贝，赵佩佩，刘天军. 信息素养对农户参与电商的影响——基于农户内在感知的中介作用和政府推广的调节作用 [J]. 华中农业大学学报（社会科学版），2021（5）：54 - 65 + 194.

[324] 杨路明，施礼. 农产品供应链中物流与电商的协同机制 [J]. 中国流通经济，2019，33（11）：40 - 53.

[325] 杨兴龙，梁明辉，滕奎秀. 农业企业知识型员工基本心理需要对工作疏离感的影响——基于农业产业化重点龙头企业的实证 [J]. 农业技术经济，2020（9）：92 - 101.

[326] 杨学成，涂科. 共享经济背景下的动态价值共创研究——以出行平台为例 [J]. 管理评论，2016，28（12）：258 - 268.

[327] 叶飞，黄建辉，林强. 资金约束下订单农业供应链中的农户最优决策 [J]. 系统工程理论与实践，2017，37（6）：1467 - 1478.

［328］叶敏. 城镇化进程中的新农村建设：社会动员及其治理功效——对皖南东镇的历时性观察［J］. 南京农业大学学报（社会科学版），2017，17（5）：21－31.

［329］叶兴庆. 新时代中国乡村振兴战略论纲［J］. 改革，2018（1）：65－73.

［330］叶兴庆. 以提高乡村振兴的包容性促进农民农村共同富裕［J］. 中国农村经济，2022，38（2）：2－14.

［331］尹成杰. 关于建设中国特色现代农业的思考［J］. 农业经济问题，2008，29（3）：4－9.

［332］喻立. 面向农产品流通的服务供应链构建研究［J］. 西南科技大学学报（哲学社会科学版），2017，34（3）：82－88.

［333］袁小平，潘明东. 农村社区建设中的研究［J］. 农村经济，2017（4）：6－11.

［334］袁中华. 我国新兴产业发展的制度创新研究［M］. 成都：西南财经大学出版社，2013.

［335］张翠华，任金玉，于海斌. 供应链协同管理的研究进展［J］. 系统工程，2005，23（4）：1－6.

［336］张德海，王美英. 物流服务供应链协同理论与实践研究［M］. 重庆：重庆大学出版社，2011.

［337］张海鹏，郜亮亮，闫坤. 乡村振兴战略思想的理论渊源、主要创新和实现路径［J］. 中国农村经济，2018，34（11）：2－16.

［338］张姮，凌霓. 论互联网＋时代创意农业品牌服务生态系统设计［J］. 包装工程，2018，39（12）：165－168.

[339] 张辉蓉，毋靖雨，宋宇轩. 教育赋能乡村振兴的逻辑框架与实践路向——基于晏阳初乡村改造理论的启示 [J]. 西南大学学报（社会科学版），2022，48（6）：165 - 175.

[340] 张季风. 乡村振兴视阈下的城乡融合发展：日本的实践与启示 [J]. 中国农村经济，2022（12）：124 - 138.

[341] 张军. 乡村价值定位与乡村振兴 [J]. 中国农村经济，2018，34（1）：2 - 10.

[342] 张凌杰，杨璐，魏超. 邛崃市构建乡镇畜牧兽医协会农技推广服务模式的研究——基于制度经济学的视角 [J]. 农业经济问题，2009，30（10）：33 - 38.

[343] 张维迎. 法律制度的信誉基础 [J]. 经济研究，2002（1）：3 - 13 + 92.

[344] 张小蒙，赵启兰，张建军. 服务创新驱动下物流服务供应链纵向整合策略——基于链间竞争视角 [J]. 商业经济与管理，2022（10）：23 - 38.

[345] 张亦弛，代瑞熙. 农村基础设施对农业经济增长的影响——基于全国省级面板数据的实证分析 [J]. 农业技术经济，2018（3）：90 - 99.

[346] 张元洁，田云刚. 马克思的产业理论对乡村产业振兴的指导意义 [J]. 中国农村经济，2020，36（10）：2 - 16.

[347] 张媛，孙新波，钱雨，等. 赋能视角下新兴市场企业品牌国际化过程及实现机理研究 [J]. 管理学报，2020，17（4）：572 - 582.

[348] 张月莉，蒋琴儿. 集群社会资本驱动农业集群品牌价值

实现吗？——以品牌价值共创为中介 [J]. 南开管理评论，2022，25（4）：28 - 38.

[349] 张月莉，王再文. 农业集群品牌经营主体价值共创行为产生机理——美国"新奇士"品牌的探索性研究 [J]. 经济问题，2018（5）：40 - 45 + 93.

[350] 张正勇，吉利. 企业家人口背景特征与社会责任信息披露——来自中国上市公司社会责任报告的经验证据 [J]. 中国人口·资源与环境，2013，23（4）：131 - 138.

[351] 张祝平. 以文旅融合理念推动乡村旅游高质量发展：形成逻辑与路径选择 [J]. 南京社会科学，2021（7）：157 - 164.

[352] 掌曙光，但斌，王大飞. 销售服务集成商提供售后服务的产品服务供应链能力决策 [J]. 系统管理学报，2018，27（3）：580 - 587.

[353] 赵卫宏，孙茹. 驱动企业参与区域品牌化——资源与制度视角 [J]. 管理评论，2018，30（12）：154 - 163.

[354] 赵卫宏，周南，朱海庆. 基于资源与制度视角的区域品牌化驱动机理与策略研究 [J]. 宏观经济研究，2015（2）：26 - 38.

[355] 赵晓峰，赵祥云. 新型农业经营主体社会化服务能力建设与小农经济的发展前景 [J]. 农业经济问题，2018，39（4）：99 - 107.

[356] 赵星宇，王贵斌，杨鹏. 乡村振兴战略背景下的数字乡村建设 [J]. 西北农林科技大学学报（社会科学版），2022，22（6）：52 - 58.

[357] 郑阳阳，罗建利. 农业规模化经营潜在风险的化解机制

研究——基于"三位一体"农业共营制视角 [J]. 经济体制改革，2020 (3)：80 - 86.

[358] 周娟. 土地流转背景下农业社会化服务体系的重构与小农的困境 [J]. 南京农业大学学报（社会科学版），2017，17 (6)：141 - 151 + 166.

[359] 周立. 乡村振兴战略与中国的百年乡村振兴实践 [J]. 人民论坛·学术前沿，2018 (3)：6 - 13.

[360] 周俪，魏远竹. 茶叶区域公用品牌建设：基于利益相关者的博弈分析 [J]. 茶叶通讯，2021，48 (2)：341 - 347.

[361] 周文辉，曹裕，周依芳. 共识、共生与共赢：价值共创的过程模型 [J]. 科研管理，2015，36 (8)：129 - 135.

[362] 周文辉，杨苗，王鹏程，等. 赋能、价值共创与战略创业：基于韩都与芬尼的纵向案例研究 [J]. 管理评论，2017，29 (7)：258 - 272.

[363] 周小梅，范鸿飞. 区域声誉可激励农产品质量安全水平提升吗？——基于浙江省丽水区域品牌案例的研究 [J]. 农业经济问题，2017，38 (4)：85 - 92 + 112.

[364] 朱明，高峰，史春云，等. 乡村振兴背景下乡村旅游供需匹配治理策略研究——以江苏省昆山市为例 [J]. 世界地理研究，2023，32 (2)：115 - 124.

[365] 朱文珏，罗必良. 农地价格幻觉：由价值评价差异引发的农地流转市场配置"失灵"——基于全国9省（区）农户的微观数据 [J]. 中国农村观察，2018 (5)：67 - 81.

后　　记

问渠那得清如许？为有源头活水来。近五年来，在国家社科基金的资助与支持下，研究团队围绕国家乡村振兴战略，不断激发科研潜能，拓展了服务供应链管理理论的应用领域，加深了对现代农业服务知识的理解。历经实地调研、访学交流、观点碰撞和团队论证，终将课题结题报告凝聚升华成这本沉甸甸的专著书籍。拙著收撰之际，一种释怀和感恩之情涌上心头，对曾经和一直帮助过团队的各界人士，唯有深深的谢意。

首先，感谢南京农业大学经济管理学院陈超教授。在"南农"访学期间，有幸聆听陈教授的专业指引，为团队打开了农业经济管理学科这扇"林窗"，树立了做深做实现代农业服务研究的信心。学贵得师！陈教授一句句醍醐灌顶的话语，至今犹感亲切而受益。

其次，感谢"三农"一线的实践者。在研究过程中，团队辗转广东、江苏、陕西、山西、贵州、重庆等省市，深入田间地头、涉农企业、农业产业园区等生产服务场景实地调研，与政府主管部门、企业负责人和农户面对面访谈，取得了案例实证的第一手资料。尤其要感谢江门市新会区农业局潘华金局长、新宝堂陈柏忠董事长、派森百王雪生经理。

再次，感谢对项目研究阶段性成果进行评审的各位专家！本书形成了一系列论文、智库成果和项目结题报告，经过了多位同行匿名专家的评审，吸纳了多个具有启发性的修改建议，在此衷心感谢评审专家的辛勤付出。

最后，感谢经济科学出版社李雪社长、编辑以及其他工作人员的积极帮助和支持，为本书出版付出了大量的心血和精力。对不同环节的其他参与者和见证者，无法一一列举，在此表示衷心感谢！

众人拾柴火焰高。本书是团队智慧的集中体现。张德海教授对本书的章节设计、分工组织等进行了整体编排，完成了第四章、第五章、第六章的内容撰写；邱晗光教授负责第七章的内容撰写，并对全书内容进行了补充和完善，为成稿工作贡献良多；同事黄菊博士撰写了第三章内容，并参与了全书的校对和修订工作；硕士研究生张信冬撰写了第一章内容、贾智慧撰写了第二章内容、陈佳豪撰写了第八章内容。此外，同事胡森森教授、莫小平教授、周六刚讲师也对全书提出了修改、增补和删减建议。

诚然，随着乡村振兴战略的全面推进，尤其是乡村新型服务业发展路径的不断探索，现代农业服务模式将会推陈出新，致使本书许多议题的研究存在不足之处。研究团队斗胆奉献此书，其意在抛砖引玉，求得共鸣，希望能够为我国乡村全面振兴和农业农村现代化提供指导与借鉴，实现科学研究的应用价值。

作者
2023 年 12 月